非営利組織研究の基本視角

橋本 理 ［著］
Hashimoto Satoru

法律文化社

目　次

第Ⅰ部
非営利組織研究とは何か

第1章　序　説　3

1　はじめに　3
2　非営利組織研究の課題――いくつかの事例をもとに　8
　中間支援機能を果たす非営利組織―市民活動，ボランティア活動の促進（8）　地域社会のアクターとしての非営利組織（11）　社会福祉の担い手としての非営利組織（13）　非営利組織による仕事づくり―社会的企業における労働統合（17）　多様な非営利組織の活動領域（20）
3　本書の分析視角　20
4　本書の構成　28
5　非営利組織をめぐる用語について　31

第2章　非営利組織研究の動向――先行研究の概観　40

1　はじめに　40
2　非営利組織研究「夜明け前」（1990年以前）　41
　脱産業化社会の到来（41）　福祉国家の揺らぎ（44）
3　非営利組織研究の勃興――NPO概念の普及（1990年代）　48
4　非営利組織の事業化――「社会的企業」概念の登場（2000年代以降）　52
　NPO法人の事業化とコミュニティ・ビジネス，社会的企業（52）　福祉分野のNPO法人における事業と公共性（55）
5　考　察――今日の非営利組織研究への示唆　58
6　小　括　62

i

第3章　非営利組織研究の対象　　　　　　　　　　70

1　はじめに　70

2　米国における非営利組織研究の対象　71

　米国における非営利組織をめぐる制度（71）　非営利組織の定義——通説的見解とその特徴（75）　非営利組織の定義に関する問題（78）

3　日本における非営利組織研究の対象　83

　日本における非営利組織をめぐる制度（83）　非営利組織研究の対象をどう定めるか——日本の動向（88）　日本における非営利組織の分類（92）

4　小　括　95

第4章　非営利組織の理論分析——その展開と課題　　　101

1　はじめに　101

2　非営利組織の理論分析の展開　102

　公共財理論（102）　「契約の失敗」理論（104）　取引費用論によるアプローチ（106）　利害関係からみた非営利組織（107）　「第三者政府」論（109）

3　非営利組織の理論分析の課題　113

4　小　括　115

第5章　非営利組織研究からみた協同組合　　　　　　119

1　はじめに　119

2　協同組合の現代的意義　120

3　非営利組織と協同組合の関係　122

　「社会的経済」論の影響（122）　「市民」的非営利組織と協同組合（125）　協同組合の指導原理（130）　「非営利・協同」とは何か（135）　非営利組織と「共」的セクター（140）

4　小　括　145

目　次

第Ⅱ部
非営利組織と社会的企業

第6章　コミュニティ・ビジネス論の展開とその問題　153

1　はじめに　153

2　コミュニティ・ビジネス論の展開　156

　コミュニティ・ビジネス論の端緒―英国の議論から（156）　日本におけるコミュニティ・ビジネス論の展開（159）　コミュニティ・ビジネスの活動領域（162）　コミュニティ・ビジネスの概念をめぐる議論（166）

3　コミュニティ・ビジネスをめぐる政策の動向　171

　自治体によるコミュニティ・ビジネスへの支援（171）　産業政策・雇用政策とコミュニティ・ビジネス（175）　社会福祉政策とコミュニティ・ビジネス（181）

4　小　括　185

第7章　社会的企業論の現状と課題　191

1　はじめに　191

2　社会的企業をめぐる研究の動向　192

　「社会的企業」概念の登場とその展開（192）　多様な社会的企業論の諸相―米国と欧州の比較（194）　欧州の社会的企業論の特徴―EMES研究ネットワークの議論から（196）　日本における社会的企業論の現況（198）

3　社会的企業論の本質と課題　201

　社会的企業論の課題（201）　社会政策における民営化と社会的企業（206）　企業論による社会的企業への接近（210）

4　小　括　216

第8章 社会福祉の経営学——経営学の応用可能性とその矛盾　221

1　はじめに　221
2　社会的企業の「社会性」とは何か　222
　対人社会サービスと労働統合——欧州の議論に依拠した場合（222）
　多様な「社会性」への注目——営利企業の「社会性」をみる場合
　（224）　財やサービスの特徴と「社会性」ならびに「収益性」
　（226）　需要と必要——社会的企業が抱える矛盾（230）
3　社会的企業論における「経営学」の視点　234
　社会的企業論における指導原理——ガバナンス構造の考察（234）
　社会的企業論とマネジメント（237）
4　小　括　239

第9章 企業形態論による非営利組織への接近　242

1　はじめに　242
2　企業形態論の視点と非営利組織　244
　企業形態論による分析の意図（244）　「企業」概念と非営利組織
　（246）
3　企業形態論による非営利組織の分析　256
　指導原理の検討（256）　非営利組織の指導原理（257）
4　まとめ——非営利組織研究の視角と課題　269
　非営利組織研究の分析視角（269）　非営利組織研究の矛盾と展望
　（271）

参考文献　279
あとがき　295
索引（事項・人名）　299

第Ⅰ部
非営利組織研究とは何か

第1章
序　説

1　はじめに

　本書は，非営利組織研究の基本視角を提示する。今日の非営利組織研究の意義や到達点を明らかにするとともに，非営利組織研究が抱える現時点での限界を示すことにも努める。まず，序説において指摘しておきたいことは，本書の題材となる非営利組織（Nonprofit Organization: NPO）は，閉塞感が漂う現代社会のなかで，新しい社会の展望を導き出す「救世主」であるかのような扱いを受けることがままあるということである。しかし，はたしてそのような理解は正しいだろうか。非営利組織という用語が人口に膾炙するのは，日本では1990年代半ば以降であり，とりわけ1990年代後半には「NPOブーム」といってもよいほどに非営利組織に対する言及が増え，非営利組織への期待が高まる状況が生じた。それ以来，今日に至るまで，非営利組織の限界性を指摘する議論が浮上することはあるものの，基本的には，非営利組織に対する期待が高い状況は大きく変化していない。もちろん，今日の非営利組織に関する議論のすべてが，非営利組織を「救世主」扱いするような極端な論調で覆われているというわけではない。だが，一見，客観的な装いをまとった議論でさえ，根拠のない漠とした非営利組織への期待を隠しきれないという例が幾多とある。また，論をまとめるにあたり，次代を担う「希望の星」として非営利組織に登場を願う論者も少なくはない。

　最近では，コミュニティ・ビジネスや社会的企業，ソーシャル・アントレプレナー（社会起業家）など，非営利組織に近接した様々な語句が用いられることも多くなってきた。本論であらためて説明するが，これらの新たな概念のもとで論じられている議論の多くは，日本においては非営利組織研究の延長線上

に位置づけられる。そして，今日では，社会的企業やソーシャル・アントレプレナーなどの新しい主体が，非営利組織と同じく，社会のあり方を変える存在として大きな期待を集める状況が生じている。しかし，はたして，非営利組織や社会的企業などの主体はそのような期待を集めるに値するような存在であるのだろうか。非営利組織や社会的企業は過大評価されているのではないだろうか。

もちろん，個々の非営利組織の営みに目をやれば，社会にとって有用なとりくみの数々をあげることは容易であろう。しかし，非営利組織であれば自ずと社会的に望ましい役割を果たせるということにはならない。非営利組織の範疇に入る組織のなかにも，社会にとって有用とはいいがたいものや，場合によっては社会にとって害になるようなものも含まれている。そのような極端な例は稀であるかもしれないが，非営利組織であれば自ずと「善」とみなせるわけではない。このようなことは当然のことと思われるかもしれないが，「NPOは社会にとって望ましい存在であるので支援・育成されてしかるべきである」といった素朴な考え方は，研究の場においても実践の場においても意外と根強いことは指摘しておかなければならない。そのような状況を踏まえ，本書は，これまでの非営利組織研究をたどりながら，非営利組織や社会的企業などの新しい主体の意義を明らかにするとともに，その問題点や限界を明らかにすることに努めるものである。

現代日本において，非営利組織や社会的企業が耳目を集める存在となってきたことには理由があろう。世界的にみても希有な例といえる高度経済成長の過程を経て，それなりの「豊かさ」を享受できるようになった日本社会も，右肩上がりの成長が永久に続くことなど今日望むべくもなく，他方において，少子高齢社会の到来への対応という大きな課題へのとりくみに迫られている。また，金融自由化や情報通信ネットワーク化の進展などに伴い，経済環境や社会環境は刻々と変化し，政府や企業はこれまでの活動のあり方からの大幅な変化を余儀なくされている。さらには，地球環境問題へのとりくみも焦眉の課題となってきており，企業においても各家庭においても地球環境問題に無自覚な行動をとることは許されなくなっている。このように急速に押し寄せる時代

の変化に対して，いまだ現代日本は高度経済成長期から続く「成長神話」から脱却できず，新たな社会の仕組みづくりに悪戦苦闘している状況にあるといえよう。

　このような現状のもと，新たな社会の展望に向けて，政府や企業などの既存の主体とは異なる存在として，非営利組織に期待をかける気持ちはわからないではない。しかし，「何となく」非営利組織に期待を抱くことは，現代社会が抱える諸問題に対してお茶を濁してその場をしのぐ態度であると非難されても仕方ない。非営利組織という耳あたりの良い用語に惑わされて，その本質を見損なってしまってはならない。本書では，非営利組織という用語が抱える問題をくりかえし問い直すことによって，逆にその積極的意義を解明することに努める。ここで，安易に非営利組織に期待を寄せることに何度も警鐘を鳴らすのは，非営利組織への過度の期待という現状が顕著だからであり，この点こそが，今日の非営利組織研究および現場の実践における大きな問題点と考えるからである。また，新たに登場してきたコミュニティ・ビジネスや社会的企業，ソーシャル・アントレプレナーなどの諸概念も，非営利組織と同様に大きな期待を集めてはいるものの，その本質を追究する試みが必ずしも十分になされてはいない状況にあり，学術的な観点からこれらの新しい諸概念の本質を明らかにすることが求められている。これまでの非営利組織研究をたどり，非営利組織の本質とは何かを探ることによってこそ，現代社会において非営利組織が必要とされる積極的意義を理解することが可能になろう。本書は，巷間の非営利組織や社会的企業などを扱った書籍に比べると，非営利組織や社会的企業に対して批判的な側面が強いかもしれない。しかし，その意図は，非営利組織の批判に終始することにあるのではない。本書が目指すところは，批判のための批判ではなく，非営利組織の積極的意義を明確化し，その利点を活かせる道を探ることにある。

　ところで，非営利組織が期待される理由の1つとして，非営利組織の概念が曖昧であることがあげられる。曖昧な概念であるからこそ，かえって非営利組織に漠然とした期待を抱くことに違和感を持たずに済む状態が生じている。だが，曖昧な概念に対して漠然と期待を抱くだけでは，非営利組織の活動の有効

性を示すことにはならず，現に存在する様々な社会問題（とりわけ非営利組織の活動分野とされる領域における諸問題）を隠蔽してしまう危険性すらあるであろう。本書の目的かつ特徴は，このような非営利組織への漠然とした期待を退け，その本質や積極的意義とは何かを追究することにある。

なお，非営利組織という用語が普及してきたのは1990年代の半ば以降であると先に述べたが，その背景として見逃せないのが，旧「社会主義」諸国の崩壊である。20世紀末の「社会主義」諸国の崩壊は，日本の社会主義志向を持った学者や実践家の多くを意気消沈させるには十分の衝撃であったのではなかろうか。それ以前の「資本主義社会」対「社会主義社会」という図式を前提とした時代には，次代の展望を述べる際に社会主義社会への体制転換という結論を提示する論稿もよくみられた。しかし，20世紀末の「社会主義」諸国崩壊が本来的な意味での社会主義の国々で生じたものではない等々の論点をつきつめて考えることが今でも求められているとはいうものの，旧「社会主義」諸国の崩壊という現実を前にしては，単に社会主義社会への体制転換といったかたちで社会の展望を語ることが難しくなったことは疑いえない。そのようななか，社会主義社会への体制転換に代わって，非営利組織という存在が新たな社会システムの構築をもたらす主体としてとりあげられる風潮が一部に広がったことを，非営利組織研究の背景として見逃すことはできない。

他方，1980年代に世界を席巻した新自由主義的な考え方はそれ以降も大きな影響力を持ち続けている。小さな政府を志向する新自由主義的な考え方の立場からも，非営利組織は政府にとって代わる存在として期待を集める存在である。非営利組織は，国の関与を極力退ける役割を果たしうる存在としての期待も非常に大きい。新自由主義的な立場からいっても，非営利組織という存在は非常に望ましい主体として位置づけられるものとなっている。したがって，非営利組織は左右両サイドから期待を受ける存在として，20世紀終盤に急速に浮上した概念と位置づけられる。非営利組織に期待が集まる状況は，程度の差こそあれ，先進資本主義諸国に共通した潮流である。実際には，英国における「第3の道」をめぐる議論と実践，福祉国家をめぐるワークフェア論議など，非営利組織をめぐる論壇および現場の課題には多様な論点が内包されており，

具体的にはこれらの諸課題についての考察が求められるが，20世紀終盤以降，非営利組織の存在がクローズアップされてきたことは世界的な潮流として認められ，その背景には国家観の変化が世界的に広がりをみせている状況があることを指摘できる。

　非営利組織を論じるうえで，体制という次元を持ち出すことは大げさに思われるかもしれないが，旧「社会主義」諸国崩壊に際して資本主義諸国における社会システムのあり方を再考するという視点は，非営利組織という存在がクローズアップされる社会的背景を理解するうえで必要である。旧「社会主義」諸国の崩壊以降は，資本主義体制内において「資本主義 対 資本主義」という観点が持ち出され，資本主義体制のなかでいかに社会的な価値を実現する仕組みをつくるかが問われている。また，グローバリゼーションの進展とともに国の相対的な地位が低下するなかで，グローバル企業を社会的にどのように制御するか，さらには，これまで国（中央政府）や自治体（地方政府）が担ってきた機能をどのようなかたちで維持できるか，といった課題が噴出している。これらの背景を踏まえてこそ，今日における非営利組織研究の勃興の意味に接近することが可能となる。ここにあげた大きな課題のすべてを本書で扱うことはとうてい不可能ではあるが，非営利組織に注目が集まる時代背景として指摘されてしかるべきと考える。また，非営利組織の本質を検討するうえでは，事業組織レベルで，私的所有制という現行体制の基本原理との関わりから論じられるべき課題の考察も求められる。非営利組織という存在を現行体制との関連から問い直すことの必要性は，非営利組織研究において不可欠な視点であることは銘記しておく。なお，後であらためて触れるが，ここにみた視点は，営利企業との比較から非営利組織の本質を考察するうえで欠かせないものであることも付記しておく。

　ところで，非営利組織研究においては，1995年1月17日に発生した阪神・淡路大震災の影響を見逃すわけにはいかない。被災地や被災者の支援，震災からの復旧復興に際しては，多くの市民活動団体やボランティア団体が活躍し，非営利組織の活動が大きく発展することにつながった。また，2011年3月11日には東日本大震災という未曾有の大災害が生じた。大震災・大津波による被害に

加えて，福島第一原子力発電所の事故が発生したことにより，被災者・避難者の数は途方もなく大きなものとなっている。大震災後2年が経過した段階でも，国の公式発表において30万人以上が避難生活を送っている状況にある[1]。大規模災害と原発事故に際して，多くの非営利組織が，救援活動や復旧復興に向けた活動，その他様々な支援活動を行っている。阪神・淡路大震災の復旧復興に向けて活躍した非営利組織のなかには，培った独自のノウハウを活かして東日本大震災の被災者・避難者等の支援にとりくんでいるものもみられる。本書では，災害に対応する非営利組織に特化した議論を展開できていないが，大災害に際して非営利組織が果たしてきた役割，また今後果たしうる役割を明らかにすることは，日本の非営利組織の歴史や実践，研究の進展などの諸点からみて，非常に重要な意味があることを指摘しておかなければならない。

2 非営利組織研究の課題——いくつかの事例をもとに

(1) 中間支援機能を果たす非営利組織——市民活動，ボランティア活動の促進

　本書は，非営利組織の本質を理論的に解明し，日本における非営利組織研究の到達点と課題を明らかにすることを目的としている。したがって，本書の構成は非営利組織全般に関わる理論的な考察を中心としたものとなる。だが，非営利組織という用語のもとでの論点は多岐にわたるため，非営利組織の本質を考察するうえで優先順序の高いいくつかの特定の課題に力点をおく構成をとる。ここでは，いくつかの事例を紹介するなかから，本書がとりくむ主な課題とは何かを示すことにしたい。

　福島県郡山市に本部をおく「特定非営利活動法人うつくしまNPOネットワーク」[2]は福島県において中間支援機能を果たしている先駆的な特定非営利活動法人（以下，「NPO法人」と表記）である。中間支援機能を果たすNPO法人とは，端的にいえば，「NPOを支援するNPO法人」のことを意味する。NPO法人の多くは小規模なため事業活動を進めるうえで十分な資源を備えているとはいいがたい。それらのNPO法人や市民活動団体等に対して，事業運営のノウハウをはじめとした様々な活動支援を行うことが，中間支援機能を果たす

NPO法人の主要な役割となる。具体的には，財務・法務の実務講座を開いたり，補助金や助成金などの資金獲得に関する情報を提供したり，NPO法人や市民活動団体のデーターベースを作成したり，情報共有の会合を開くなど，多様な支援のとりくみがなされる。中間支援機能を果たすNPO法人は，地域内の先駆的なNPO法人がその役目を果たしている場合が多い。他のNPO法人向けの支援に特化した団体もあるが，現場で住民や市民に対してサービスを提供している先駆的な団体が，自らの活動を発展させていく過程で培ったノウハウを活かして他の法人の立ち上げや活動支援に携わるようになったものも少なくない。いうなれば，中間支援機能を果たすNPO法人は「NPOの先導役」と位置づけられる存在も数多く，うつくしまNPOネットワークもその例にあてはまるとみなせる。中間支援機能を果たしながら，現場で直接的に住民や市民向けサービスも提供していることから，福島県における「NPOの先導役」と位置づけられる存在となっているのである。

　うつくしまNPOネットワークが中間支援機能を果たすようになった背景は次のとおりである。福島県は2001年に開催された「うつくしま未来博」の剰余金を原資とした「うつくしま未来博成果継承基金」を活用するために「公益信託うつくしま基金」をつくった。この基金は「NPO活動・県民活動の進展」に活用されるものであるが，うつくしまNPOネットワークはこの基金をサポートし事務運営を担う役割を引き受けている。この役割を担う性質上からも，福島県内で活動するNPO法人や市民活動団体，ボランティア団体等を支援することが，うつくしまNPOネットワークの主要な事業目的となっている。また，福島県の地域特性を踏まえて，地域コミュニティ活動の推進に力を入れている点に，うつくしまNPOネットワークの独自性を見出すことができる。

　福島県における中間支援機能を果たす有力なNPO法人であるうつくしまNPOネットワークは，東日本大震災の影響を受けてその活動は大きな転換期を迎えることとなった。大震災と福島第一原子力発電所の事故により，地域の状況は一変し，被災地・被災者支援とそれに関連する業務が活動の重要な位置を占める状況となったのである。うつくしまNPOネットワークの活動の来歴

を知ることは，県域レベルで活動する中間支援組織の典型例としてその特徴を見出すことを意味するとともに，大災害時において中間支援機能を果たすNPO法人がどのような役割を果たしうるかを知ることも意味する。

ふりかえってみれば，非営利組織やNPOという用語が広まった大きなきっかけとなった大災害が，先にも触れた阪神・淡路大震災であった。阪神・淡路大震災の被災者支援や復旧復興に向けては多くのボランティアが活躍し，1995年は「ボランティア元年」とも呼ばれた。市民活動団体やボランティア団体は，非営利組織やNPOという言葉で認識されるようになり，非営利組織やNPOという用語も一般に普及するようになった。全国各地から阪神間に駆けつけたボランティアや市民活動の担い手のなかから先駆的な非営利組織の活動が生み出されていった例も数多くみられた。そして，それらの活動の延長線上として，先駆的な非営利組織が中間支援機能を果たすようになっていくケースも多くみられた。その意味において，中間支援機能を果たす非営利組織は，日本の非営利組織の特徴的な要素を多く備えており，非営利組織研究の主要な対象と位置づけられる。中間支援機能を果たす非営利組織は「NPOの先導役」と位置づけられ，その動向を分析することは日本の非営利組織研究の主要課題の１つとなる。先述のとおり，中間支援機能を果たす非営利組織の多くは自らの活動を「市民」による公益活動として位置づけており，市民としてのアイデンティティを強く意識した活動が進められている。阪神間で勃興した非営利組織の多くは，市民活動やボランティア活動の担い手として発展してきており，それらが日本における「非営利組織」概念の特徴づけに大きく影響を与えている。なかでも，非営利組織の略称であるNPOという言葉は，市民活動やボランティア活動の担い手として理解される傾向が強い状況にある。したがって，市民活動やボランティア活動の担い手としての非営利組織を分析する視点は，日本の非営利組織研究において欠かせないものである。

ところで，「NPOの揺籃期」に阪神間で勃興した非営利組織は，地域コミュニティとは一線を画した活動を志向する例がみられ，いうなれば「テーマ・コミュニティ」に即した活動を行うものこそがNPOであると認識される傾向もみられた。すなわち，町内会や自治会などの地縁組織とは異なる機能が着目さ

れ，ボランティアに支えられた活動や「市民」的な活動を行う団体がNPOと称され一般に認知されていく状況がみられるようになったのである。日本の非営利組織研究をたどれば，市民活動やボランティアの担い手・受け皿として非営利組織を位置づけることが1つの主要な流れであると指摘できる。市民活動やボランティア活動を促進する主体として非営利組織を把握することは，非営利組織研究における最も主要なテーマとなる。

（2）地域社会のアクターとしての非営利組織

　だが，うつくしまNPOネットワークにおいて最も力が注がれている活動の1つは，地域コミュニティを機能させるための支援活動である。福島県という地域特性もあり，地域コミュニティの重要性を認識し，地域の諸活動を支援することこそがうつくしまNPOネットワークの活動の特徴となっている。産業構造が転換するなかで地域の産業や雇用をどのように維持するか，また，少子高齢化が進行するなかで地域社会をどのように維持するかなど，都市においても農村においても，日本の地域社会が抱える課題は山積みである。農村部を多く抱える福島県では，地域コミュニティの機能を発揮させることによって地域社会を維持させることが重要な課題となっており，それらの課題にとりくむ主体としても非営利組織がその期待を背負っている現状を見逃してはならない。うつくしまNPOネットワークの活動からは，自らによって，また同団体が支援するNPO法人によって地域コミュニティを機能させるとりくみが進められている様子がみてとれる。地域コミュニティの維持という課題にとりくむことも，非営利組織の重要な役割として認識されるようになってきている。

　日本の非営利組織研究の展開過程をみれば，市民活動の担い手として把握する視点がその出発点として重要だが，他方において，地縁的な視点から非営利組織を捉えることも必要となる。地縁組織については従来から町内会や自治会などの伝統のある団体が数多く存在し，それらを対象とした研究については固有の研究蓄積が積み重ねられている。地縁的な要素を備えた組織のなかに，今日の非営利組織研究の対象となるような団体も現れ始めている。岐阜県恵那市にある「特定非営利活動法人まちづくり山岡」[5]は，地域の全戸が加入する

NPO法人として注目を集めてきた。「平成の大合併」と称されて進められてきた市町村合併は，地域によっては住民にとって身近な市役所・町村役場が失われることを意味し，地域社会を維持する機能が大きく縮小することを意味しかねない。そのようななか，これまで役所・役場が担ってきた機能を維持するために，様々なかたちで地域を組織化する試みがなされている。その端的な例は，地域自治区や地域自治組織の設置である。現在の恵那市は1市4町1村の合併によるが[6]，市町村合併前の旧町村および旧恵那市の町単位ごとに合計13の地域自治区が設置されている[7]。地域自治区には決定機関として地域協議会が設置されるが，旧山岡町に設置された地域自治区では地域協議会において決定された事業を進める際に，まちづくり山岡が事業を実行する役割を担うかたちがとられている。旧山岡町の行事を合併後も引き続き実施する体制を維持するとともに，指定管理者制度を活用して健康増進センターや公園，集会施設を管理する事業や，介護保険事業として通所介護事業や短期入所生活介護の事業が営まれている。すなわち，地域協議会による意思決定，NPO法人による執行という役割分担がなされているのである。地域内のニーズに様々なサービスを提供するアクターとして，NPO法人が活用されている例とみなせよう。

なお，ここでは，地域コミュニティとの関わりから新しいタイプの事業組織の事例としてNPO法人をとりあげたが，実際にはNPO法人だけが非営利組織というわけではなく，町内会や自治会などの地縁組織も非営利組織であることには注意が必要である[8]。非営利組織を論じる際には新しいタイプの非営利組織であるNPO法人のみに目が向けられがちである。だが，非営利組織研究においては，新しい組織形態として登場したNPO法人だけでなく，従来から地域で様々な機能を果たしてきた地縁組織にも目を向けなければならない。ただし，NPO法人であれば従来型の非営利組織とは異なった性質を有することを意味するというわけではない。また，町内会や自治会などの地縁組織の形態をとっているからといってそれらのすべてに新しい特徴がまったく備わっていないというわけでもない。非営利組織の特徴を具体的に分析するうえでは，法人形態などの「外被」によってのみ判断するのではなく，個々の事業組織における実際の活動のあり方が分析されなければならない。

市町村合併は端的な例ではあるが，その例に限らず，今後の地域社会のあり方や住民自治のあり方を考えるうえでは，地域内で提供されるべき様々なサービスの供給のあり方が問われ，具体的には誰がどのようなサービスを提供していくかが問われることになる。地域コミュニティの機能を維持し，地域社会の衰退を防ぐためには，地域における主体形成という観点が必要となる。そのうえで非営利組織が果たしうる役割は今後ますます大きくなると予想されるが，その有り様には様々なかたちがあり，どのようなスタイルがありうるのか検討が求められる。そのような問題状況に対して地域社会のアクターとして非営利組織をどのように位置づけられるかは，非営利組織研究の重要な課題であり，本書においてもとりくまれる論点となる。

なお，地域社会のアクターをみるうえでは，地域福祉の担い手としての非営利組織という観点も見逃すことができない。だが，この観点を考察するうえでは，社会福祉全般の動向をみることが必要である。少子高齢化が進むという環境変化のなかで，社会福祉に求められる機能は変化し，社会福祉に関する政策の流れも変容をみせている。そのような変化する状況を踏まえたうえで，社会福祉領域における非営利組織に求められる役割を見出していかなければならない。この点については項をあらためて事例をみていくことにしよう。

（3）社会福祉の担い手としての非営利組織

非営利組織研究の対象としてとりあげられる活動内容のなかで多数を占めるのが社会福祉領域である。だが，社会福祉領域と一言でいってもその中身は多岐にわたる。主要領域とされるものだけをあげても，貧困への対応，高齢者福祉や障害者福祉，児童福祉等があげられる。それらのなかで，財政的な観点からもニーズの大きさからいっても日本社会に最も大きなインパクトを与えているのが高齢者福祉の領域である。そして，とりわけ大きな影響をもたらしているのが公的介護保険制度である。非営利組織研究においても公的介護保険制度の影響は極めて大きいものとなっている。以下，高齢者介護に関わる非営利組織の事例をとりあげてみていくことにしよう。

大阪市旭区に本部をおく「特定非営利活動法人フェリスモンテ」[9]は，介護保

険事業として居宅介護支援（ケアプラン作成）や訪問介護，通所介護などの事業を行っているが，フェリスモンテのミッションの中核ともいえる事業は自主事業として行われているグループハウスの運営である。介護者家族が集まり，地域の高齢者介護のあり方を模索するなかからフェリスモンテは設立された。設立当初から一貫しているのは，高齢者のための賄い付き住宅（いわゆる「老人下宿」）を地域につくっていくことが，高齢者介護を進めるうえで不可欠であるという考え方である。フェリスモンテでは，その具体的なかたちとして自らがグループハウスをつくり運営しているが，グループハウスは介護保険事業としてではなく自主事業として行われているため採算の合う事業とはならない。介護保険事業によって生じた剰余を内部留保して，グループハウスの施工や改修のための資金としている。

　また，フェリスモンテでは，うえにあげた事業に加えて，地域交流事業としてサロンやコミュニティ喫茶などの事業も実施している。高齢者のおしゃべりの場として「おたっしゃサロン」を開設したことからスタートし，高齢者介護に関わる様々な事業を展開し続けている。その過程で，乳幼児の親が集う場となる「つどいの広場」（大阪市委託事業）や，幼児の一時預り事業なども行うようになった。地域の資源を活かして，高齢者向けの事業を中心に地域のニーズにきめ細やかに応えているところにその特色を見出すことができよう。

　兵庫県西宮市にある「特定非営利活動法人つどい場さくらちゃん」[10]は，介護保険制度に基づく事業を行わず，高齢者介護に関わる人が集う場を提供することに力を注いでいる。高齢者介護をめぐる課題を独自の視点から捉え，介護する人，介護される人，介護の専門職，行政関係者，研究者等が，立場の違いをこえて集う場として運営されている。とりわけ，相談相手がおらず介護に明け暮れる人達にとっては「駆け込み寺的存在」になっており，介護体験をもつ仲間達が支えあう場としても機能していることが特筆される。介護者や当事者が一緒に参加する年に1度の北海道旅行は恒例行事となっており，介護する人もされる人も外に出ることが大事という考え方が反映されている。つどい場さくらちゃんではボランティアが中心となって3つの「タイ活動」が展開されている。手作りの講座を開き，介護や医療について学ぶ場である「学びタイ」，う

えにみた旅行や外出をする「おでかけタイ」，介護保険制度になじまない人にも居場所が必要という考え方のもと，介護者支援，当事者支援として介護保険制度ではできない見守り支援を行う「見守りタイ」である。

つどい場さくらちゃんでは，介護保険制度では対応できない介護者家族の支援や，見守りなど，介護する人やされる人が真に望んでいることは何かということを的確に捉え，介護に関わる様々な人が混じり合い，語り合う場がつくり出されている。制度の狭間に存在する細々としたニーズに直面するなか，その場に集う様々な人々がサービスを提供したりされたりするという関係性が生み出されている。また，同法人によるとりくみが自治体の制度としてとり入れられようとしている点も注目される。[11]

ところで，日本における社会福祉サービスの供給主体のあり方をみるうえで，社会福祉基礎構造改革ならびに公的介護保険制度の導入が与えたインパクトは大きい。例えば，公的な介護サービスは，従来は主として自治体および自治体から委託された社会福祉法人によって供給されてきた。しかし，介護保険制度のもとでは居宅介護に関わる事業は一定の要件を満たせば営利企業やNPO法人によっても提供できることになった。そのような制度の変化のもと，それまで住民参加型の福祉サービスを提供していた市民活動団体の多くは，介護保険制度に基づく事業を行うか，制度外だけの活動を続けるかの分岐点に立たされることになった。助け合いの精神に基づきボランティアを中心として活動を展開してきた団体においても，それまで提供してきたサービスが介護保険事業の制度の枠内に入る場合には，ホームヘルパーを雇用し介護保険事業に参入する選択肢ができたのである。

また，介護保険制度の導入を契機として，地域の高齢者の生活を支えるニーズが増加するのに応えるかたちで新たにNPO法人を立ち上げる事例も増えていく。高齢者介護に関わるニーズが増えていくなか，介護保険制度を活用しながら，事業内容を拡充していく市民活動団体もみられた。介護保険制度の導入は，市民活動団体やNPO法人にとって大きな環境変化が生じたことを意味し，多様な事業組織の登場という状況を生み出した。もちろん，その背景には，高齢社会の到来という現実がある。

うえにみた環境変化のなか，介護サービスを提供する市民活動団体の多くでは，ボランティア精神に根ざした高齢者の助け合い活動と，介護保険制度に基づく事業（いわゆる制度内事業）を並行することによって，組織の本来の目的を維持することが目指されている。だが，他方では，事業継続の必要性もあって，収益をあげることが見込める介護保険事業に偏った事業構成にならざるをえない団体が現れている状況がある。なかには，NPO法人として介護保険事業を実施しているが，特定非営利活動促進法の本来の趣旨を示す市民性やボランティア性，社会貢献性の要素が極めて薄い団体もみられる状況が生じている。詳しくは本論であらためて述べるが，NPO法人の法人格取得は比較的容易なため，事業活動を進める手段として，株式会社ではなくNPO法人を選択する事業者も存在しており，一般に流布している市民性やボランティア性を有したNPO法人のイメージからほど遠い事業組織も現存する状況にある。
　そのようななか，フェリスモンテは，ボランティア性や市民性，社会貢献性を発揮して，地域社会におけるニーズの変化・増大に応じるかたちで事業展開している。その意味において，同法人は特定非営利活動促進法の本来の趣旨に沿ったかたちで社会福祉分野においてNPO法人として活動を進めている典型例といえよう。単なるボランティア団体でなく，また収益のあがる事業に特化するわけでもなく，ボランティア性・市民性と事業性の双方のバランスをとりながら事業が展開されている。なお，介護保険事業を実施するNPO法人は，NPO法人のなかでも事業規模が比較的大きいものが多く，事業体としての非営利組織を分析するうえで格好の事例になる。[12] そのようななか，フェリスモンテの事業活動は市民性を発揮し，さらには地域とのつながりを保った活動を展開しており，介護保険事業を実施しているNPO法人のすぐれた事例として位置づけられる。
　また，つどい場さくらちゃんの活動は，介護保険制度や自治体の施策の枠をこえて，地域に暮らしている人々が抱える様々なニーズを顕在化させてそのニーズに応えているという特徴がある。例えば，介護者・当事者の旅行や，ケアする人に対するケアなど，介護にまつわって必要とされることではあるが制度化されにくいニーズに対してきめ細やかな対応をし，しかもそれらのとりく

みを持続的に行っているところに，その社会的意義を見出すことができる。

　うえにみた2つのNPO法人は，双方とも介護者家族の集まりを端緒として，それぞれ独自の理念のもとで活動を展開しているが，前者が介護保険の制度内事業と制度外事業の双方にとりくんでいるのに対して，後者は制度外事業に特化した活動を行っているという違いがある。社会福祉領域のNPO法人においては，制度内と制度外の双方において求められる役割が増大しており，介護保険をはじめとする公的制度の影響を踏まえて，各法人の活動実態と必要な施策のあり方について分析を深める必要があろう。また，ここでみた2つのNPO法人はそれぞれ高齢者介護という特定のテーマを軸に活動を行っているが，その活動のなかで地域に根ざした活動を行うことの意義が感じとられている。地域社会のアクターとしては，町内会や自治会などの地縁組織と社会福祉に携わるNPO法人の間の連携の難しさも見受けられる現状があるが，課題によって濃淡はあるにせよ，社会福祉の活動が地域社会とまったく独立に進められることは困難であり，地域における諸組織の連携や役割分担のあり方を考察することは，非営利組織研究の重要なテーマの1つとなる。

　なお，社会福祉領域では，サービス利用者を搾取する「貧困ビジネス」と称されるようなNPO法人の存在が問題視される状況も生じている。NPO法人の事業化の進展がみられるなか，非営利組織が真に社会的な価値の実現に寄与するものとなるかどうかが問われている。事業規模が拡大し，社会的な影響力が大きくなればなるほど，非営利組織の社会的な意義について問う重要性も高まる。事業組織の社会性については，社会的に意義深い活動の展開というポジティブ面と，不正や倫理的に問題を抱えた活動というかたちのネガティブ面の双方についての考察が必要であり，非営利組織においても同様のことが求められる。この課題については，事業性と社会性のジレンマという事業組織全般が抱える基本的な課題の考察が必要となり，本書では社会的企業論というかたちで検討される論点となる。

（4）非営利組織による仕事づくり——社会的企業における労働統合

　障害者や労働市場から排除されがちな人々の就労の場をつくることを目的と

した事業組織をソーシャル・ファームと呼ぶことがある。ソーシャル・ファームは社会的企業の一種として位置づけられるものであり，日本においても就労阻害要因を抱えた人々のための仕事の場づくりの実践がソーシャル・ファームという概念のもとで論じられる場合がある。愛知県西尾市に本部をおく「社会福祉法人くるみ会」[13)]のとりくみは，障害者の仕事の場づくりの先駆的な事例の１つと位置づけられる。1981年に定員25名（知的障害者通所授産施設）で運営が開始された同法人では，定員50名の入所型施設（生活介護・施設入所支援）や14ヶ所のグループホーム（共同生活事業所）を運営しており，「生活の場の提供」という点からは地域のなかで多くのグループホームを運営しているという特色がある。だが，さらに，就労継続支援B型事業所や，就労継続支援B型事業と生活介護，就労移行の機能を備えた多機能型事業所の運営により，「日中活動の場の提供」も事業活動の重要な位置を占めている。障害者の就労の場を増やすことに力を入れているという特徴があることから，同法人の事業活動はソーシャル・ファームという観点からも注目されるものとなっている。

　くるみ会の目標には，「障害を持つ一人ひとりが安心して充実した一生をおくれるように支援します」という文言があり，「充実」して暮らすためには，「働いて収入を得る」ことが大事だと考え，障害の重い人も，軽い人も，必ず働く仕組みがつくられている。例えば，比較的障害の軽い人は仕事を主とし，重い人は日常生活を主眼におきながらも働く時間をつくるなど，各人のそれぞれの状況に応じて仕事の時間をつくる工夫がなされている。仕事の内容としては，コンポスト事業，植物生産事業，下請仕事などがある。コンポスト事業では，近隣に立地する株式会社デンソーの社員食堂や西尾市内小中学校や保育園の給食で出る生ゴミの堆肥化にとりくむなど，地域に立地する企業や学校の環境活動のとりくみに貢献しながら，障害者の就労の場を増やす工夫がなされている。

　くるみ会では，仕事が常時あり，経営が安定するように工夫されている。仕事のバリエーションを増やし，各人それぞれの状況に応じて仕事が割り当てられることが目指されている。仕事のバリエーションを増やすためには事業拡大や営業活動の観点が必要となることから，15年以上前から新たな事業の開拓や

販路拡大のための活動にもとりくんでいる。障害者の「仕事づくり」という観点においては，和歌山市の「社会福祉法人一麦会」(「麦の郷」)のとりくみも有名である[14]。利用者の仕事の確保や販売事業の拡大が迫られるが，麦の郷においては，食品製造業に力を入れることにより職種を拡大するというユニークな試みがなされている。耕作放棄地において栽培した大豆を原材料にして，納豆やきなこなどの加工品にして販売することにより，障害者の「仕事づくり」とともに，地域産業の育成や地域環境の保全が図られていることが特筆されよう。

2006年に施行された障害者自立支援法[15]により，障害者の作業所は新体系への移行が迫られ，就労継続支援A型事業およびB型事業，就労移行支援事業などにより，障害者の就労を通じた「自立」が促される現状がある。自立の意味するところは，「経済的自立」のみならず「社会的自立」も含んだ意味として捉えられるべきであろうが，「福祉から就労へ」や「ワークフェア」という用語のもと，社会サービスの受給者が仕事を通じて「自立」することを説く論調が強まりつつある。そのようななか，現場で仕事の場を提供する主体が必要とされており，その実践の主体として非営利組織が果たす役割は大きい。なお，うえにみた事例は両者とも社会福祉法人であるが，障害者自立支援法に基づく障害福祉サービス事業に関してはNPO法人によってなされるケースも多い[16]。無認可作業所として活動してきた団体が，障害者自立支援法の導入を契機として，NPO法人化した場合も多いからである。なお，非営利組織研究の対象は，NPO法人が中心と思われがちな状況もあり，本書においてもNPO法人が主要な対象となっているが，社会福祉の分野では伝統的な非営利組織として社会福祉法人が果たしてきた役割は大きく，社会福祉法人の意義と課題に迫ることも非営利組織研究において重要な論点となることは付記しておく。

ところで，就職困難者層の仕事の場の創出については，社会的企業論においては，労働統合 (work integration) と称されて議論の対象とされることがある。社会的企業論には様々なタイプのものが含まれるが，欧州を中心として展開されている社会的企業論では，社会サービスの供給と労働統合の機能を重視した議論が主流をなしている。労働統合という観点も含んだ社会的企業論は本書の後半で論点として扱われる。

（5）多様な非営利組織の活動領域

うえにみてきたように，日本の非営利組織研究においては，まず何よりも，ボランティア活動の受け皿となる組織や，市民による自発的な公益的活動を担う団体が想起され，分析の対象とされる傾向にある。また，社会福祉分野の活動の担い手としての非営利組織への注目度が高い傾向にある。本書においても，最も中心的にとりあげられるのは市民公益活動の担い手としての非営利組織であり，社会福祉領域で活動する非営利組織である。今日の非営利組織研究の特徴について，日本の初期の基礎的な文献では，次の3点から説明されている。すなわち，「ボランティア活動一般への関心の高まり」，「新しい社会を担う組織，新しい社会組織のあり方の1つとしてのNPO」，「社会政策上の要請（国際的にはNPOはこの文脈において捉えられることが一般的）」の3点である（電通総研，1996，20-21）。本書においても，これらの3点を非営利組織研究における主要な視点として念頭におく。しかし，非営利組織の活動分野が非常に多岐にわたるものであることは確認しておかなければならない。非営利組織研究は必ずしもNPO法人のみを対象とするものではないが，NPO法人の設立の根拠となる特定非営利活動促進法において活動分野として限定列挙されたものだけでも20分野にわたっている。非営利組織という言葉は「営利ではない」という消極的な修飾語句が用いられているため，その対象となる活動分野も無限定に広がる傾向にある。そのような状況を踏まえつつも，本書ではうえに事例をあげて紹介した論点を中心に議論を展開する。

3　本書の分析視角

ここでは本書の分析視角や特徴を示しておく。本書の特徴は，まず何よりも，日本における非営利組織研究を全般的に検討し，非営利組織研究の基本視角を総括的に提示することを意図しているところにある。非営利組織に関わるこれまでの研究をたどり，日本の非営利組織研究の到達点と課題を明確化するという意味において，本書は非営利組織全般にわたる一般的な分析枠組みを提示するという特徴を有している。

第1章 序　説

　だが，本書は非営利組織の通説的見解とその課題を明らかにするという性質を備えているのに加えて，焦点があてられる対象や分析視角の面でいくつかの独自性がある。非営利組織全般にわたる先行研究や理論を検討したのち，本書では主として非営利組織の社会サービスの供給機能に注目して議論を展開する。すなわち，社会福祉領域におけるサービス供給の担い手という観点から非営利組織の特徴とは何か，非営利組織研究が持つ意義とは何かを考察する。その理由は，うえにみたいくつかの事例からもわかるように，非営利組織のなかで最も活動の厚みがある分野が社会福祉領域であり，その領域にこそ非営利組織研究の重要な論点が最も多く含まれているとみなせるからである。この観点の重要性は，先行研究においては「福祉 NPO」という言葉を用いた分析においても示されている[17]。なお，非営利組織という概念には，事業組織として財やサービスを供給する機能が強いものから，その機能が極めて薄いものまで含まれることは見逃してはならない。だが，そのことを念頭におきながらも，本書では，主として財やサービスを供給する機能をもつ諸組織に焦点をおいている。財やサービスの供給機能を持つ諸組織に着目することによってこそ，非営利組織研究の主要な論点に迫ることができると考えられるからである[18]。

　ところで，社会政策や社会福祉の分野においては，どのようなサービスが供給されるべきかという課題とともに，どのようにサービスが供給されるべきかという課題についても議論が積み重ねられてきている。本来，両者は相互関連的に論じられるべきであるが，後者に限定して考えてみても，サービス供給のための財源の確保や給付のあり方，援助技術の向上など，論じられるべき課題の中身には多様なものがある。そして，それらの課題の1つとしてあげられるのが，誰がサービスを供給するかという点である。どのようなタイプの担い手によってサービス供給がなされるかは，社会福祉分野における重要な論点となる。サービス供給を担う主体としては，国や自治体，家族，地域社会，企業，非営利組織など多様なものが想定される。非営利組織については，日本の現状に即していえば，社会福祉法人に代表される従来型の非営利組織のほか，NPO 法人に代表される新しい型の非営利組織もそこに含まれる。

　社会福祉の分野においてどのような主体がサービス供給に携わるべきかとい

う課題は，近年とみに論じられるようになったが，その背景には，国や自治体にこれまでのように社会福祉の担い手を任せられなくなってきたという考え方がある。なお，これらの課題は福祉国家論との関わりからも論じられるべきであり，社会政策や社会福祉の世界における「民営化」問題が背後にある。そのような状況のもと，非営利組織研究との関わりから社会福祉に携わる事業組織のあり方を問うことが求められており，本書の目的の1つはこの課題にとりくむことにある。

　では，上記の課題に対して，どのような学問領域から接近するのが望ましいであろうか。非営利組織の研究は，社会福祉分野を対象とするものに限定したとしても，周知のとおり，経済学，政治学，行政学，社会学など多様な分野からの接近方法がみられる。本書では，多様な分野の研究蓄積を踏まえながらも，基本的には経営学の立場から接近する。本書は，試論的なレベルではあるが，社会政策の経営学を構想することにとりくむ。社会政策領域での「民営化」が進行するなか，社会福祉に携わる事業組織の役割が増大しており，そのあり方を問うことがこれまで以上に重要さを増してきている。今日の社会では，社会政策や社会福祉の経営学の確立が求められているのである。[19]

　だが，経営学と一言でいっても，その含意は多様であり，受けとめられ方も様々であろう。本書が意図しているのは，経営学のなかでも，企業論や企業学といった視点，さらには企業形態論の観点を用いた接近である。非営利組織を扱った研究のなかには，すでに経営学領域に分類されるいくつかの立場からの著作が刊行されるなど先行研究が存在するが[20]，本書は企業論や企業学，さらには企業形態論の観点から非営利組織に接近するという点において独自性がある。企業論や企業学，企業形態論による非営利組織への接近の具体的な展開については本論において述べることとし，ここではそのような接近方法をとる意図について説明を加えておきたい。

　まず，企業論や企業学の立場を[21]，さしあたりは，ごく簡単に「企業の本質とは何か」を探るものと述べておくことにしたい。このような問題設定は，そもそもは経営学の基本的な課題を述べているに過ぎないともいえよう。藻利重隆は経営学の課題を述べるうえで，「経営学はなにを研究しようとするのであろ

うか」と経営学の研究対象についての問いをたて,「営利原則によって導かれる『企業』がその代表的形態をなし,『企業』こそが研究において中心的地位をしめていることには,なんらの疑いの余地もない」と述べる。そして,「『資本主義経営』(der kapitalistische Betrieb) としての『企業』こそが経営学の研究対象をなすことをわれわれは確認しなければならないのである」としたうえで,「それは第一に生産経済単位体であり,経営的商品生産の組織体であるとともに,第二に営利的経済の組織体をなすものである。営利原則に指導される経営的商品生産こそが企業活動をなすのであり,そしてこれこそが経営学の研究対象をなすわけである」というのである(藻利,1973, 85-86)。

さて,ここで,企業論の立場から非営利組織に接近することに対する批判をあらかじめ想定してあげておこう。それは,本来,企業とは「営利」を目的とするものであるので,企業論は非営利組織を対象とするような学問ではないのではないか,という批判である。すなわち,企業を研究対象に据えて,企業の営利原則のあり方を問うという観点からいえば,非営利組織は研究対象の外におくべきではないか,と批判されることが想定されるのである。また,既存の経営学および関連領域の立場から非営利組織を研究対象とする場合には,企業に限らず組織全般を対象に据える「組織論」の立場や,経営技術を提供することに力点をおいたかたちでの「管理論」や「戦略論」の観点のほうがふさわしいのではないか,といった批判も予想される。[22]

だが,本書では敢えて企業論のスタンスから非営利組織に接近することを試みる。それは,営利とは何か,企業の営利原則とは何かという課題に迫ることが,非営利組織の研究にとりくむうえでも重要な意味を持つと考えるからである。そして,営利企業と非営利組織を区別しながらも,両者を相対化して分析していくことこそが,非営利組織の本質に迫るのに最も適していると考えるからである。だが,企業と非営利組織はまったく別次元のものであるとの考え方は根強く,両者を相対化して理解することには企業論の立場からも非営利組織研究の立場からも抵抗感が大きいことが予想される。

しかし,非営利組織は営利企業と対比されることによってこそ,その独自の存在意義を明らかにできるのではなかろうか。非営利組織を字義どおりに理解

すれば,「営利ではない」組織,あるいは,「営利を目的としない」組織となる。だが,「営利」とは何かということを示すことができなければ,「非営利」もしくは「営利ではない」とは何か,あるいは「営利を目的としない」とは何を意味するのかを明らかにすることができない。したがって,企業の営利原則を問うという企業論の研究蓄積を踏まえ,「営利」とは何かという経営学の基本的課題を考察するなかから非営利組織に接近することによってこそ,非営利組織の本質に迫ることが可能となる。既存の非営利組織研究の多くは営利企業への言及は皮相的なものにとどまっている。この点が非営利組織研究の弱点となっている。営利企業とは何かの考察を深めなければ,非営利組織の本質に迫ることもできない。「営利」概念の理解なくして,「非営利」を理解することは困難である。以上の視点は,これまでの非営利組織研究においては十分に深められておらず,本書はこの視点に基づき非営利組織の本質の解明にとりくむ。

また,企業論の観点から非営利組織に接近することは,企業論の進展に寄与することにもつながる。一般には,営利企業は非営利組織とはまったく別物であり,企業論は営利企業の本質を追究することに徹するべきであるという考え方のほうが受け入れられやすいだろう。だが,そのような考え方は現代社会における営利企業のあり方の変化や,非営利組織の事業組織としての機能に対してあまりにも無頓着といえるだろう。そもそも,経営学が前提としている営利企業は従来型の産業社会のもとでの企業組織であることが一般的である。すなわち,一般に経営学が対象とする企業とは,産業社会あるいは工業社会という用語で示される社会において主流をなしている事業組織を前提としている。それに対して,非営利組織という概念が登場した背景には脱産業社会の到来という状況がある。[23] もちろん,現代社会が産業社会や工業社会から脱した社会になっているとか,営利企業の時代がもはや終焉したなどというようなことにはならないだろうし,今日においても,経営学の対象としては営利企業,なかでも株式会社形態をとる大企業が中心となっている。だが,うえに示したように,社会政策や社会福祉の経営学を構想することが迫られるような状況が生じているという現実があり,従来の営利原則とは異なる指導原理に導かれた事業組織の登場が求められているということもまた事実である。そのような状況の

もと，現代社会にふさわしいかたちでの営利原則の提示が求められており，さらには，これまでの営利原則に代わる新たな指導原理に基づく事業組織の登場が今日の社会では求められている。今日において非営利組織という概念がクローズアップされるのはその現れということもできよう。そして，非営利組織研究は，現代社会において「企業とは何か」をあらためて問う契機を与えてくれるものとなるのである。

　なお，非営利組織研究という視点に限定しなくとも，企業の営利原則をめぐっては，これまでの前提とは異なる視点が求められていることも指摘できる。非営利組織研究が意図している新たな事業組織の構想という次元とは異なったかたちで，今日ではすでに企業における営利原則の変容や暴走の兆候がみられることは見逃されてはならない。製造業を中心とした工業社会から新たな産業に支えられた社会への転換が模索されるなか，1つの主流をなすのは金融に偏重した経済社会という方向性である。金融に偏重した経済社会のもとでの企業行動は，製造業が中心の産業社会における従来型の営利原則とは異なったかたちで企業の指導原理が発露しているものと理解できる[24]。産業社会を前提とした企業のあり方は変容を迫られており，企業の営利原則の変容を招いている現実を見逃してはならない。今日の企業論においては，歴史的な観点を踏まえながら現代社会にふさわしい新たな企業の指導原理を考察することが求められている。

　ところで，先にも触れたとおり，従来の非営利組織研究の多くは，非営利組織は営利企業とはまったく異なった存在であるとの無自覚な前提によっている。だが，現実には「営利」的な非営利組織や，「非営利」的な営利組織といった矛盾した表現こそがふさわしい事業組織が登場しつつある。そのような現状を説明することも意図してなのか，最近ではコミュニティ・ビジネスや社会的企業などの新たな概念を用いた事業組織の分析枠組みが登場するようになった。まさに，従来の企業概念を揺るがすような事業組織が現れてきており，それに即した分析枠組みをつくる模索の現れが，コミュニティ・ビジネス論や社会的企業論と位置づけられよう。ここにも，営利企業と非営利組織を区別しながらも，両者を相対化して分析することの必要性を見出すことができ

る。だが，はたして，従来の企業概念を揺るがすような新たな事業組織の特徴とはどの点に見出すことができるのであろうか。

　一般に，企業とは，財・サービスの生産機能と営利目的の両者を備えたもの，あるいは，使用価値視点（技術・素材面）と価値視点の二面から捉えられるものと位置づけられる。[25] なお，前者はどのような財やサービスを供給するかということを意味するため，企業の事業内容や事業目的をあらわす。後者は企業が従うべき指導原理を意味する。企業論の基本的な立場によれば，企業の本質は，両者を共に備えているところにこそあるといえよう。その意味において，字義通りに理解すれば，営利目的を備えていないとみなされる非営利組織は，企業の範疇から外れることになる。[26] だが，財・サービスの供給主体としての非営利組織においては，事業内容（素材）と営利目的（指導原理）の両者の融合のあり方が，従来型の企業とは異なるかたちをとるものと位置づけることができ，この見方に基づけば，非営利組織を企業と相対化して比較検討することが可能となる。そして，非営利組織と称される諸組織が，企業の営利目的とは異なった指導原理を有していることに着目して，それらがどのような指導原理に導かれているかが問われなければならない。営利企業と非営利組織をまったく同一視することはできないにしても，両者を区別しながらも相対化して分析の俎上に載せる意味は，財・サービスの供給主体としての非営利組織における指導原理とは何かを検討する手がかりが得られる点に見出せる。

　ところで，非営利組織研究とは，結論を先取りしていえば，従来の営利企業とは異なる社会的な意義を有する事業組織に着眼したものと位置づけられる。すなわち，非営利組織研究の多くは，何らかの社会的な観点から非営利組織の独自の特徴を見出そうとする試みと位置づけられる。それでは，はたして非営利組織の社会性とはどのような点から見出されるであろうか。非営利組織という概念には多種多様なものが含まれ，非営利組織に関する研究も多岐にわたるが，それは非営利組織が有する社会的な側面のどの部分に目をやるかによって非営利組織の定義や特徴づけのあり方が様々なかたちをとることによっている。非営利組織とは，財・サービスの生産のあり方と指導原理の両面において，従来の企業とは異なる特徴を有するものとみなせる。すなわち，財・サー

第 1 章 序　説

ビスの供給のあり方と指導原理のあり方のいずれか，もしくは双方において営利企業からでは見出しがたい何らかの独自の社会性を備えている事業組織が，非営利組織と称されて研究対象とされている。

　そして，非営利組織という用語は「非営利」という修飾語があることから，さしあたりは，後者のあり方（営利目的に代わる指導原理とは何か）が注目され，営利目的とは異なる指導原理を見出すころに力が費やされ，非営利組織の独自の存在意義が述べられることになる。

　だが，他方で，供給される財やサービスの特徴（事業内容や事業目的の特徴）は事業組織の行動原理に影響を与えるという関係性がある[27]。企業においては，財・サービスの生産と営利目的の両面が追求され，その際に生じる矛盾を前提としてその矛盾をどのように統合するかが課題となるが，非営利組織にはその矛盾のあり方と統合の方法において企業とは異なる独自の特徴があるものと位置づけられよう。そして，非営利組織の研究対象の多様さは，非営利組織の独自の特徴が述べられる際に，目の付けられるポイントが論者によって異なることによっている。

　要約すれば，非営利組織は，「非営利」という特徴が明示されてはいるが，既存の非営利組織研究においては何らかの社会性を備えた存在として認識されている。「財・サービスの供給（事業内容・事業目的）の側面」と「営利目的（指導原理）の側面」の両者は互いに関連しながらも区別することができる。非営利組織研究において社会性として論じられる内容は，事業内容の特徴（素材面）に求められるものと，事業組織の指導原理に組み込まれているものとが混在しているが，その内実を探っていくことによってこそ，非営利組織の本質に近づくことができるであろう。

　以上の点を踏まえて非営利組織の本質に接近する際には，企業形態論の立場が適合的であると考え，本書では企業形態論による非営利組織の接近を試みる。公共的な財を供給する事業組織を論ずる学問分野としての公企業論および，公企業論をその領域に内包する企業形態論は多くの研究蓄積を有している。公企業論で展開されてきた課題としては，生産手段の国有化ののち，民営化の流れのなかで誕生した様々な公企業を私企業との比較から分析すること

あげられる。その際には，事業目的と営利目的をどのように融合させるかということが問題とされてきた。非営利組織や社会的企業などの新たに登場した事業形態の概念を分析するうえでも事業目的と営利目的の関係性を問い，それぞれの局面における社会的な価値とは何かを問うことが必要となり，企業形態論の先行研究を活かすことが意味を持つことになる。そして，この試みは企業形態論の今日的な意義を再確認することにもつながり，企業形態論，さらには経営学の豊富化にもつながるものとなる。

　なお，企業形態論の方法や立場については本論で触れることにするが，企業形態論は一部においてしばしば誤解されるように，ただ単に法律に基づいて，合名会社，合資会社，株式会社などの会社形態を分類することにとどまるものではない。企業形態論は，企業の経済的本質や資本集中の観点から企業の諸形態の分析を深めるところにその本領がある。だが，企業形態論の既存の枠組みによるだけでは非営利組織の分析に十分というわけではなく，その試みは，企業形態論を現代的な視点から再構成するという作業とともに進められなければならない。ただし，現代的な企業形態論の確立に向けた課題について，本書でそのすべてを論じることはできず，あくまでも試論の域にとどまらざるをえないことは断っておきたい。

4　本書の構成

　冒頭に述べたように，非営利組織という概念が登場して以降，非営利組織には様々な領域から大きな期待が集まり続けている。だが，はたして非営利組織がそのような期待に応えられるのかどうかについて，その根拠は必ずしも明確になっていない。そこで，「NPOブーム」に流されることなく，冷静に非営利組織の意義を問い直すことが必要となる。本書の大きな目的は，従来の非営利組織研究を踏まえたうえで，非営利組織の積極的意義とは何かを明らかにすることにある。そのためには，非営利組織とは一体どのような組織なのかを明らかにする必要が生じる。本書はこれらの課題にとりくむために，以下のような構成でのぞむ。

第1章 序　説

　第Ⅰ部では，非営利組織研究とは何かという課題を扱う。2章では非営利組織研究が勃興してきた経緯をたどりながら，非営利組織研究の要諦がどこにあるのかを探る。日本において非営利組織という概念が一般に普及していくのは1990年代以降であるが，それ以前とそれ以後で非営利組織研究はどのように変化しているのかをみる。脱産業化と呼ばれる経済構造や社会構造の変化，さらには福祉国家の危機と呼ばれる状況のなかで，非営利組織という存在がクローズアップされていく背景を理解することがここでのポイントとなる。

　非営利組織とは何かということを考察するうえでは，先行研究の分析が必要となる。そこで，3章以降では中心的な先行研究をとり扱う。非営利組織の研究動向を整理すると，日本における非営利組織研究は，①非営利組織の制度面の整備，②公的非営利組織を除外し民間非営利組織に着目する姿勢を打ち出した非営利組織概念の明確化・国際比較の試み，③企業組織の経済学の成果を応用して発展してきた非営利組織の理論分析，という3つの観点が重要視されてきたことがわかる。そして，これらはいずれも，米国における研究の成果を摂取することによって進展してきている。非営利組織とは何かを分析するうえでは，以上の3点は検討を欠かすことのできない重要性を持つ。その理由は2つに大別できよう。

　第1に，これらの研究は「非営利組織とは何か」という根本的な問題を扱っているからである。これらの研究では，非営利組織の存在根拠を示したり，非営利組織を定義づけることによって，曖昧な概念である非営利組織の意味するところを明らかにしようと試みてきた。したがって，これらの研究を分析することによって，非営利組織とは何かを探るうえでの手がかりを得ることができる。第2に，これらの研究は，「NPOブーム」ともいえる状況のもと展開されてきた様々な非営利組織の研究および現場の実践において重要視されているからである。これらの研究は，今日の非営利組織研究の前提になっているといっても過言ではない。今日の非営利組織への注目，非営利組織に対する期待が妥当なものかどうかを知るためにも，これらの研究の検討が欠かせない。

　そこで，3章では，米国の研究を中心とした非営利組織の概念に関する先行研究についての検討を行う。非営利組織の概念を検討する際には，非営利組織

の制度面の検討を欠かすことはできないため，非営利組織の制度面の問題についても扱う。また，米国の研究の影響のもと日本の非営利組織研究がどのように分析対象を定めてきたかを明らかにする。4章では，非営利組織の理論分析について，米国における研究を中心にとりあげてその意義と問題を明らかにすることになる。

　以上の作業においては，非営利組織の「非営利」とは何かということを追究することが重要になる。非営利組織の「非営利」とは何かを問い直すことを通じて非営利組織の本質を明らかにしていくことは，本書の大きな特徴となる。そして，「非営利」概念を問ううえでは，非営利組織研究に協同組合をどのように位置づけられるかが重要なカギとなってくる。そこで，5章では，非営利組織と協同組合との関わりについて検討する。日本においては協同組合研究の立場から非営利組織に接近する論者も多く，その研究動向を探ることが不可欠である。また，日本においては，協同組合の活動が活発なこともあり，その特質を検討することが重要な意味を持つ。なお，協同組合の特質を探ることは，非営利組織の「非営利」とは何かを明らかにすることにつながる。非営利組織と協同組合の関係を探るうえでは，協同組合を非営利組織と位置づけられるのかどうかが重要なポイントとなる。この点について明らかにするためにも，そもそも非営利組織の「非営利」とは何を意味するのかについて分析する必要が生じる。したがって，5章では，非営利組織と協同組合との関係を扱った諸理論に検討を加えたうえで，非営利組織の「非営利」概念をどのように理解すべきかを明らかにする。なお，この作業においては，協同組合の理解が重要であることはいうまでもない。そこで，非営利組織と関わる点に限定されるが，協同組合の性質に関する議論も吟味される。指導原理の独自性から協同組合の特徴が導き出される。

　第Ⅱ部では，非営利組織研究との関わりで重要な概念であるコミュニティ・ビジネスや社会的企業について検討を加える。これらの諸概念は，非営利組織研究の延長線上に位置づけられ，非営利組織研究の現代的意義を考察するうえで検討が欠かせないものである。まず，6章では，コミュニティ・ビジネス論について，非営利組織研究との関わりからその意義と課題について示す。ここ

では，事業性を帯びた存在として非営利組織が注目される背景が述べられ，そのうえで，新しい産業や雇用の担い手として，あるいは，社会福祉領域におけるサービス供給の主体としてその役割を担うことが非営利組織に求められるようになってきた現状を示す。また，コミュニティ・ビジネスに関する支援施策を検討し，労働と福祉の関係を問い直すという社会政策の今日的課題との関わりから，事業組織としての非営利組織に求められる役割が拡大していく様子が説明される。

7章では，社会的企業論の動向を整理する。欧州と米国の社会的企業論を踏まえたうえで，日本における社会的企業論の特徴を述べ，社会的企業論における「社会的（social）」とは何かについて検討を加える。

8章では，社会的企業論の具体的な展開として社会福祉分野を例にとり，社会的企業における「事業性」と「社会性」の関わりについて検討する。その試みは，そもそも「企業とは何か」という経営学の基本的な課題との関わりからなされる。そのうえで，社会福祉の領域における経営学の可能性と限界が示される。

以上の各章の議論を踏まえて，9章では，企業形態論の観点から非営利組織に接近することが試みられる。非営利組織の「非営利」概念とは何かということについて明らかにするうえでは，従来の企業形態論の研究蓄積を踏まえるとともに，企業形態論そのものが再構成されることの必要性が述べられる。

5　非営利組織をめぐる用語について

本章の最後に，非営利組織という用語について注釈を加えておく。非営利組織研究においては，関連する語句の用法に配慮することが必要となる。例えば，非営利組織（Nonprofit Organization）と，その略称であるNPOでは，両者の意味するところが異なるのかどうか，また，「非営利」をNon Profitと理解するのかそれともNot-for-profitを理解するのかなど，その概念や語句の用法をめぐる論争が生じることもある。また，NPOという言葉が用いられる場合，一般的にはNPO法人がイメージされがちであるが，非営利組織やNPO

という用語が指し示す内容は必ずしも NPO 法人に限定されるわけではなく，非営利組織研究では様々な「非営利」の組織がその対象とされる。したがって，非営利組織研究においては，用語の使い方自体が論争となりやすい状況にある。

　非営利組織という用語については，単に「営利でない」組織を指しているわけではないことに注意が必要である。非営利組織という用語は，「営利でない」ということ以外にも何らかの意味が付与されて論じられているのである。本書では非営利組織とは何かについて検討するが，その際には，非営利組織の概念を規定するために付与された意味が妥当性を有しているかどうかが重要な論点になる。例えば，既述のとおり，今日の非営利組織研究では，公的な非営利組織を除外して論じるのが一般的である。すなわち，「非政府」，「民間」という意味が付与されて論じられるのである。だが，次章で触れるとおり，初期の非営利組織の言及においては公的非営利組織を分析対象とする論者が存在しており，実際のところ非営利組織の概念に対しては様々な理解の仕方が可能である。したがって，「営利ではない」ということ以外に付与された新たな意味が妥当かどうかを探る必要がある。また，新たに付与された意味がどのような内実を伴っているかも重要な論点である。すなわち，例えば「非政府」という場合には，何をもって「非政府」であるといいうるのかを明らかにしなければならない。

　他方において，「非営利」もしくは「営利ではない」とは何を意味するのかということも重要な論点である。すなわち，これまでくりかえし述べてきたが，非営利組織の「非営利」概念とは一体何を意味するのかを追究することは重要である。非営利組織という言葉自体は，「非営利」であるという特徴しか明示されていない。したがって，「非営利」とは何かを追究することは，非営利組織の存在の根幹を明らかにすることを意味している。本書が，非営利組織の「非営利」とは何かをくりかえし問い直す意味もここにある。

　このように，本書においては，非営利組織とは何かをあらかじめ規定して論じるわけではない。したがって，非営利組織の概念自体の問題を問うことから論を展開することになる。非営利組織とは何かということを追究するために，

既存の非営利組織研究を批判的に検討し，非営利組織の積極的意義を解明することは，本書の特徴となる。このようなスタイルをとるのは，定義を問うこと自体が非営利組織研究における重要な課題であることによる。

ところで，本書では非営利組織の略称であるNPOという用語を基本的には使用せず，非営利組織という用語を使用している。NPOという用語は，そもそもは非営利組織の略称に過ぎず，非営利組織という用語とNPOという用語には意味の違いが生じないはずだからである。だが，NPOという用語のほうが，「非営利」という言葉が明示されていないことから，「非営利」という特徴が意識から遠のきがちとなり，「非営利」以外に付与された何らかの別の意味の方が強く意識される傾向にある。とりわけ，後述のように，NPOという用語はNPO法人や市民活動団体，ボランティア団体等を指し示すものと理解される傾向が強い。[28]

しかし，そもそも非営利組織＝NPOという用語自体に固有の意味づけをする特徴は，「非営利」(nonprofit)という語だけである。[29]したがって，非営利組織＝NPOという概念を問い直す作業においては，その特徴である「非営利」という言葉が明示されている「非営利組織」という用語を使用するほうが適している。また，非営利組織＝NPOの「非営利」概念を問うことを主眼におく本書の意図とも合致する。これらの理由から，本書では，原則として非営利組織という表記を用いている。だが，非営利組織とNPOの使い分けがなされている現状があるため，両者の使い分けに言及しつつ，NPOという語句を用いることもある。また，特定非営利活動法人については，通称として普及しているためNPO法人と表記している。なお，非営利組織とNPOの用語の使い分けの実情については，3章において論じられる。

非営利組織研究における厄介な問題の1つとして，非営利組織にまつわる用語には多種多様なものがあることがあげられる。例えば，VNPOs（voluntary nonprofit organizations）という語は，非営利組織という用語にボランタリーという特質を加えた表現であるが，英国では一般に非営利組織にあたる語としてボランタリー組織（voluntary organisations）という用語が使用されることを踏まえて，米英の用語を折衷したものと理解できよう。また，「制度化された

NPO」(Institutionalized NPO: INPO) と「制度化されていない NPO」(Non-institutionalized NPO: NNPO) といったかたちで非営利組織を分類することが試みられたことがあった（出口, 1999, 18-19）。このことは，今日において主流をなす非営利組織研究では，日本の実態を前提とすれば非営利組織の概念に，公益法人に代表される規模の大きなものと，ボランティア団体や市民活動団体に代表される草の根レベルで活動する規模の小さなものの双方が含まれるという状況を反映したものといえる。NPO という言葉が一般に普及するに従い，マスコミの報道などにおいて NPO という用語は主として後者が念頭におかれる議論が多くなっている。とりわけ非営利組織という用語ではなく，NPO という用語にその傾向が強い。先述したとおり，NPO には「非営利」以外に付与された意味が強く意識される傾向があることの反映といえよう。ところが，非営利組織研究（NPO 研究）においては，前者の経済規模や社会的な影響が強調されることもよくみられる。このように，非営利組織や NPO という用語の使用法は非常に錯綜した状況にある。そして，非営利組織や NPO という用語に新たな修飾語を付与する論者が出てくることになる。[30]

　NGO（nongovernmental organization: 非政府組織）という用語が，NPO という用語とともに使用されることもある。マスコミなどでは，NPO/NGO と並列して表記されることもあり，両者は明確に区別されることなく論じられることが多い。今日の非営利組織研究における非営利組織の特徴として「非政府性」があげられることもあって，NGO と非営利組織の両者を区別しないことが多くなっている。だが，NGO という用語も，「非政府」であるという以外に何らかの意味が付与されて使用されていることに注意を払う必要がある。とりわけ，国連が政府以外の民間団体との協力関係を定めた国連憲章第71条に基づく国連経済社会理事会との協議資格を持つ「国連 NGO」は，NGO の概念を特徴づけるうえで重要な役割を果たしている。しかし，近年では，国連 NGO の範囲を超えて，広く地球規模の諸問題にとりくむ非営利組織を NGO と理解する傾向が強くなっており，[31] NGO と非営利組織の垣根は低くなっているといえよう。そうはいっても，例えば，国際協力や環境問題にとりくむ団体は NGO と称されることはあっても，地域福祉分野で活動する非営利組織は NGO と呼ば

第1章 序　説

ないのが日本では一般的であろう[32]。このように，NGO という言葉も，「非政府」である以外の何らかの意味（例えば，「国境を超えた活動を行う」という特徴）が付与されているのである。

　このように，非営利組織という用語は曖昧模糊とした概念であり，様々な特徴が付与されながら使用されている。また，このような状況を反映して，非営利組織にまつわる様々な用語が次々と生み出されてきている。冒頭でも触れたとおり，最近では，非営利組織に近接する概念としてコミュニティ・ビジネスや社会的企業，ソーシャル・アントレプレナーなどの語句が用いられることもある。非営利組織研究をめぐっては，多種多様な語句が生み出されており，それぞれの概念の理解について論争的に扱われるという特徴がある。だが，非営利組織という用語や非営利組織に類する用語は，漠然とした曖昧な概念として使用されることが多く，必ずしも各論者はその概念を明確にして使用している状況にない。このことは，冒頭で述べたように，非営利組織に対して漠然とした期待を抱くことを許してしまう原因にもなっている。したがって，非営利組織という言葉の内実を探ること，とりわけ非営利組織の「非営利」概念を問い直すことは非常に重要な作業となる。ここでは非営利組織という用語の概念をあらかじめ規定せず，また様々な用語のそれぞれの意味内容を示すこともしない。「非営利組織とは何か」という問題に関しては，本書の叙述全体を通じてその答えを提示していくことに努めたい。

　非営利組織研究をめぐっては，活動部門（セクター）を指す際に，非営利セクターという表現がとられることもある。また，非営利セクターの類語としては，サード・セクター，インディペンデント・セクター，ボランタリー・セクターなど多様な語句が存在する[33]。活動部門（セクター）という概念は，ある特徴を備えた組織の集まり全体を指し示す言葉として，経済規模や雇用数を計って示すうえで用いられることが多い[34]。セクター間の規模の比較をするうえで用いられることもある。また，セクターという用語は，福祉国家論や福祉多元主義や福祉ミックスの議論のもとでは，サービス供給主体の属する部門を指し，どの部門を重視した供給体制がとられるかによって福祉国家や福祉社会の類型化や国際比較がなされることもある。また，セクターという用語は，協同組合

セクター論の見地からは，セクター間の競争を意図して用いられることもある。特に，協同組合主義の立場からいえば，営利企業の対抗勢力として，協同組合陣営がその陣地を拡げることを意図して用いられることもある。だが，本書では，原則として非営利組織と非営利セクターの2つの用語を同義的な概念として用いている。すなわち，非営利セクターという用語は，単に非営利組織の集まり全体を指す言葉として用いる。

1) 復興庁の発表によると，大震災発生から約1年後の2012年3月8日現在の避難者等は34万4290名（2012年3月14日発表），約2年後の2013年3月7日現在の避難者等は31万3329名（2013年3月15日発表）となっている。
2) うつくしまNPOネットワークについては，同団体におけるヒアリング（2010年2月22日，2011年8月10日，2012年1月16日）で伺った内容を参考にしている。
3) うつくしまNPOネットワークによる大震災後の活動状況の一端については，橋本（2012a）を参照されたい。
4) 阪神・淡路大震災後の市民活動団体の動向については，橋本（1999）を参照されたい。
5) まちづくり山岡については，栗本・橋本（2012）も参照されたい。同報告書では，まちづくり山岡の特徴でもある全戸加入のあり方が変化している状況についても説明されている。なお，まちづくり山岡については，同団体におけるヒアリング（2012年2月13日）で伺った内容を参考にしている。
6) 旧恵那市・旧岩村町・旧山岡町・旧明智町・旧串原村・旧上矢作町が合併して，2004年に現在の恵那市となった。
7) 地域自治区は，地方自治法上に基づく「一般制度」によるものと，市町村の合併の特例等に関する法律に基づく「合併特例」によるものとがある。現在の恵那市は市町村合併により成立しているが，地域自治区は一般制度によって設置されている。
8) この点に関して，日本の町内会や自治会を「政策提言なき市民社会組織」として位置づけて論じたものとして，Pekkanen（2006）がある。
9) フェリスモンテの活動については，栗本（2006, 162-163）を参照されたい。なお，フェリスモンテについては，同団体におけるヒアリング（2006年1月26日，2013年2月26日）で伺った内容を参考にしている。
10) つどい場さくらちゃんの活動については，丸尾・上村（2011）を参照されたい。なお，つどい場さくらちゃんについては，同団体におけるヒアリング（2012年9月6日）で伺った内容を参考にしている。
11) 「つどい場」の重要性が認識されて，西宮市では新たな「つどい場」づくりの施策が試みられている。また，つどい場さくらちゃんの活動は，『厚生労働白書』（厚生労働省，2010, 311-312）にとりあげられるなど，その重要性の認識が高まっている状況がみられる。
12) 介護保険事業を行っているNPO法人の実態について，介護保険事業が始まって間もな

い時期の状況を描いたものとして，田中ほか（2003）が参考になる。
13) くるみ会については，同団体におけるヒアリング（2011年2月15日）で伺った内容を参考にしている。
14) 一麦会（麦の郷）の農産加工業の例や，協力関係にある作業所の実践については，柏木（2009：2013）を参照されたい。なお，一麦会（麦の郷）については，同団体におけるヒアリング（2010年11月16日）において伺った内容も参考にしている。
15) 2013年4月1日から障害者自立支援法に代わって，障害者総合支援法が施行されている。
16) 限られたデータであるが，兵庫県下の例をあげると，障害者自立支援法に基づく障害福祉サービスを実施している事業所におけるNPO法人が占める割合は「就労継続支援B型事業所」が最も高く38.8％，続いて「就労移行支援（一般型）事業所」が29.0％，「就労継続支援A型事業所」が28.6％となっている。他方，介護保険事業所においてNPO法人が占める割合は「訪問介護」が最も高いが，その割合は6.6％である。このことからも，障害福祉サービスの提供においてNPO法人が果たす役割の大きさがわかる。以上，橋本（2012b, 134）を参照されたい。
17) 「福祉NPO」という概念を用いた著作としては，渋川（2001），安立（2008）などがある。
18) 本書のスタンスは非営利組織における運動の視点が弱いという印象を持たれるかもしれない。本書では十分に展開できていないが，非営利組織における運動の重要性については，橋本理（2010）を参照されたい。また，同様に，非営利組織の財やサービス供給の機能に着目することによって，非営利組織が有するコミュニティに根ざした活動や市民活動の要素をないがしろにしているという印象を持たれるかもしれない。しかし，事業組織としての非営利組織のあり方に着目することによってこそ，非営利組織が持つ事業的側面と市民的側面の相違点を浮き彫りにでき，さらには，事業組織においてコミュニティ性や市民性の諸要素が求められているにもかかわらず実際にはそれらの諸要素が損なわれることがあるのはなぜかを示すことができる。事業的側面と，社会運動やコミュニティ性，市民的要素などの社会的側面について，その二面性の統合とその矛盾を解き明かすためにも，まずは議論の出発点として，事業組織としての非営利組織を分析することが必要と考える。
19) 社会政策における社会福祉の位置づけについては，社会政策学のなかではこれまで様々なかたちの議論が展開されてきた。本書ではこの点について立ち入らない。ただ一点だけ本書との関連で触れるならば，日本の社会政策が労働政策に重点をおいていた歴史的経緯を踏まえたうえで，多様な階層，ライフサイクル等を含んだ広義の社会政策論の必要性が論じられるようになり，高齢化のインパクトもあって，生活政策としての社会政策が重視されるようになってきたことを確認しておくことは必要であろう。さらに，今日的には，社会保障政策と雇用政策の統合が求められる現状も生じている。以上については，玉井（2012, 75-76）を参照。社会政策学の進展を踏まえ，その関連から非営利組織研究の展開を把握することが求められる。例えば，生活政策を担う新たな主体として非営利組織への期待は高まりをみせ，社会保障政策と雇用政策の統合という観点からは，労働統合（work integration）を担う主体として社会的企業がとりあげられていることが指摘できる。

20) 経営学領域から非営利組織にアプローチした著作としては，Drucker（1990）が先駆的であり，戦略論の立場からは小島（1998），管理論の立場からは島田（2003）などがあるほか，組織論の立場からは田尾（1999），またテキストブックとして田尾・吉田（2009）が刊行されている。また，奥林ほか（2002）は非営利組織について「経営学」と銘打った数少ない書籍の1つである。
21) 本文中でとりあげる藻利は，経営学の特質を端的に「企業学」として規定しうると述べ，その理由を「企業活動の実践原理を確立するところにこそ経営学の課題があるものと解されうるからである」（藻利，1973，31）という。また，「われわれは経営学が『企業学』として規定されうる」と述べたうえで，「経営学が企業をその研究対象とし，企業活動を究明するものであることを意味する」（藻利，1973，33）という。このように，経営学を「企業学」として捉える立場については，昨今では「企業論」という語を用いて論じられる内容と共通するところが多い。したがって，以後は，両者を統一する言葉として，「企業論」という語を用いることにする。
22) 本来，「管理論」や「戦略論」の論点は経営技術の観点に還元されるものではないだろう。だが，ここでは，「非営利組織の経営学」とは非営利組織の経営指南のためにあるという世間一般に流布している状況を念頭においている。経営学とは実践的な経営技術の向上，経営指南の提示にこそ存在意義があり，「金儲け論」であるという考え方は世間的に根強いものがあることを知る必要があろう。非営利組織の経営学の場合には，少なくとも「金儲け論」としての経営指南というかたちにはならないだろうが，日々の事業遂行のノウハウを提供することのみに力点がおかれる風潮があることは見逃してはならない。経営学は経営技術の提供にこそその存在意義があるのかどうかについてはすでに多くの議論が展開されてきており，ここではこれ以上立ち入らない。経営学の課題についての様々な学説検討については，藻利（1973），植村（1985）などを参照されたい。
23) 脱産業社会の到来と非営利組織の勃興の様相については，2章でとりあげる。
24) その問題を示したものとしては，例えば，ドーア（2011）を参照されたい。
25) 「そもそも企業とは何か」という観点について経営学者がどのように述べてきたかについて，浜川（1994，53）を参照されたい。
26) 藻利は，企業の営利目的と事業目的について触れ，そのうえで，企業の指導原理は営利目的にのみ求められるべきであることを次のように述べている。「資本主義的経営類型としての『企業』にあっては，その指導原理ないし体制関連的目的は営利経済的原理，営利原則ないし営利目的のほかにはありえない。つまり『企業』は『営利的商品生産の組織体』をなすのである。そこで，『企業』において営利目的を無視することはもとより許されないのであるが，しかし同時にまた狭義の商品生産目的ないしいわゆる事業目的もまた『企業』においては無視されないものであることをわれわれは忘れてはならない。そのいずれかを放棄すれば，おのずから『企業』は壊滅せざるをえないのである。ただそれにもかかわらず，営利目的は商品生産に対する指導原理をなすものとして事業目的に優先する。『企業』がどのような財貨・用役の生産を担当するかを第一次的に決定するものは営利目的であり，またどのような生産方法を採用するかを最終的に決定するものも営利目的である」（藻利，1973，277）。
27) この点に関して，藻利は次のように述べる。「企業の指導原理は資本主義の体制原理と

第1章　序　説

しての営利原則であり，営利目的である。それは企業の担当する事業目的を決定し，またその遂行方法を規定する。だがこのような決定や規定はけっして独善的・恣意的ではありえない。そこにわれわれはまず事業目的の達成に関する体制無関連的な事業内容の制約を理解しなければならない。それは技術の発展，技術革新の進展と関連する。だがそれのみではない。体制関連的な市場開拓もこれに関連し，同様に体制関連的な労働組合運動の発展もまたこれに関連する。これらはいずれも体制無関連的な事業内容と結びついて事業内容そのものを体制関連的なものに転化させることになるのであるが，こうした事業内容こそは具体的に営利目的を制約し，その発展・変質を招来することになるのである」（藻利，1973，278-279）。

28) 例えば，雨森孝悦は，市民活動団体や市民性の強い団体のことを指すとき，すなわち「市民が自主的に設立し，政府や企業とは独立に運営する非営利目的の組織」を指すときにNPOを用い，「より広く民間，非営利目的の組織全般を表す用語」として非営利組織を用いるという使い分けをしている（雨森，2012，13）。

29) 非営利という語の英語表記についても，nonprofit, non-profit, not-for-profit など様々である。必ずしも各論者がこれらの用語を明確に区別して論じているとはいえないが，not-for-profit という語に関しては「営利を目的としない」という観点に意味を感ずる論者によって用いられる場合があることには留意する必要があろう。この点は，非営利組織の「非営利」概念の理解とも関わってくる。例えば，富沢賢治は協同組合とNPOとの関連を述べる際に，「非営利目的の組織」（Not-for-Profit Organization）という用語を提示している。富沢によれば，非営利目的組織という言葉は，NPOと同義ではないとされる。すなわち，富沢は「非営利目的組織は協同組合とNPOに対して上位概念として位置している」（富沢，1999a，42）と述べるのである。

30) 本文中で紹介したVNPOsやINPOおよびNNPOなどは，その端的な例である。その他にも，例えば，丸尾・斎藤（1995）は，政府部門以外の非営利組織を「非政府非営利組織」（NGNPO）と呼ぶことができると述べている。

31) 電通総研（1996，25-26）を参照。

32) 日本では一般にNPOと称されるものもひっくるめて，NGOという言葉が用いられている国もある。

33) 3章でとりあげるジョンズ・ホプキンス大学の研究プロジェクトでは，非営利セクター（nonprofit sector）という概念を用いて，国際比較を試みている。同プロジェクトによると，似たような領域を指し示している慈善セクター（charitable sector），インディペンデント・セクター（independent sector），ボランタリー・セクター（voluntary sector），免税セクター（tax-exempt sector），NGO（non-governmental organization），社会的経済（économie sociale）等の用語は，組織の性質の一面を強調しすぎたり見過ごしたりしており適切ではないという。また，非営利セクターという用語でさえ問題がないわけではないとされる。なぜなら，利益を計上する場合があるからである（Salamon and Anheier, 1992a, 128-129）。

34) 例えば，雨森は次のように述べている。「『セクター』という考え方は，非営利組織が全体として社会の中に占める相対的な大きさや役割を捉えるのに便利な概念であり，しばしば使われる」（雨森，2012，16）。

第 2 章
非営利組織研究の動向
―― 先行研究の概観 ――

1 はじめに

　本章では，非営利組織研究の系譜をたどり，非営利組織が台頭する背景について述べる。日本では1990年代半ば以降，非営利組織への関心が急速に高まった。その状況をもたらした契機として見逃せないのが1995年1月17日に起きた阪神・淡路大震災である。後述するように，すでに1990年代前半には今日における非営利組織研究の素地が形成されてはいたが，阪神・淡路大震災の際に被災地の支援・復興に向けて多くのボランティアが活躍して「ボランティア元年」とも呼ばれる状況が生じたことや，社会福祉・まちづくり・環境問題等の様々な領域において非営利組織の活動が活発化したことにより，非営利組織に対する認知度は飛躍的に高まった。非営利組織やその略称であるNPOという用語は，マスコミにおいてとりあげられる機会が多くなり[1]，日常的にも非営利組織やNPOという言葉を目にする機会も多くなっていった。また，1998年3月には特定非営利活動促進法が成立し，非営利組織は一般に認知される存在となっていく。1990年代後半には「NPOブーム」が巻き起こったといっても過言ではない状況が生じ，ますます多くの非営利組織に関する研究がなされるようになる。本書は，非営利組織への漠然とした期待という次元を超えて，その本質を明らかにすることを目的としているが，そのうえでは，今日の非営利組織研究がどのような経緯のもとに生み出されてきたかを知る必要がある。つまり，「NPOブーム」に至るまでの非営利組織研究がどのようなものであったかをふりかえる必要があるのである。

　日本の非営利組織研究は，米国を中心とした欧米諸国における様々な議論の

影響のもとで進展を遂げており，欧米諸国の非営利組織に関する議論を無視して論を進めることはできない。本章では欧米諸国における非営利組織台頭の背景を踏まえて，日本の非営利組織研究がどのように発展してきたかをふりかえることにしたい。具体的には，第1に，1990年以前における非営利組織への言及について説明を加える。第2に，1990年代半ばに，日本で非営利組織研究が勃興していく状況をみていく。第3に，2000年代以降，非営利組織研究がどのように展開していったかを示す。ただし，非営利組織研究が本格的に展開されるようになった1990年代半ば以降の展開については，次章以降であらためてとりあげるので，第2の点，第3の点については非営利組織研究が勃興する状況や研究動向の展開等に関する簡単な説明を加えるにとどめる。最後に，1990年以前の初期の段階における非営利組織への言及が今日の非営利組織研究に与える示唆について，若干の考察を加える。

2 非営利組織研究「夜明け前」(1990年以前)

(1) 脱産業化社会の到来

日本において非営利組織研究が勃興し，NPOという言葉が人口に膾炙するのは1990年代半ば以降である。だが，今日の非営利組織研究が課題とする論点のいくつかはすでに1990年以前から様々なかたちで論じられている。非営利組織の活動が活発化する背景として，大まかには，第1に，現代社会が「脱産業化の時代」を迎えつつあること，第2に，福祉国家が転換期を迎えたことがあげられる。現代社会が脱産業化時代を迎えつつあるという観点は遅くとも1970年代には認識されている。まずは，前者を中心に1990年以前の非営利組織への言及を整理しておこう。

脱産業化社会の到来について，ベル (Bell, D.) は概念図式として理解すべきとの注意を促しながらも，科学技術の進歩や急速な経済成長によって，物的な財の生産を中心とした工業社会から，知識・情報・サービスなどが重視される知識社会・情報社会へと社会のあり方がシフトしていくことを論じた (Bell, 1973)。工業製品の大量生産を中心とした社会から，知識やアイデアを活かし

た製品・サービスの生産を中心とした社会へ移行するという予測は，今日のグローバリゼーションやIT化のもとでの経済構造や社会構造の変化をも視野に入れていたかのようである。ベルは，脱産業化社会をサービスに基礎をおく社会として位置づけ，サービス産業の成長が非営利セクター（non-profit sector）で生じていることを指摘する（Bell, 1973, 146-147＝[1975] 上196-198）。

また，ベルの指摘と同時期に，ドラッカー（Drucker, P. F.）はサービス産業の重要性を指摘し，その担い手である「サービス組織体」（service institutions）（政府機関，軍隊，学校や大学，研究所，病院その他の保健機関，労働組合，専門職業事務所，学術団体や業界団体など）としての非営利組織が成長していると述べる。戦略経営について論ずるアンゾフ（Ansoff, H. I.）は，ベルやドラッカーの議論を踏まえて，脱産業時代（post-industrial era）への移行という環境の変化を指摘し，環境の変化とともに非営利組織が新しいニーズへの対応に迫られていることを述べる。また，非営利組織の活動が活発化するなか，コトラー（Kotler, P.）は非営利組織のマーケティングの重要性を説いている。産業社会からポスト産業社会へ，あるいは産業社会から知識社会への転換などと指摘されるような状況は，遅くとも1970年代には様々な角度から論じられており，その際に非営利組織の重要性を指摘する論稿もみられるようになる。

ところで，初期の非営利組織への言及は，公的非営利組織と民間非営利組織の双方を含んでいることに注意を払う必要がある。ベルの議論では，非営利セクターに政府と民間の非営利組織の双方を含んでいるが，政府による雇用の重要性にウェイトを置いた叙述がなされている（Bell, 1973, 147＝[1975] 上197）。また，アンゾフは，非営利組織を資産が公的に所有されているものと位置づけており（Ansoff, 1979, 8＝[2007] 11），補助金に依存している非営利組織の非効率性を指摘する。コトラーは，公的非営利組織と民間非営利組織の双方を分析の対象としている（Kotler, 1982, 28＝[1991] 42）。このように，この当時の非営利組織をめぐる議論からは，公的な非営利組織にウェイトが置かれる議論と，公的な非営利組織と民間の非営利組織の双方に焦点をあてる議論とが見出せる。だが，この点は，今日の非営利組織研究の主流とは異なる特徴である。今日の非営利組織研究では，非営利組織の概念には政府部門の組織を含まず，民間の非

営利組織を分析の対象とするのが一般的だからである[7]。

　上記に関して，ドラッカーは今日の非営利組織研究と共通した観点を提示しているという意味で注目される。ドラッカーは「多元的な組織体の社会」（multi-institutional society）という用語を提示し，政府，企業に対して，「その他の多くの組織体」の存在を並列して論ずるべきであるとしている（Drucker, 1974, 131-132＝[1974] 上 214-215）。また，非政府的組織（nongovernmental institutions）という用語を用いて論じる例も見出せる（Drucker, 1969, 234＝[1969] 309-310）。つまり，ドラッカーは，営利企業でもなく政府でもない組織体に着目する必要性を早くから指摘しているのである。ドラッカーは，後にみるように今日の非営利組織の研究にも大きな影響を与えているが，遅くともすでに1960年代の終わりには，政府や営利企業とは異なる組織体に注目した議論を展開している。

　ここで，脱産業化社会の到来から非営利組織に注目する論者の議論を整理しておこう。以上の議論では，先にも触れたが，脱産業化社会の到来とともにサービス産業の相対的重要性が高まり，その担い手として政府や非営利組織が注目を集めるという構図がある。また，政府および非営利組織において適切な経営がなされていないことが強調される。すなわち，政府や非営利組織によるサービス供給の能力に対する不信が募ってきたという現実の反映として，その経営に焦点があてられるようになったといえよう。そして，アンゾフのように公的非営利組織の非効率性を強調する論者や，ドラッカーのように政府への不信感を明確に示したうえで非政府かつノンビジネス（nonbusiness）[8]の組織体に注目を向ける論者が登場するのである。この点は今日の非営利組織研究を考察するうえでも示唆に富む。今日においても盛んに論じられていることだが，公共的な機能を政府や行政機関が担うことへの不信がすでに初期の非営利組織への言及において示されており，公共的なサービスを誰がどのように担えばよいかという課題が早くから認識されていることが指摘できるのである。

　政府の役割の増大とともに政府の能力に対する不信が高まるという状況は，非営利組織台頭の時代背景としては見逃すことのできない視点である。ところで，この視点とも関わって，非営利組織台頭の時代背景を探るうえで見逃せな

いのが，福祉国家の危機にまつわる議論である。福祉国家の危機が唱えられる状況もまた，政府の能力に対する不信と表裏一体の関係にある[9]。次に，非営利組織台頭の時代背景を福祉国家の危機にまつわる議論からみることにしよう。

（2）福祉国家の揺らぎ

現代資本主義社会を牽引してきた先進諸国においては，1970年代には福祉国家の危機が喧伝されるようになり，1980年代には福祉国家の危機に対応した諸政策が遂行されるに至った[10]。ところで，うえにみた脱産業化社会の到来という指摘は，福祉国家が危機を迎えたという論点とも重なりあう。そもそも福祉国家が産業社会（例えば，「フォーディズム」という用語で示されるような社会）を前提としていたとすれば，それは当然のことなのかもしれない。ともあれ，福祉国家の危機が論じられるなかで，政府でも市場でもない第3の部門として非営利セクターが注目され，そのサービス供給主体として非営利組織に注目する論者が現れるようになる。

福祉国家の再編過程において非営利組織の役割が増大していることを指摘する論者は数多くいる。例えば，英国・イタリア・オランダ・ノルウェーの4カ国の民営化の比較分析を試みているクレイマー（Kramer, R. M.）らは，1970年代はそれ以前の50年間よりも多くの「ボランタリーな非営利組織」（voluntary nonprofit organizations）[11]および「サード・セクター」（third sector）[12]に関する議論や研究がなされていることを指摘している。そして，非営利組織が注目を集めるようになった背景として，福祉国家の危機という観点からの説明を加える。すなわち，福祉国家の拡大をとどめようとするイデオロギー的な観点から，右派と左派の双方によって，市民社会（civil society）および非営利組織に特有の利点が再発見されていると述べるのである。ボランタリー組織は，右派には将来の政府介入に対する砦として理解され，左派にはボランタリズムや自助を通じたコミュニティという失われた意味を回復する手段として，また市民参加の形態として，郷愁の念をもって理解されるのである（Kramer et al., 1993, 1-2）。

このように，福祉国家の危機という観点からは，政府に対する不信が強調さ

れ，その対応として非営利組織が注目を集めるという状況がみられる。なお，政府に対する不信を強調する文脈から非営利組織に注目する際には，政府や行政機関などの公的非営利組織が除外され，民間非営利組織のみが議論の対象とされるようになる。公的非営利組織を除外して民間非営利組織のみに対象を限定する考え方は，今日の非営利組織研究においても基本的に踏襲されており，非営利組織研究の今日的特徴の起源を理解するうえで重要なポイントとなる。

ところで，ボランタリズムなどに基づく非営利組織の活動は，福祉国家が拡大する以前においても重要な役割を果たしていたことを忘れてはならないだろう。そもそも，今日において非営利組織の活動と認識されているものの多くは，極言すれば文明社会の成立とともに存在していたとみなすことも可能である。すなわち，福祉国家政策がとられ政府の役割が拡大するとともに，ボランタリズムに支えられた非営利組織の諸活動は縮小されていったが，政府による社会サービス供給に対する不信が高まった今日において，再び注目を集めるようになったと考えることもできる[13]。だが他方で，非営利組織の諸活動は福祉国家の生成・発展とともに活発化してきたという見解も，非営利組織研究において重要な位置を占めていることは付け加えておかなければならない。非営利組織研究が進展するなかで，政府と民間非営利組織のパートナーシップのあり方は重要な論点としてとりあげられていく[14]。政府と民間非営利組織の関係性を問うことは，今日における非営利組織研究において重要なテーマであり続けている。

非営利組織研究との関わりから福祉国家が抱える問題点を再整理すると，第1に国家が抑圧的な性格を持っていること，第2に政府による財・サービスの供給が非効率であることという2点に要約できる。第1の点について，福祉国家のもとでは，国家の抑圧的性格が住民参加や市民参加を損なっているという問題が浮上する[15]。この点について福祉国家に対しては右派・左派の双方から非難されるが，そのようななか，住民参加や市民参加を実現することが期待される民間非営利組織は，左右両サイドから好感を持って受け入れられる存在となる。民間非営利組織は参加やエンパワメントの実現という面で従来の事業主体よりも優れているとみなされる傾向がある。だが，はたして民間非営利組織が

参加を実現できる存在かどうか，さらには，そもそも参加の中身とはどのようなものであるのかが問われなければならない。さしあたり，ここでは，参加やエンパワメントに関わっては，どのようなサービス供給を行うかという意思決定面での参加と，サービス供給に住民や市民が携わるというサービス供給（執行）の側面での参加に大別できることを指摘しておく。

　前者の意思決定面での参加については，政治学や行政学などの研究蓄積を踏まえて，権力と参加に関わる問題として論じられたり，社会サービス供給における専門主義との関わりから論じられている[16]。また，各種の政策や計画策定などの意思決定過程において，とりわけ地域における種々の計画策定過程において，選挙での投票による参加だけでなく，利害関係がある当事者の直接的な参加の重要性が説かれるようになってくる。昨今では，行政と民間の協働・パートナーシップの重要性が指摘されており，なかでも社会サービスの供給局面にある自治体においては各種の計画策定に住民が参加するかたちをとることに心が砕かれるようになる。地域住民の意見を反映させることが求められる地域福祉計画の策定などはその端的な例といえよう。社会サービス供給については，地方分権化の動きを背景としながら，住民参加の推進が図られる。非営利組織が住民や市民からなる自発的な参加者によって形成され，社会運動的な側面を有するならば，政策形成過程や各種計画の策定過程に住民や市民が参加するルートとして非営利組織は機能するものと位置づけられる。なお，この点は，今日ではソーシャル・ガバナンスやローカル・ガバナンスという観点から論じられる問題でもある[17]。

　後者については，サービス供給面での利用者参加の問題として論じられる。国家が抑圧的な性格を持つことに加えて，政府による財・サービスの供給が非効率であるという認識のもと政府への不信が高まる。一方では家族や地域が果たすべき役割を再評価することの重要性を述べる論調が強まり，他方では，公共的な領域における営利企業による財・サービス供給の有効性が述べられる傾向も強まる。公的な機関と民間事業者の双方によってサービス供給がなされる状況は，サービス供給の多元化に言及する福祉多元主義や福祉ミックスという概念のもとでの論点とも重なる。それぞれの国の歴史的経緯や制度の違いによ

り求められる役割に濃淡はあるものの，政府セクター，民間営利セクター，インフォーマル・セクター，ボランタリー・セクターがそれぞれ社会サービスの供給において役割を果たしていることへの注目が促される[18]。もちろん，福祉国家のもとでも社会サービスの供給は政府のみによってなされてきたわけではない。だが，ジョンソン（Johnson, N.）によると，福祉多元主義の含意は，サービス供給における各部門間のバランスが，福祉国家からボランタリー・セクター，インフォーマル・セクター，民間営利セクターの3つのセクターに移ることにある（Johnson, 1987, 199＝［1993］208）。

　これらの各部門のうち，利用者参加という観点から注目されるのが，ボランタリー・セクターや民間非営利セクターに属するとされる諸事業主体である。民間非営利セクターに属する主体は市民の社会参加を通じて社会サービスを供給しているからである（武川，1996, 31）。市民参加による社会サービス供給を行う民間非営利組織は，政府や家族，民間企業とは異なる行動原理を持つ事業主体として扱われる[19]。しかも，従来から民間非営利セクターに存在するチャリティ組織とは異なり，自助グループとして誕生した組織や，社会運動としての性格を持つ組織など，新しいタイプの民間非営利組織がみられるようになってくる。社会福祉領域を例にとれば，その後，民間非営利組織の活動は，「参加型福祉」が称揚されるなかでさらなる展開をみせ，より具体的な動きとしては例えば「住民参加型在宅福祉活動」が広がりをみせる（安立，2008, 131）。

　以上にみた参加の側面に加えて，効率性の面でも政府の旗色は悪く，事業組織としての民間非営利組織への期待は高まりをみせる。1980年代に入ると，先進資本主義諸国の多くは新自由主義的な考え方のもとで，民営化や規制緩和が進められていく。民営化という用語は多種多様な内容を包含するものであり，広義に理解すれば，民間活力の導入や規制緩和の推進も民営化政策の一環と理解することができる。そのような多種多様な民営化のなかでも，非営利組織台頭との関わりから注目されるのが，機能的民営化（functional privatization）とも位置づけられる事業委託（contracting out）である[20]。事業委託は，従来は公的部門が担ってきた機能を民間の事業体に契約に基づき委託することを意味し，とりわけ社会サービスに関して，その資金面は公的部門が責任を負うが，実際

のサービス供給は民間の事業体が担い手となるという例が多い。そして，サービス供給の担い手として，営利企業とともに民間非営利組織も重要な役割が期待されるようになる。このような状況の背景には，公的部門が直接サービス供給を行うことは非効率であり，効率性を高めるためには民間の事業組織によるサービス供給が望ましいと認識されていることがあげられる。つまり，事業委託は，民間企業における「アウトソーシング」（outsourcing）と同様の特徴を有していると考えられているのである。事業組織として，あるいは経営体としての民間非営利組織が求められるようになる理由もこの点に見出すことができよう。

3　非営利組織研究の勃興——NPO 概念の普及（1990年代）

　日本においても1990年代に入ると非営利組織への注目は日増しに高まり，1990年代後半からはその傾向が一段と強まる。以下，日本に非営利組織が紹介され始めた1990年代前半の状況を中心に非営利組織研究の動向をみていこう。

　日本における非営利組織研究に影響を与えた論者の代表格として，先にも触れたドラッカーがあげられる。ドラッカーは，1990年前後の著作においても次代を担う重要な役割を果たす存在として非営利組織をとりあげており，さらには非営利組織の経営に関する論稿や書籍を著している。この時期のドラッカーの著作においては，先述の「多元的な組織体」にあたる組織（ノンビジネス〔non-business〕であり非政府〔non-governmental〕である組織）を指し示す際に，非営利組織（non-profit organizations）という用語が使用されている点が注目される。すなわち，「非営利組織」＝「民間非営利組織」として論を進めているのである。これらのドラッカーによる非営利組織への言及は，彼の著作が出版後まもなく邦訳書として刊行されていることもあり，また彼の発言が日本の学界や経済界・経営者に影響を与えてきたこともあって，日本において非営利組織への注目を高めるのに大きな役割を果たしたといえよう。

　だが，さらに今日の非営利組織研究に多大な影響を与えているのが，主として米国で展開されている非営利組織の理論分析である。クレイマーらは，非営

利組織研究を整理するなかで,非営利組織の存在を説明する理論の構築が1970年代に米国で始まったことを指摘しており,それらの理論が初期にはミクロ経済学をベースとして構築されたと述べる (Kramer et al., 1993, 7)。この非営利組織の理論分析は1980年代には米国でさらに発展を遂げていくが,日本の研究者によっても次第に着目されるようになり,1990年代前半にはその重要性を認識した論者によって紹介される例が多くみられるようになる。この時期の日本における非営利組織に関する代表的な研究書としてあげられるのが,『フィランソロピーの社会経済学』(本間,1993) や,非営利組織の経済理論分析とともに協同組合の分析も試みた川口清史による『非営利セクターと協同組合』(川口,1994) である。川口の著書は,日本において重要な役割を果たしている協同組合をとりあげており,多くの研究蓄積を有する協同組合研究の観点から非営利組織に接近したものとして注目されよう。なお,この時期には,協同組合研究の立場から非営利組織に注目する論者が増えていったことには留意しておきたい。非営利組織研究の勃興は,協同組合の研究者に対して看過しえないインパクトを与えたといえよう。ともあれ,協同組合を意識した議論であるかどうかにかかわらず,1990年代前半には他にも米国で展開された非営利組織の理論分析の紹介が多くなされるようになり[23],1990年代後半における非営利組織研究の進展の土台が形成されていったのである。

ところで,非営利組織の理論分析は,クレイマーらが述べたようにミクロ経済学をベースにしているが,とりわけ企業の存在を説明する理論が応用されていることが特徴としてあげられる。すなわち,非営利組織の台頭を背景にしつつ,取引費用論などの企業の存在根拠を説明する理論が,非営利組織の存在根拠の説明にも応用されていった[24]。非営利組織の理論分析は,今日における多くの非営利組織研究で受け入れられており,日本の非営利組織研究においても検討を欠かすことはできない。

また,ここで注意しなければならないこととして,非営利組織の理論分析の進展と並行して,非営利組織の概念についての検討が進められていったことがあげられる。そのなかで,既述のとおり,政府部門の組織は含まず,民間非営利組織のみを分析の対象とするという考え方が主流となっていく。だが,「非

営利組織」という用語自体には政府部門の組織を除外するような言葉は含まれていない。したがって，先に紹介したように，初期の非営利組織への言及においては，公的非営利組織と民間非営利組織の双方を含んだ議論が展開されることもあったのである。だが，今日の非営利組織研究では，分析の対象として政府部門の組織を含まないのが基本的な考え方となっている。このような研究状況を生み出すのに大きな影響を与えたのが，サラモン（Salamon, L. M.）である。サラモンは，非営利組織の要件として制度化・民間・利益非分配・自己統治・自発性などの特徴を提示しているが，[25] 彼の研究も1990年代前半に多くの日本の研究者によってとりあげられるようになった。[26] サラモンを中心に国際比較を目的として非営利組織の特徴づけを行っているのが，ジョンズ・ホプキンス大学の研究プロジェクトである。同プロジェクトの定義は，今日の日本における非営利組織研究に多大な影響を与え続けており，ほとんどの非営利組織研究がその定義を前提としているといっても過言ではない状況に至っている。

　このように，日本においても，1990年代前半には非営利組織の理論研究が主に米国の先行研究を紹介するかたちで進展してきたが，他方では非営利組織の活動が活発化するという現実面の動きも顕著になっていった。[27] そのような非営利組織の活動の活発化とともに多くの論者によって認識されるようになった問題として，非営利組織の活動を支える制度面の不備があげられる。1990年代前半には非営利組織の制度面の整備の必要性を指摘する研究も盛んに行われるようになり，なかでも，米国の制度との比較から日本の非営利組織の制度面の不備を指摘し，制度の整備の必要性を強調する議論は，非営利組織研究の重要なテーマとしてとりあげられるようになる。非営利組織の制度に関する議論として，とりわけ問題視されたのが旧制度上の公益法人制度（主として法人格および税制）である。公益法人については，法学者による研究の蓄積があり，[28] また総務庁行政監察局によってもその問題点が指摘され続けていた。[29] だが，旧公益法人制度に関する問題は認識されてはいるものの，具体的な制度の見直しへのとりくみは遅々として進まない状況にあった。しかし，理論研究においても現実にも非営利組織の活動への注目が集まるなか，非営利組織の活動の基盤を整備する必要性が広く認識されるようになっていく。そのような状況のもとで進め

第2章　非営利組織研究の動向

られた研究の成果として，税制面では『フィランソロピー税制の基本的課題』(公益法人・公益信託税制研究会，1990) が刊行され，また今日の日本の非営利組織研究で重要な位置にある市民活動の基盤整備を中心に扱った研究報告書『市民公益活動基盤整備に関する調査研究』(総合研究開発機構，1994) が出版されるに至る。また，前掲の『フィランソロピーの社会経済学』(本間，1993) においても制度面の問題が大きくとり扱われており，日本の非営利組織研究における重要なテーマとして，制度面に関する問題がとりあげられていたことがわかる。

旧制度上の公益法人は，所轄官庁の縛りが強いために既得権益化した「官益」の公益法人と位置づけられるものが少なくなかったと指摘できる。そのようななか，市民による自発的な参加に基づく公益活動を促進するために，その基盤整備の必要性が論じられるようになっていった。市民公益活動への期待の高まりの背景には，国・自治体やそれらの委託先である既存の事業組織による財・サービス供給への不信の増幅，住民参加や市民参加の欠如といった状況があった。市民による公益活動の基盤整備の動きは，現場の実践者によっても研究者によっても盛んに論じられ，これらの実践や研究蓄積の成果が十分に活かされているとはいえないものの，1998年の特定非営利活動促進法の成立として実を結ぶ。[30] 同法は，旧制度上の公益法人を定めた旧民法34条の特別法の位置づけにあり，この時点では既存の公益法人制度の改革は行われず，一般の公益法人改革は2006年成立・2008年施行のいわゆる「公益法人制度改革関連3法」によって実現することになる。[31] なお，社会サービス供給との関連では，社会福祉基礎構造改革や，社会福祉事業法から社会福祉法への改正，介護保険の導入などにより事業運営のあり方に変化がみられるものの，社会福祉法人がその中心的な担い手として存在し続けている。非営利組織研究において，社会福祉法人をどのように把握すべきであるかという問題は，社会サービス供給のあり方を考えるうえでの重要な課題として残されている。

初期の非営利組織の制度面に関する研究の特徴としては，理論研究と同様に，米国を中心とした欧米諸国との比較の視点が重視されていることがあげられる。[32] また，1990年代前半に脚光を集め始めた企業の社会貢献との関連から，制度面の整備について論じる研究もみられ，[33] 企業の社会貢献の促進のためにも

51

非営利組織をめぐる制度の改革が必要であるという認識があったことが伺える。

　非営利組織の制度面に関する研究や理論分析のほかにも，1990年代前半には非営利組織に関して様々な研究がなされるようになった。非営利組織の活動分野は多種多様なものがあり，各活動分野の学問領域においても非営利組織は脚光を集めだしたのである。[34] そして，1990年代後半には「NPO ブーム」ともいえる状況が生じ，ありとあらゆる分野で非営利組織が注目されているといっても過言ではないようになり，非営利組織への言及は枚挙にいとまがないという状況を迎える。また，2000年代に入る頃から，社会福祉の領域では「福祉NPO」という概念のもとで固有の研究が進められていく。そのうえでは，1998年の特定非営利活動促進法の成立はもちろんのこと，2000年の公的介護保険制度の導入が与えたインパクトもはかりしれない。また，NPO法人による事業活動の重要性が高まるなか，コミュニティ・ビジネスや社会的企業，ソーシャル・ビジネス，ソーシャル・アントレプレナー（社会起業家）などの用語が広がりをみせていく。2000年代中頃からは，それまで非営利組織研究として扱われていた事柄が社会的企業論や社会起業論として論じられる状況が増える傾向にあるが，その様相は項をあらためてみていくことにしよう。

4　非営利組織の事業化——「社会的企業」概念の登場（2000年代以降）

（1）NPO法人の事業化とコミュニティ・ビジネス，社会的企業

　1998年成立の特定非営利活動促進法によって，多様なNPO法人が登場するようになる。ここでは，2000年以降の非営利組織研究の動向についてNPO法人を中心にみていくこととし，以下の2点をとりあげる。第1は，非営利組織の事業性の側面に焦点があてられる傾向が強くなるという点である。第2は，福祉分野のNPO法人に限定されるが，介護保険制度の成立と制度改正の影響も受けながら，高齢社会の一層の進行を背景にして，NPO法人に求められる役割が広がりをみせるという点である。いずれの動きも，非営利組織における事業と公共性という観点からの検討が必要となる。

第2章　非営利組織研究の動向

　第1の点に関しては，公的介護保険制度の導入による影響をまず指摘しなければならない。介護保険制度の導入に伴って，居宅介護支援や居宅介護の各種サービスについては，定められた要件を満たせば，法人種別を問わず，介護保険の指定事業者になることができるようになった。すなわち，従来型の福祉サービス供給の供給主体（自治体や自治体から事業委託を受けた社会福祉法人など）に加えて，株式会社に代表される営利企業形態とともに，NPO法人も介護保険事業のサービス供給主体になることが可能となった。そのようななか，介護保険事業に参入するNPO法人が現れる。NPO法人が介護保険事業に参入すると，従来に比べて事業規模が大きくなるのが一般的であり，介護保険制度の導入は，事業化するNPO法人の出現を促す大きな要因となった。また，障害者自立支援法のスタートによって，同法に基づく事業を実施するNPO法人は事業規模が大きくなる傾向がある。[35] NPO法人をめぐっては両制度の影響が非常に大きいものとなっている。

　NPO法人の事業化の進展との関わりからは，例えば，経済活性化の役割や雇用面での貢献がNPO法人に期待されるようになったことも指摘できる。2003年に施行された改正特定非営利活動促進法では，NPO法人の活動分野として「経済活動の活性化を図る活動」，「職業能力の開発又は雇用機会の拡充を支援する活動」などが付け加えられた。[36] NPO法人の機動的な動きや法人格取得の容易さが注目を集め，経済活動の活性化や雇用の増進に寄与することが求められるようになる。ここで付け加わった2つの活動分野は，経済活動や雇用増進について側面的な支援を行うという性格のものだが，他方では，NPO法人自身が雇用の受け皿となることも期待されるようになる。1999年6月の「緊急雇用対策」に基づく「緊急地域雇用特別交付金」（1999年8月～2002年8月），2002年から2004年度末にかけての「緊急地域雇用創出特別交付金」においては，営利企業とともにNPO等が事業の受託先となり，雇用・就業機会の創出の受け皿となった。[37] また，国は都市再生や地域再生の策定の際にも，地方自治体と，住民，NPO，企業との連携を推進している。さらに，2003年にスタートした指定管理者制度においても，公の施設の運営管理について，営利企業やNPO法人が指定を受ける対象となっている。

以上のように，公的な制度の導入や変化により，それらの制度に基づく事業を行うNPO法人は事業規模が拡大する傾向にある。新しい制度の導入はNPO法人の活躍の場を広げているが，それはこれまで自治体や外郭団体などが担っていた領域に民間事業者が参入するというかたちで進んでいる。公共の事業領域において様々な民間事業者がサービス供給を行うという意味では，「新しい公共」という語句が意図しているような動きが推し進められているともいえよう。その際には，営利企業とNPO法人が同時期に参入を認められるというかたちが多くみられることには注意しなければならない。NPO法人の参入が推し進められる状況は，これまで公共の機能を果たしてきた行政機関や外郭団体などのサービス供給では非効率であるという前提のもとで，効率性を高めること，利用者の「選択」の幅が広げることが目指されたものと位置づけられる。

　また，NPO法人の事業化の進展は，コミュニティ・ビジネス論や社会的企業論の展開を促している[38]。コミュニティ・ビジネス論や社会的企業論では，法人種別にこだわらず，ビジネスの手法を用いながらコミュニティや社会の諸問題の解決にとりくむ事業主体がその対象とされる。すなわち，論者によっては，株式会社や合同会社などの会社形態をとるもの，協同組合の形態をとるもの，任意団体などもそれらの議論の対象とされる。しかし，コミュニティ・ビジネスや社会的企業の事例としてとりあげられるものの多くは実際のところNPO法人の形態をとっている。日本において，コミュニティ・ビジネス論や社会的企業論を非営利組織研究の延長線上に位置づけることの妥当性は高く，非営利組織研究の文脈を踏まえてコミュニティ・ビジネス論や社会的企業論を理解することが求められる。

　なお，コミュニティ・ビジネス論，社会的企業論との関わりからいえば，「新しい公共」の主体には，就労や雇用の受け皿としての役割も求められつつあることが指摘できよう。社会的企業論では，社会サービスの供給とともに，労働統合（work integration）という概念のもとで，労働市場から排除された人々を訓練したり，就労や雇用を通じて社会に再統合したりする活動についても，社会的企業の果たすべき役割として認識されている（橋本，2009）。今後

は,「新しい公共」の主体に, 就労の場の提供の機能も求められていくことが予想される。

(2) 福祉分野のNPO法人における事業と公共性

福祉分野のNPO法人に焦点をしぼると, その事業や公共性のあり方はどのように位置づけられるであろうか。福祉分野におけるNPO法人は, これまで以上に多様な役割を期待される存在となりつつある。重要な転換点の1つは公的介護保険制度の導入であるが, さらに高齢社会の進行を背景として, 地域福祉の担い手としてもNPO法人に期待が集まる状況がある。介護保険制度内でのサービス供給に加えて, 生活支援に関わる細々としたサービスの供給も期待される状況が生じている。

1980年代頃から登場した「住民参加型在宅福祉活動」と称される地域住民による高齢者等へのホームヘルプサービスは様々なかたちで発展した。それらは, 地域住民の助け合い活動から発展したものだけでなく, 社会福祉協議会や福祉公社が関与するもの, 生協による「くらしの助け合い活動」の枠組みで展開されるもの, ワーカーズ・コレクティブによるもの, 農協によるもの, 社会福祉施設のボランティアによるもの, など多様な展開をみせた。また, 提供されるサービスについても, 安否確認・声かけ訪問や, 話し相手・配食サービスなどに加えて, ミニデイサービスや地域リハビリなどバラエティに富んでいる。

だが, これら様々なタイプの住民参加・市民参加型サービスの提供は公的介護保険制度の導入により転換期を迎える。単純化していえば, 介護保険事業に参入せずにこれまで同様に独自のサービスを提供し続けるか, 介護保険事業に参入するかの選択が迫られることになった。[39]また, 介護保険事業に参入した場合には, 介護保険制度内のサービスと制度外のサービスをどの程度の割合で実施するかということも, 各団体にとって重要な意思決定事項となる。なお, 介護保険の指定事業者になるためには原則として法人格が必要であり, 介護保険事業に参入する市民活動団体の多くはNPO法人格を取得する道を選ぶこととなった。したがって, 制度導入時に介護保険事業に参入したNPO法人の多く

は市民活動団体やボランティア団体として活動実績があるものが中心であった[40]。

だが，時が経つにつれて，介護保険事業を行うNPO法人の様相は変化を示し始める。介護に関わるNPO法人は，介護保険事業に参入する法人とそれ以外の法人（介護保険事業以外の独自のサービスを展開する法人）に大別できる。さらに，前者については，介護保険の制度内事業と制度外事業の双方を行う団体と，介護保険の制度内事業のみを行う団体とに区別できる。NPO法人の独自性の発揮という観点からは，制度外事業への実施状況が注目される[41]。ところが，介護保険の制度内事業のみを行うNPO法人が一定程度存在するという状況が生じている[42]。3章で詳述するが，制度の趣旨はともかく，ボランティア性，市民性，社会貢献性などの要素が薄くともNPO法人格を取得することは容易なため，介護保険事業に参入すること目的としてNPO法人格を取得する事業者があることもその一因となっていよう。なかには，会社形態よりもイメージがよく信用が得られやすいという理由で，NPO法人格を取得して介護保険事業に参入する例もみられる。

そのようななか，制度外事業のとりくみは，非営利組織に求められている公共的な機能が発揮されている状況とみなせる。制度外事業のとりくみとしては，介護保険で不足するサービスを上乗せ的に提供するものや，介護保険のメニューにないサービスを独自に提供するものがあげられる（安立，2008，140-142）。住民参加型・市民参加型の市民活動団体として活動を開始してNPO法人化した団体の多くは，制度外事業の実施に重きをおいた事業活動の展開が目指されていよう。また，地域のニーズに応えた新たなかたちの住民参加・市民参加型のサービスがNPO法人の立ち上げによって実現する例もみられよう[43]。

しかし，事業を継続していくためには，安定的な収入が必要となるため，制度内事業と制度外事業をうまくマッチングさせることが必要となり，制度内事業を中心とせざるをえないNPO法人も現れるようになる。事業性を重視することによってNPO法人の固有の存在根拠が見失われかねないのだが，事業継続のために介護保険事業の収入に依存せざるをえない法人も出てくる。NPO法人は事業化が進むにつれ，事業の遂行と公共性の発揮のジレンマに陥ること

になる (橋本, 2006, 122-124)[44]。

　だが，NPO法人にはこれまで以上に多様な役割が求められるという重たい現状もある。例えば，介護保険制度の改正はNPO法人にも大きな影響をもたらす。制度改正が介護現場や家族に対する負担増をもたらしていることが論じられているが[45]，その負担増はNPO法人にも襲いかかる。これまで制度内サービスによって対応してきたニーズが制度外のニーズへと変化してしまうからである。事業性を一番に考えれば，そのようなニーズには対応しないのが正答となる。しかし，そのようなニーズを放置できるであろうか。この問題は，制度から漏れたニーズに誰が対応するのかを問うている。家族や地域などのインフォーマル・セクターによる対応が望めない場合，民間非営利セクターの諸組織が対応せざるをえない局面が生じる。社会の誰によっても対応されないニーズへの対応を，「見て見ぬふりできない」市民の自主性・自発性に任せてしまうという状況が生み出されている。

　この点と関連して，介護サービスを提供するNPO法人においては事業体としての側面が強くなり，運動体としての側面が希薄になってきているという指摘もなされている。サービス供給面での市民参加がなされているとしても，制度に対して批判的なアドボカシーを行う団体が不足していることから，サービス供給面での参加のみならず，制度や政策の策定過程への参加，さらには政策決定過程への参加が求められているのである (安立, 2008, 153)。

　だが，うえにみた課題は，介護保険制度のあり方だけに帰せられない。地域福祉の領域では，ニーズのすべてを制度でカバーすることは困難だからである。高齢社会のさらなる進行のなかで，地域において多様な福祉課題が現れている。それらの多様な課題への対応に向けて，地域に「新たな公」を創出することの必要性が述べられ，民間非営利セクターはその担い手としての期待も背負うことが求められるようになる (これからの地域福祉のあり方に関する研究会, 2008, 11)。制度による対応の限界が露呈するなか，NPO法人には，地域のなかで「よろず請負」的な機能を果たすことが求められつつある。家族や地域の機能低下に際して，NPO法人などの「新たな公」を担う主体以外に頼れる存在が地域に見あたらない状況が生じているからである。財政危機の深刻化を背

景に，既存の公共の主体である自治体が地域の細々としたサービスの供給や地縁組織の支援から手を引いていくような状況もみられる。例えば，市町村合併の動きはそのような状況を後押しし，NPO法人に代表される「新たな公」の主体の登場が促されている。ここでもポイントとなるのは，「効率性」と「参加」の観点といえよう。既存の主体によるサービス供給よりも非営利組織によるサービス供給のほうが「安上がり」であるという点が重視されるのに加えて，制度や政策立案の機能を自治体が果たせなくなってきており，ニーズの掘り起こしの機能までもが非営利組織にアウトソーシングされる状況が生じているのである。そのようななかでは，NPO法人と自治体や社会福祉協議会，地域自治組織（町内会や自治会等）などの既存の主体が連携して社会サービスを供給することが現実的な対応といえよう。だが，現段階ではその連携が十分になされているとはいいがたい状況がある（栗本・橋本, 2012）。「新しい公共」の主体が地域における多様なニーズに応えることは重要な課題として残されている。

5　考　　察——今日の非営利組織研究への示唆

先行研究における非営利組織への言及から何が見出せるのであろうか。実のところ，非営利組織への期待が高まる理由や非営利組織が必要とされる状況や背景については，今日，述べられているのと同様の問題が，1990年以前にもとりあげられていることが指摘できる。それは，端的にいえば，「効率性」と「参加」の両面において，従来型の公共を担うとされる政府・行政機関に対する不信が高まり，その問題を乗り越えるような存在として，非営利組織がとりあげられるという点に集約できる。そのとりあげられ方は2つに大別できる。1つは政府の不信が強調され，政府以外の主体として，非営利組織とともに営利企業の有効性も強調され，それぞれの主体が競争して財やサービスを供給することが望ましいという考え方である。この場合には，非営利組織の独自の意味を見出すというよりは市場競争の有効性が強調されるため，時を同じくして営利企業の参入も進められることが多い。消費者としての立場で「選択」がで

きるという意味において利用者参加という観点もとり入れられている。各種の事業主体が自由に競争することが社会サービス供給の効率性を高め，利用者は自らの意思に従って供給者を選択できるというのである。もう1つの型は，非営利組織の特徴そのものに独自の意義を見出そうとするものである。非営利組織こそが住民参加や市民参加を実現できる存在であり，当事者の意見を吸い上げられる存在と理解されるのである。

　ところで，1970年代から80年代にかけての非営利組織への言及では，伝統的な非営利組織であるチャリティとは異なる性質の非営利組織が見出されるようになったことにも注意を払う必要がある。すなわち，事業体的な側面と運動体的な側面の両面を持ち合わせた新しいタイプの民間非営利組織の役割が見出され，既存の伝統的な非営利組織とは異なるタイプの主体が，福祉国家の揺らぎに対応するかたちでその役割を期待されるようになるのである。1970年代に論じられた「新しい社会運動」の動きもその系譜として含みながら，伝統的なチャリティとは異なった特徴を持つ民間非営利組織が「新しい」事業主体としてクローズアップされていく。なお，1990年代における非営利組織研究の観点からいえば，「新しい社会運動」も含む1970年代の市民運動を「抵抗型市民運動」として位置づけ，1990年代の「提案型市民運動」と区別されることもあった。非営利組織やNPOという言葉でくくられる活動に，旧来型の市民運動（それには「新しい社会運動」も含まれる）を超える積極的意義を見出そうとする論調があったことは付記されるべきであろう[46]。

　だが，いずれにせよ，非営利組織への言及では，「効率性」や「参加」という面で見劣りするとみなされる政府の存在が前提としてある。政府や行政機関は従来型の公共の象徴として位置づけられ，それを乗り越えられる存在として，非営利組織はイメージされている。今日においても，非営利組織の基本的な特徴が「効率性」と「参加」を促すという観点から説明され続けているとすれば，かなり以前から非営利組織研究の基本的な課題が認識されていたということになる。もちろん，当時から認識されていた課題がさらなる深まりをみせるなど，時代が進むに従って状況の変化がみられる面もあろうし，今日の非営利組織研究ではさらなる「新しい」特徴を持った主体が求められているかもし

れない。この点は検討が必要となろう。

　ここではもう1点，今日の非営利組織との関わりから注目されることについて触れる。脱産業社会の到来によって，非営利組織に代表される新しい主体への着目がなされるという指摘が，遅くとも1960年代末にはなされていたという点である。脱産業社会が福祉国家の変容を迫るという問題意識は今日の非営利組織研究および，それに関連する社会的企業論でも見出される。例えば，神野直彦は，重化学工業を中心とした工業社会から知識集約産業やサービス産業を基軸とした知識社会へと変化していることを指摘したうえで，現金給付による所得再分配からサービス給付へと生活保障のあり方を変化させることの必要性を説く。そのようななかで，分権化や新しい公共経営（ニュー・パブリック・マネジメント）の推進の必要性とともに，市民社会の拡大戦略が必要となり，その具体策として社会起業の推進の必要性を述べる（神野，2012，44-45）。

　さらに，今日の議論では，脱産業社会の到来を背景に，リスク構造の変化に着目することの必要性が述べられる。例えば，今日，用いられるキーフレーズとしては「新しい社会リスク」があげられる。産業社会が前提としていた安定した雇用関係と家族関係が揺らいでおり，標準的なライフサイクルを想定していた従来型の福祉国家では対応できない「新しい社会リスク」が生じていることが指摘される（宮本，2005，6）[47]。この点に関連しては，従来型の産業社会には，男性が稼得してくると想定される労働賃金と，家族内に無償労働で家族の生活を支える女性が存在し，従来型の福祉国家はこのような状況を前提としていたことも指摘される（神野，2012，45）。そして，新しい社会リスクは，雇用が第三次産業にシフトし，女性が大量に労働力人口に参入するという社会経済的転換に関連していると認識される（大沢，2007a，11）。「男性稼ぎ主」の安定的な雇用の揺らぎが生じており，福祉国家を再編し，貧困と社会的排除を克服することの必要性が述べられ（大沢，2011，5），そのような認識のもと，新しい社会リスクに対応できる主体として，非営利組織研究が対象としてきた諸事業組織の意義が述べられるのである[48]。

　以上にみたように，今日においても，非営利組織が必要とされる背景を説明する際に，脱産業社会の到来に伴う経済・社会構造の変化が指摘される。すな

わち，産業構造の転換や国際化・グローバル化の進展により，先進資本主義諸国において経済の軸足が工業からサービス産業へとシフトするといった点において問題認識の根幹は一貫している。ここでの説明は，ベルが1960年代に述べたことと同様である。脱産業化社会の到来の指摘は少なく見積もっても40年にわたっており，そのような状況に対して，「新しい」事業主体として非営利組織が期待される状況自体は大きな変化をみせていない。だが，当初の非営利組織への言及は公的非営利組織と民間非営利組織の双方を含むものであった。脱産業化の進展は公共の果たす役割そのものを拡大させる傾向があり，初期の段階では政府や行政機関などの公的非営利組織の活動の拡大が注目された。しかし，脱産業化の進展とともに公共の役割が大きくなっていくなか，公共の役割のすべてを公的非営利組織のみが担うことは難しくなる。また，脱産業化は福祉国家の存立を揺るがす側面があり，公的非営利組織では果たせない役割を担うことが期待されて，民間非営利組織への注目が高まっていく。[49] したがって，脱産業社会の進展は，公共の役割が大きくなるなかで，政府と民間非営利組織の役割分担のあり方の検討を迫っているとも捉えられよう。

　脱産業社会の到来と一言でいってもその含意は広範にわたり，時が経つにつれて経済・社会構造の変化は進行し，その変化に伴って問題は深化している。そのようななか，求められる公共的な機能もさらに多様化し，コミュニティ・ビジネスや社会的企業，社会起業家と称されるような新たな諸事業組織がとりあげられるなど多様化の様相を示している。ところで，先に述べたアンゾフは戦略経営の見地から非営利組織について言及しているが，公的非営利組織と営利企業の特徴が次第に接近してくることも述べている（Ansoff, 1979, 8-10＝[2007] 11-13）。今日の社会的企業論で指摘されているような社会的機能と経済的機能を同時並行的に果たす事業組織の出現について，早い段階から指摘されていることは注目されよう。

　事業主体というレベルでみると，非営利組織研究が対象としている諸組織がとりあげられる現状は，脱産業社会の到来が指摘され始めた時期から大きくは変わっていない。今日では社会的企業やソーシャル・アントレプレナーなどの語句が用いられるという点では「新しさ」があるが，民間非営利セクターの範

疇に入る諸事業形態は，各時代において常に先駆的で新奇性のあるものとして理解されながら，あたかも「青い鳥」のような状態であり続けているといえるかもしれない。今日の非営利組織研究をめぐる議論における論点の多くは，事業主体というレベルでみれば，日本で非営利組織という用語が普及する1990年以前からみられるものも多く，そのようななか，今日の非営利組織研究に「新しさ」があるとすれば，はたしてそれはどのような点にあるかを示すことが求められる。

6 小　括

　本章では，日本において本格的に非営利組織研究が勃興する1990年以前の状況を中心に，非営利組織への言及がどのようになされてきたかを確認した。以上を踏まえて，今日の非営利組織研究の特徴と課題をどのように理解すればよいであろうか。ここで確認できたこととしては，脱産業化が進むにつれて公共の役割が増大する状況が生じていることがあげられる。公共的な役割の増大を背景として，まずは，政府や行政機関などの公的非営利組織の役割が注目を集め，とりわけ，財やサービスの局面における公的非営利組織の効率性のあり方に対する疑念が示されていく。続いて，公共的な財やサービスを担う新たな事業組織の登場が求められるなかで，民間非営利組織という存在が新たな主体として脚光を集めるようになる。

　公共的な機能の変化・増大をもたらす要因の具体例としては人口の高齢化が最も重要であろう。社会の変化とともに，国や自治体によって求められる役割が変化する。労働力の保全以外の役割が重要になればなるほど，国家は財・サービスの局面から後退をし始める。すなわち，民営化の潮流が大きなものとなる。供給される財やサービスの内容が変化し増大するなかで，公共的な機能は民間の主体に委ねられるようになる。今日の非営利組織への注目は，供給されるべき財やサービスの内容の変化・増大のなかで生じてきたものであり，したがって非営利組織の台頭の要因は，まずは供給される財・サービスの特質（素材面）から理解されるべきである。供給される財やサービスの特徴が変化

し，新しさをみせるなかで，非営利組織への期待が高まる。もちろん，財・サービスの供給局面において，現実には国や自治体が一気に完全に退くわけではなく，供給主体の多元化というかたちをとる。そのうえでは，営利企業の参入もみられるが，一般的な企業とは異なる指導原理に基づく事業組織の登場が待たれるようになる。その現れが今日の非営利組織の台頭ということになろう。したがって，今日の非営利組織への注目は，素材面の変化を契機として，事業組織の指導原理の再考（新たな営利原則の提示）が促された結果とみることができる。

　以上から，今日の非営利組織研究においては，素材面の変化に着目した議論と事業組織の指導原理の新しさを問う議論の2点から進められていると指摘できる。この両者は互いに関連しあうため，両者がない交ぜになって展開されることもあるが，非営利組織研究のポイントはこの両者のいずれか，もしくは双方に求められるものとみなせる。

　前者の素材面の変化については人口の高齢化に伴う社会福祉サービスの増大が最も中心的なものであり，後者の面については本章で示してきたように，「効率性」と「参加」という2つの要請をいかに実現できるかが求められる。すなわち，効率性を保つとともに，意思決定および執行の各局面で財・サービスの利用者が参加できる指導原理を持った事業組織の登場が模索されているのである。脱産業化と称される社会のなかで公共の役割が変化・増大するなか，国や自治体が財やサービス局面から後退する傾向が生じ，新しい事業組織の登場が求められるようになる。そのような状況そのものは脱産業化が論じられるようになってから本質的に変化しておらず，その望ましいあり方を探る試みが，今日の非営利組織研究においても続けられているといえよう。

1）山内直人は日本経済新聞にNPOに関する言葉が登場する回数を調べているが，それによるとNPOという言葉は1990年代初頭までは年に数回しか登場していないが，1990年代の半ば以降，加速度的に登場回数が増えているという（山内，1999，13-14）。
2）Drucker（1974, 131＝[1974] 上 214）を参照。また，ドラッカーは，政府をはじめとするノンビジネス（nonbusiness）の「サービス組織体」の成長や多様な非営利活動（not-for-profit activity）の存在を指摘したうえで，ノンビジネスの公共サービス組織体のマ

ネジメントが必要であることを強調している（Drucker, 1974, 7-8＝[1974]上10-11）。同様の指摘として，Drucker（1969, 188-189＝[1969] 246-247）も参照されたい。
3）アンゾフによる脱産業時代への移行についての指摘は，Ansoff（1979, 25-29＝[2007] 33-39）を参照。非営利組織に関しては，Ansoff（1979, 8-11＝[2007] 11-14），およびAnsoff（1979, 29-31＝[2007] 39-41）を参照。アンゾフは，非営利組織を指し示す際に，not-for-profits および non-profits などの用語を使用している。なお，アンゾフは，企業と非営利組織の両者を，環境に貢献する組織（environment-serving organizations: ESO）とみなして，論を展開している。
4）非営利組織のマーケティングについて詳細に述べたものとして，Kotler（1982）がある。また，マーケティングの概念を営利企業の活動のみならず非営利組織の活動にも拡張することを恐らく初めて提唱した Kotler and Levy（1969）も参照されたい。そこでは，社会的活動（societal activity; social activity）にもマーケティングの考え方が適用できることが述べられているが，社会的活動とはいいかえれば今日の非営利組織研究の対象となる諸活動とみなすことができよう。また，Kotler and Levy（1969）においては，ノンビジネス組織（nonbusiness organizations）という言葉が使用されていることも注目される。
5）例えば，Ansoff（1979, 9＝[2007] 12），および Ansoff（1979, 11＝[2007] 15）など。なお，アンゾフの著作からは，公的非営利組織（public non-profit）という表現を用いる例も見出せる。
6）バーナード（Barnard, C. I.）は，経営学の研究対象を，企業に限定せずに，組織全般を対象とすべきであるという考え方を提示している。この考え方においては，企業のみならず非営利組織もまた，経営学の重要な対象であることが示される。ここでは，企業論の視点のように，企業の独自の特徴を見出し，企業と非営利組織を比較するという視点はみられず，いずれもが組織であるという点に共通性が見出され，分析の対象とされる。バーナードは以下のように述べている。「われわれの社会で目につく人間の行為―すなわち動作，言語およびその行為や言語から明らかとなる思想や感情―を注意深くみると，それらの多く，ときには大部分が公式組織に関連してきめられたり，方向づけられたりしていることがわかる。このことが最も明白に当てはまるのは，従業員や主婦としての活動―その時間のおよそ四分の一はこれに当てられる―であるが，しかし彼らは『働いていない』時間でたいてい他の組織のメンバーないし参加者である。家庭，二人以上の人々からなる事業，さまざまな地方自治体，自主的，半自主的な政府機関や部門，同業者団体，クラブ，協会，友愛団体，教育機関，宗教団体などを含めて，アメリカの公式組織は無数にあり，その数は総人口よりも多いかもしれない」（Barnard, 1938, 3-4＝[1981] 3-4）。
7）この点に関しては，影山（1980）および吉田（1986）を参照されたい。また，3章でも言及する。
8）日本におけるノンビジネスに関する文献としては，山城（1980）がある。同書によると，「ノン・ビジネスの内容は，官庁経営学，病院経営学，労働組合経営学，教団（宗教団体）経営学，軍隊経営学（わが国では自衛隊経営学）など」（山城，1980, 4）とされる。
9）ドラッカーは福祉国家の失敗についても触れている（Drucker, 1969, 218＝[1969]

第 2 章　非営利組織研究の動向

287)。
10) 1990年代以前における福祉国家に関する議論を整理したものとしては，田端 (1988) を参照されたい。また，「福祉国家の危機」論とその後の動向については，武川 (1989) を参照されたい。武川正吾は，「福祉国家の危機」論以降の動向を考察する際に，危機管理システムとしての福祉国家の再編に関して 2 つの方向があったことを指摘している。1 つは「スウェーデンにおいて典型的に現れたネオ・コーポラティズム的再編」であり，もう 1 つは「イギリスにおいて典型的に現れた新保守主義的再編」である（武川，1989, 219)。また，福祉国家の危機への対応の諸形態については，田口 (1989, 31-42) も参照されたい。なお，本論から離れるので詳細に論じるわけにはいかないが，福祉国家という用語は現代資本主義における国家のあり方を特徴づけるタームとしては一面的であるとの指摘には留意しておく必要がある。宮本憲一は「現代資本主義は福祉国家，企業国家，軍事国家という三つの顔あるいは三つのベクトルをもち，世界資本主義の発展段階，各国の経済，階級対立や政治の諸情況に応じて，その相互の比重がかわるといってよい」（宮本，1981，8) と述べている。ここでは，非営利組織台頭の背景を探るという観点に基づき，福祉国家という概念のもとで論を進めている。だが，日本が「企業国家」的性格を有しているということは，非営利組織研究においても看過できない重要な意味を持つであろう。非営利組織の諸活動を分析するうえでは，営利企業や政府の活動との関わりをみることが不可欠であるからである。

11) 非営利組織を指す用語には多種多様なものがある。前章でも触れたが，Kramer et al. (1993) では，主に「ボランタリーな非営利組織」(voluntary nonprofit organizations) の略称である VNPOs という用語が使用されている。主として，米国では非営利 (nonprofit)，英国ではボランタリー (voluntary) という用語が使われることを考慮した表現であると思われる。英国と米国の用語の相違については，星野 (1988) を参照されたい。

12) 一般に，日本では「第3セクター」の概念は，欧米でのサード・セクターという用語とは異なるものとして理解されてきた。すなわち，日本において，「第三セクターは，一般に政府（国または自治体）と民間が共同出資して設立している事業体とされている（狭義の第三セクター：商法法人，広義の第三セクター：商法法人＋民法法人）」のに対して，欧米のサード・セクターは，「政府にも民間にも属さないまさに『第三の』セクターである非営利組織（NPO＝Nonprofit Organizations）を示すのが一般的」（前田，1993，41-42) である。この点に関連して今村都南雄は「今や『サード・セクター』は国際的な概念になり，現代国家におしなべて共通する公私の混合領域の拡大現象をその概念を用いて比較研究の対象とする研究動向が顕著になってきていることにもっと留意すべきではないだろうか」，「わが国独自の概念構成にこだわり，特に株式会社形態の組織のみに焦点をおいて第三セクターをとらえようとすることは，今後の国際的な共同研究を展望するうえで大きな制約を課すことになるように思われる」(今村，1993，36-37) と述べている。

13) この点については，チャリティや慈善活動の歴史をたどり，その現代的意義を考察するという視点からの分析が必要となるが，ここでは立ち入って言及しない。

14) 例えば，Salamon (1995) を参照されたい。なお，この論点については 3 章で扱う。

15) 住民参加や市民参加を論じる際には，「住民」と「市民」という用語の使い分けの問題

65

が生じる。また，そもそも「市民」とは何かという大きな課題にも直面することになるが，ここではこの点について立ち入らない。この論点については，例えば，西尾（1975），水口（1995）を参照されたい。また，福祉国家論，福祉社会論との関わりから述べたものとして，右田（2005, 35-36），関連して上野（2011, 243-244）も参照されたい。
16）例えば，この分野における西尾の先駆的研究では，米国の都市計画の事例を用いながら，政治行政権力に対して，専門家権力が対峙することが参加を促すうえで有効であると論じる（西尾，1975）。その成果を踏まえながら，武川は，専門家権力については，社会サービスの供給において政治行政権力の対抗権力になるという積極面があることを確認したうえで，その逆機能について述べ，利用者参加の実現に向けて「直感的必要」，「説明と同意」という2つの原則を示す（武川，1996, 18-27）。同様に，西尾の成果を踏まえながら，社会福祉における参加について整理したものとして，安立（2008, 117-133）も参照されたい。
17）関連する文献として，神野・澤井（2004），山本（2009），辻中・伊藤（2010）などがあげられる。
18）ボランタリー・セクターは主として英国で用いられる言葉であり，非営利組織研究の立場からみれば，米国を中心として普及した非営利セクターとほぼ同義ととり扱っても差し支えないだろう。しかし，福祉国家の危機との関わりからボランタリー・セクターを論ずるうえでは，福祉国家そのものが構想される過程においてボランタリー・セクターがどのように位置づけられてきたかをたどり分析を加える必要があろう。また，福祉国家の形成とボランタリー・セクターの関わりについては，非営利組織研究が本格的に勃興する以前からの研究や実践の蓄積があり，それらを踏まえたうえでその成果を摂取して非営利組織研究を豊富化することが求められよう。この点について本書では十分にとり扱うことができていないことを断っておく。英国の社会福祉とボランタリー・セクターを論じた文献としては，宮城（2000）を参照されたい。また，英国のボランタリー・セクターの最近の動向については，Alcock（2011）が参考になる。
19）武川は以下のように述べる。「家族は習俗（folkways）の一部として社会サービスを供給し，企業は商品として社会サービスを販売し，政府は行政行為の一種として社会サービスを実施した。これに対して，民間非営利部門として一括された諸主体は，市民の社会参加を通じて社会サービスを供給していた」（武川，1996, 31）。
20）民営化概念について総括的に整理しているものとしてThiemeyer（1986）を参照されたい。ティーマイヤー（Thiemeyer, T.）は，重複しているものの強調点が異なる15の民営化の概念を列挙している。その1つとして，民間人への公共的供給責任の移転（許可制・入札制・下請制・事業委託）があげられる。これは，機能的民営化でもあるという（Thiemeyer, 1986, 143-146＝[1987] 19-23）。なお，以上の概念の紹介も含めて民営化の概念を整理しているものとして，濱川（1991, 1-3）を参照されたい。また，非営利組織との関わりでは，社会政策における民営化という視点が重要になってこよう。この点については，雇用政策や住宅政策に重点を置いたものであるが，武川（1990；1991）を参照されたい。
21）事業委託に関しては，Ascher（1987）を参照されたい。
22）ドラッカーの非営利組織に関する言及については，Drucker（1989, 187＝[1989] 269），

Drucker（1989, 195-206＝[1989] 282-298），Drucker（1992, 160-183＝[1992] 247-284）およびDrucker（1993, 168-178＝[1994] 281-296）を参照されたい。また，Drucker（1990）では，一冊を費やして非営利組織の経営が論じられている。

23）その例としては，すでに1980年代から米国の非営利組織研究を紹介している吉田忠彦による諸論稿（吉田，1986；1990a；1992）や星野（1988）などがあげられる。また，非営利組織の経済理論分析を扱った専門書であるJames and Rose-Ackerman（1986）の邦訳書が，1993年に出版されていることも注目される。

24）遠藤久夫は，非営利組織に関する経済学的研究の進展の背景として，第1に世界的に非営利組織が認知され，台頭してきたという実態面の変化，第2に企業組織の経済学的研究が進み，その研究成果が非営利組織の分析に応用されていったという研究サイドの流れ，をあげている（遠藤，1996, 347）。

25）サラモンを中心としたジョンズ・ホプキンス大学の研究プロジェクトによる非営利セクターの定義については，3章でとりあげる。

26）例えば，跡田（1993, 31-32），跡田ほか（1994, 322-323）など。また，Salamon（1992）の邦訳書が1994年に出版されている。

27）とりわけ，今日の非営利組織研究において重要な位置にある市民活動が活発になっていったことが注目される。1990年前後の市民活動の動向および市民活動に関する研究を整理したものとして，高田（1998）を参照されたい。

28）例えば，田中（1980）や森泉（1982）など。

29）総務庁行政監察局（1985；1992）を参照。

30）特定非営利活動促進法は，1998年3月19日に衆議院本会議において全会一致で可決成立し，同年3月25日に公布，同年12月1日に施行された。同法については，堀田・雨宮（1998）を参照されたい。

31）公益法人制度をめぐる概念や変遷については，山岡（2011）を参照されたい。なお，同論文では，旧民法に基づく公益法人制度を「国家公益／主務官庁公益」という概念，2008年施行の公益法人制度改革関連3法を「民間公益」という概念，特定非営利活動促進法を「市民公益」という概念で整理している（山岡，2011, 52）。

32）例えば，吉田（1990b）。その他，公益法人の課税法に関する日米比較を詳細に行った専門書として石村（1992）がある。

33）例えば，松井（1991）を参照されたい。

34）例えば，早くも1990年には雑誌『地域開発』（315）において，「ノンプロフィット・セクターの形成—民間非営利活動の役割と課題」という特集が組まれている。

35）兵庫県のNPO法人のデータ（2008年度）で確認しておく。県全体のNPO法人数は1256法人，経常収入の平均は1422万円である。「保健・医療又は福祉の増進を図る活動」を定款にあげた法人に限定すると，法人数は765法人，経常収入の平均は1745万円である。また，介護保険事業を実施している法人は120法人，経常収入の平均は3757万円，障害者自立支援法に基づく障害福祉サービス事業を実施している法人は131法人，経常収入の平均は5031万円である。なお，「保健・医療又は福祉の増進を図る活動」を定款にあげた法人のうち，介護保険事業と障害福祉サービス事業の双方とも実施していない法人は571法人，経常収入の平均は898万円となる。経常収入の平均については，いずれも千円の

位で四捨五入した。詳しいデータについては，橋本（2012b）を参照されたい。
36）2002年成立，2003年施行の改正特定非営利活動促進法ではほかに「情報化社会の発展を図る活動」，「科学技術の振興を図る活動」，「消費者の保護を図る活動」が付け加えられた。さらに，2011年成立，2012年施行の改正特定非営利活動促進法では「観光の振興を図る活動」，「農山漁村又は中山間地域の振興を図る活動」，「前各号に掲げる活動に準ずる活動として都道府県又は指定都市の条例で定める活動」が付け加えられ，当初の活動の種類とあわせて20の活動分野となった。
37）その後の雇用対策においてもNPO法人は雇用の受け皿の機能を担っている。例えば，東日本大震災後の動きについて，橋本（2012a）を参照されたい。
38）その詳細は，6章・7章で論じる。
39）この点については，橋本（2000）を参照されたい。
40）安立清史の実施した介護NPO調査（2001年）によると，介護保険事業者であるNPO法人のうち，任意団体としての活動経験があるNPO法人が89％となっている（安立，2008，135）。
41）なお，介護保険制度外の事業は，さらに，障害者自立支援法に基づく事業や自治体による福祉サービス事業など公的な財源に基づく事業と，それ以外のNPO法人による独自事業に区分できる。NPO法人の独自性の発揮という観点からいえば，両者を区別して，それぞれのとりくみ状況を明らかにすることが必要となる。
42）本郷秀和らの調査によると，介護保険事業に参入しているNPO法人のうち，制度外サービスを実施していないNPO法人の割合は27.6％となっている（本郷ほか，2011，8）。
43）安立は次のように述べる。「訪問サービスから始まったNPOの介護保険事業がデイ・サービスの運営，移送や食事などのさまざまな枠外サービスの提供にいたり，さらにはデイ・サービスだけでなく，地域の民家などを改造・改築して新しい地域密着型・小規模多機能施設を運営しはじめ，地域の新しい福祉サービスの提供拠点として，地域福祉全体へと影響力を発揮していくという流れも生まれつつある」（安立，2008，137）。
44）なお，制度内事業であっても採算が合わないサービスについては，サービス供給がなされない状況が生じる。そのようなサービスは事業性を追求する事業者としては供給すべきでないが，公共性の観点からいえば供給されてしかるべきである。制度内においても，事業性と公共性のジレンマに陥り，採算が合わないながらもサービスを供給せざるをえない状況があることを指摘しなければならない。
45）介護保険制度改正の影響については，例えば，森（2008），沖藤（2010）などを参照されたい。
46）例えば，谷本寛治は，時代区分に基づいて，次のように非営利組織を3つの型に分類している。すなわち，「チャリティを行う〈慈善型〉NPOが主体であった時代から，60年代後半〜70年代にかけて政府・企業に直接行動を行う〈監視・批判型〉NPOの運動が広がり，80年代〜90年代にかけては社会的な財・サービスの提供，情報提供を社会的な事業として行う〈事業型〉NPOが増えている」として，時代によって非営利組織に求められる機能・役割が多様化していることを指摘するのである（谷本，2002，33）。
47）この点に関連して宮本太郎は以下のように述べている。「グローバル化は，脱工業化の

進展ともあいまって，雇用を流動化し，労働市場の分極化をおしすすめ，さらには家族やコミュニティの紐帯を弱めてきた。その結果，急速な技術発展やグローバルな産業再配置による不安定雇用，女性の就労と出産，育児の両立困難，家族的紐帯の揺らぎのなかの急速な高齢化，青年層の自立困難などの問題群が次々に立ち現れている。つまりは，人々が個人的では対応できない新しい社会的リスクがうみだされ，福祉政策および雇用政策の重要性がむしろ高まっているのである」（宮本，2005，6）。
48) 既出の大沢（2007a），神野（2012）のほか，大沢（2007b）を参照されたい。なお，大沢真理は，EUでの論議の文脈を踏まえつつ，「社会的排除」概念を説明する際に「新しい社会リスク」というフレーズを用いる。そして，社会的排除と闘う主体として「社会的経済」「サード・セクター」の役割が強調されることを指摘する（大沢，2007a；2007b）。
49) 脱産業社会の到来とともに民間非営利組織の存在意義が高まることについては，例えば，武川が以下のように述べている。民間非営利組織は「産業社会の要求する利潤や官僚制に基づいているわけではなく，利他主義や自発性にもとづいている。民間非営利部門は産業社会のなかに生まれた非産業社会的なるものであった」（武川，1996，32）。

第3章
非営利組織研究の対象

1　はじめに

　日本の非営利組織研究は米国の研究から大きな影響を受けてきた。米国の非営利組織研究を検討する際の重要な課題としては，第1に，非営利組織研究の対象とは何か（非営利組織概念の明確化・国際比較の試み），第2に，非営利組織の存在根拠とは何か（非営利組織の理論分析），の2点があげられる。非営利組織の本質に迫るためには，この2点を検討することが欠かせない。これらの問題は相互補完的にとりくまれなければならないが，主として前者に関する問題を本章で扱い，後者に関する問題を次章でとりあげる。本章と次章では非営利組織に関する先行研究の通説的な見解を示し，その意義と問題点を述べていくことになる。

　非営利組織という言葉は，「営利ではない」組織であるということを示しているだけであり，その言葉自体何ら積極的な定義づけをしてはいない。「営利ではない」組織という漠然とした定義では，非営利組織研究の対象は曖昧なものとなってしまう。この曖昧さを克服するために，非営利組織研究の対象がどのようなものかを明らかにする様々な試みがなされてきた。そのなかでも非営利組織の定義に著しく影響を与えているのが，米国の非営利組織に関する制度と，国際比較を行うために非営利セクターを定義しているジョンズ・ホプキンス大学の研究プロジェクト（The Johns Hopkins Comparative Nonprofit Sector Project: 以下，JHCNSPと略記）である。JHCNSPによる非営利組織の定義を検討することによって，これまでの非営利組織研究が主にどのような組織を対象としてきたかが明らかになる。米国の制度とJHCNSPによる定義づけは，日本の非営利組織研究においても重視されており，次章で扱う非営利組織の理論

分析の多くも米国の制度と JHCNSP の定義に依拠している。したがって，米国の非営利組織に関する制度と，JHCNSP による非営利組織の定義づけがどのようなものであるかを理解することは，非営利組織研究を進めるうえで不可欠な作業となる。

　本章の主な目的は，第1に先行研究における非営利組織の定義を示してその問題点を明らかにすること，第2に非営利組織の様々な定義を踏まえて非営利組織研究の対象をどのように定めるのが望ましいかを吟味することにある。なお，非営利組織の定義においては，協同組合の位置づけが重要なカギとなる。非営利組織と協同組合の概念に関する問題については5章で詳細を述べるが，本章においても，必要に応じて非営利組織と協同組合の関係について触れている。

　本章で扱う具体的な内容は以下のとおりである。第1に，米国における非営利組織をめぐる制度を整理する。第2に，JHCNSP による非営利組織研究の対象をめぐる議論の内容を確認する。第3に，日本における非営利組織をめぐる制度を整理する。第4に，日本の非営利組織研究の対象について検討を加える。最後に，非営利組織を分類する試みをとりあげる。

2　米国における非営利組織研究の対象

(1) 米国における非営利組織をめぐる制度

　米国における非営利組織をめぐる制度は，非営利組織を定義するうえで重要な意味を持つ[1]。米国において非営利組織は税制（内国歳入法）によって明確な規定を受けており，非営利組織をめぐる議論は主としてこの税制によって規定された組織を対象としている。それでは，非営利組織は内国歳入法によってどのように定められているのであろうか。内国歳入法においては，非営利組織という言葉は使用されず，免税団体（Tax Exempt Organization）という言葉が使用されている。つまり，一般に非営利組織と呼ばれている団体は，米国の税制上は免税団体の一部に相当するのである。そこで，内国歳入法で定められた免税団体の概観を示すことにしよう。

表3-1 米国の免税団体および関連団体一覧

組織形態－内国歳入庁コード	1995年	2000年	2005年	2010年
総計（免税団体およびその他の事業体）	1,235,905	1,473,062	1,709,205	1,960,203
小計　501(C)団体	1,162,810	1,354,395	1,570,023	1,821,824
(1)連邦法による法人	19	20	123	168
(2)免税権原保有法人	7,025	7,009	7,116	7,239
(3)宗教団体, 慈善団体等	626,226	819,008	1,045,979	1,280,739
(4)社会福祉団体	139,451	137,037	136,060	139,129
(5)労働団体, 農業団体	66,662	63,456	61,075	63,012
(6)商工団体, 事業者団体	75,695	82,246	86,485	92,331
(7)社交クラブ, レクリエーションクラブ	65,501	67,246	70,399	79,718
(8)友愛団体	92,115	81,980	67,391	63,391
(9)任意型従業員共済団体	14,681	13,595	12,567	11,749
(10)国内共済団体	21,046	23,487	21,091	18,310
(12)慈善型生命保険団体	6,291	6,489	6,718	6,996
(13)霊園法人	9,433	10,132	10,819	12,266
(14)州認可信用組合	5,225	4,320	4,083	3,570
(15)相互保険会社	1,185	1,342	2,127	1,812
(17)失業補償給付信託	583	501	448	423
(19)退役軍人団体	30,828	35,249	36,166	39,709
(25)年金関連の持株会社	638	1,192	1,274	1,125
その他の501(c)団体	206	86	102	137
501(d)宗教団体, 使徒団体	107	127	146	218
501(e)医療協同組合	61	41	37	34
501(f)教育機関が運営する協同組合	1	1	1	1
501(k)チャイルドケア組織	0	0	2	14
501(n)慈善型投資団体	N/A	0	2	1
521農業協同組合	1,810	1,330	—	—
課税対象の農業協同組合	2,982	3,133	—	—
免税されない慈善信託	68,134	114,035	138,994	138,111

出所：*Internal Revenue Service Data Book* 各年版。

　免税団体としての資格を得る団体の一覧は，主として内国歳入法501条(c)によって示される（表3-1）。そして，税措置に基づく免税団体の分類を示しているのが表3-2である。[2] 免税団体の分類のポイントはⅠとⅡ～Ⅳの区別にあ

表3-2 内国歳入法による免税団体の分類（概要）

			寄付金控除			投資収益課税	各種規制税
			個人	法人	遺贈		
I	501(c)(4)－(25)など		控除なし			なし	なし
II	501(c)(3)公益（慈善）団体	公益増進団体	50%まで	10%まで	全額	なし	なし
III		事業型私立財団	50%まで	10%まで	全額	2%	あり
IV		助成型私立財団	30%まで	10%まで	全額	2%	あり

出所：Simon（1987）p. 68 および p. 70 を参考に筆者作成。

る。なぜならII～IVに属する組織のみが非営利組織研究の対象とみなされることがあるからである。IとII～IVの区別は，表3-2で示されているように税制上の扱いが異なっていることによっている。すなわち，IもII～IVも免税団体という点では同様だが，II～IVに含まれる組織は寄付金控除が認められているのである。寄付金控除とは，個人や法人が非営利組織に寄付をした場合，その寄付金を所得控除もしく損金算入できるというものであり，個人や法人が該当の非営利組織に寄付するインセンティブが高まり，非営利組織の側はそれだけ寄付金が集めやすくなる。寄付金控除は，非営利組織にとって最も重要な税制上の支援措置と位置づけられるものである。IとII～IVの間で税制上の扱いが異なるのは，II～IVに関してはその活動の目的が厳格に定められているからである。II～IVにあてはまる組織の活動の目的を示しているのが内国歳入法501条(c)(3)である。その内容は次のとおりである。

「宗教，慈善，学術，公共安全のための検査，文芸または教育，全米あるいは国際アマチュアスポーツ競技会の促進（ただし，運動施設・運動器具の設置などの活動に関わらない場合に限る），子供や動物虐待の防止，などを目的として組織され運営されている法人，あらゆる地域共同募金，地域共同基金，地域共同財団で，純利益を私的株主や個人の利益とすることがなく，その活動が宣伝や立法への影響を目的とすることがなく，公職立候補者のための（またはそれに対抗する）あらゆる政治的キャンペーンに参加・介入（声明の出版・配布を含む）をしないもの。」

Ⅰに属する団体が，主として共益的な活動（会員にサービスを提供する活動）を行っているのに対して，内国歳入法501条(c)(3)に基づくⅡ～Ⅳに属する団体は公益的な活動（不特定多数にサービスを提供する活動）を行っている。税制に基づいて非営利組織を定義する場合，共益か公益かの違いが重視されていることに注意しておきたい。公益的な活動を行う組織のみを非営利組織の研究対象とみなす論者が多いからである。

　ところで，内国歳入法501条(c)(3)に基づく団体は活動の積極性などの違いによってインセンティブに差をつけるためにさらに細かく分類されている。ⅡとⅢ・Ⅳの違いは「公益増進団体（public charities）」と「私立財団（private foundations）」の区別からなる。Ⅱ～Ⅳに属する団体のなかで内国歳入法509条(a)で特に公益性が高いと承認された団体は「公益増進団体」として税制上の優遇措置が与えられる。「公益増進団体」の資格を得られない団体は「私立財団」のカテゴリーに分類される。税制上の優遇措置は「公益増進団体」のほうが「私立財団」よりも手厚くなっている。さらに「私立財団」は「事業型私立財団（operating foundations）」と「助成型私立財団（nonoperating foundations）」に分類される。この分類がⅢとⅣの分類であるが，この区別においても税制上の優遇に差がつけられている。これらの税制上の優遇措置の差は公益的な事業に積極的に関わるかどうかによっている。つまり，内国歳入法では，積極的に公益的な事業に関わる団体に税制上の優遇措置を手厚く与えているのである。

　以上にみてきたように，米国の税制によって非営利組織を定義する場合，組織の活動の目的がどのようなものであるかがポイントとなる。なかでも活動の目的が共益的であるか公益的であるかによって非営利組織は大きく2つに分類される（図3-1）。そして組織の目的が公益的であるかどうかの根拠となるのが内国歳入法501条(c)(3)の規定である。非営利組織研究においては内国歳入法501条(c)(3)で資格を得る団体のみを非営利組織とみなすのが一般的である。また，次章でみる非営利組織の理論分析においても，内国歳入法501条(c)(3)に基づく団体を主な対象とするのが一般的となっている。すなわち，既存の非営利組織研究においては，内国歳入法501条(c)(3)の規定が重視されているのである。

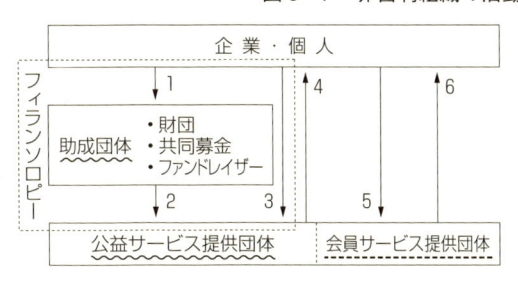

図3-1 非営利組織の活動の流れ

1. 企業・個人から助成団体への寄付
2. 助成団体から公益サービス提供団体への補助金・助成金
3. 企業・個人から公益サービス提供団体への寄付，ボランティア活動
4. 公益サービス活動の提供
5. 企業・個人から会員サービス提供団体への会費・使用料
6. 会員にむけてのサービス活動の提供

──→ は，ヒト・モノ・サービス・カネの流れを示す

〜〜 波線＝公益非営利組織（charitable nonprofit）（内国歳入法第501条(c)(3)団体）
---- 点線＝共益非営利組織（noncharitable nonprofit）

出所：筆者作成。

（2）非営利組織の定義──通説的見解とその特徴

　JHCNSP は，国際比較を行うために非営利セクターの定義を行っている。非営利セクターの定義を行ううえで，JHCNSP の中心をなすサラモン（Salamon, L. M.）とアンハイアー（Anheier, H. K.）は定義のタイプを4つに分類して，それぞれの利点と欠点を述べている。サラモンとアンハイアーによる4つの定義のタイプの説明と各タイプの利点や欠点の分析を整理して以下に示しておく。

　第1の定義のタイプは，法による定義（the legal definition）である。法による定義は厳格に定義できる利点があるが，法律用語は理解しにくく難解であるため利用しにくいという欠点があり，さらに各国でそれぞれ特有の定義がなされているため比較目的には役立たない。第2の定義のタイプは，経済および会計による定義（the economic/financial definition）である。組織の収入源が強調されるこの定義では，国連の国民経済計算体系を利用するため厳格な定義ができるうえ比較目的にも利用しやすい。しかし，国連の定義のもとでは非営利セクターが現実よりも狭い範囲に限定されるという欠点がある。例えば，米国において一般に非営利セクターの一部であるとみなされる組織のほとんどが，他のセクターの組織に分類されてしまう。第3の定義のタイプは，機能上の定義（the functional definition）である。この定義では組織の機能や目的が強調され

る。この定義では非営利組織は一般に公共目的に従事する組織として把握される。この定義では非営利の資格を得る組織の目的を広範囲にわたって列挙する必要があり、煩瑣であるという欠点や、カギとなる機能のカテゴリーが曖昧であったり、時代の影響を受けやすかったりするという欠点がある。第4の定義のタイプは、構造および運営による定義（the structural/operational definition）である。サラモンとアンハイアーによると、この構造および運営による定義が最も優れているとされる。

　構造および運営による定義によって、サラモンとアンハイアーは非営利セクターの5つの特徴を見出している。以下、その5つの点をみていこう。

　第1は、制度化された組織（formal）であるということ。これは、法人格を持っていなければならないというのではなく、定期的な会議の開催や理事の存在、規約の存在など、ある程度の組織の永続性があればよいということである。ただし、インフォーマルな集まりや一時的な集まりは、たとえ人々の生活にとって非常に重要なものであっても、非営利セクターの一部とはみなされない。

　第2は、民間（private）であるということ。これは、非営利組織が、政府組織の一部であったり、役人によって理事会が支配されていたりしてはならないことを意味する。ただし、このことは、政府の援助を受けたり、役人が理事に就任したりすることができないことを意味しない。

　第3は、利益非分配（non-profit-distributing）であるということ。これは、非営利組織が利益を生み出したとしても、その利益は組織の使命のために利用されなければならず、組織の所有者や理事に分配されてはならないということである。

　第4は、自己統治（self-governing）であるということ。つまり、非営利組織は外部のものによって支配されてはならず、内部のものによって運営がなされなければならないということである。

　第5は、自発性に基づく組織（voluntary）であるということ。これは、自発的な参加者が、組織にとって意義ある活動を行っているということを意味する。ただし、このことは組織の収入のすべてが寄付からなっていたり、スタッ

フがすべてボランティアであったりすることを意味するのではない。

　これらの5つの要件を単純化して要約すれば，サラモンとアンハイアーによる非営利セクターの定義では，その対象となる組織は「民間公益非営利組織」であるとみなせる。彼らはうえにみた定義では「公益」であることを明示していないが，サラモンは他の文献で非営利セクターであることの第6番目の要件として，「公益目的」(of public benefit) という特徴をあげる場合もある[8]。また，後にもみるように，サラモンとアンハイアーは，共益非営利組織の代表格である協同組合を非営利セクターから除外する。したがって，彼らの定義において，非営利セクターの要件に「公益」であることが含まれるとみなすのは妥当であろう[9]。

　ところで，サラモンとアンハイアーによると，構造および運営による定義にも問題点がないわけではないという。この定義の基準を正確に適用することが難しい場合があり，厳密さに欠けることがあるからである。しかし，すべての組織を個々に調査しなくても非営利セクターを経験的に定義することが可能であり，非営利セクターと他のセクターとの関係に関する仮説を生み出すことが可能であるなどの利点がある。このような利点は特に国際比較に役立つので，構造および運営による定義が，他のタイプの定義と比較すると最も優れているとされるのである。

　さらに，サラモンとアンハイアーは，この構造および運営による定義を適用するうえで，定義が包含している組織の類型を明確にするために，非営利組織の国際分類 (International Classification of Nonprofit Organizations: ICNPO) を作成している[10]。ICNPOによって非営利組織の活動は12分類される。すなわち，①文化・レクリエーション，②教育・研究，③健康，④社会福祉，⑤環境，⑥開発・居住，⑦公民権・代言活動・政治活動，⑧フィランソロピーの中間支援・ボランティア推進，⑨国際，⑩業界・専門団体・組合，⑪宗教，⑫その他である (Salamon and Anheier, 1992a, 142)。なお，この分類も非営利セクターの国際比較を行うのに役立つようにつくりだされている。また，サラモンとアンハイアーは非営利セクターに含まれない組織の例として，①宗教的集会，②政党，③協同組合，④相互貯蓄銀行，④相互保険会社，⑤政府機関をあげている

(Salamon and Anheier, 1996, 16)。

　以上が，JHCNSPによる非営利セクターの定義のあらましである。ところで，JHCNSPによる定義は日本の研究者によっても重視されている。特に，構造および運営による定義に基づいて導かれた非営利セクターの5つの特徴は，非営利組織が備えるべき要件として広く受け入れられている。[11]したがって，JHCNSPの非営利セクターの定義の妥当性について検討することは，非営利組織の定義の問題点を明らかにすることができるうえ，日本における非営利組織研究についての問題点を明らかにすることにもつながる。続いて，JHCNSPによる定義を検討し，その問題点を明示していくことにする。

（3）非営利組織の定義に関する問題

　JHCNSPによる定義は米国の非営利セクターの現状を前提として生み出されたものであり，同国の非営利組織に関する制度の影響を強く受けていると考えられる。[12]つまり，内国歳入法による規定が，非営利セクターの定義に反映されているとみなせる。JHCNSPの定義では，非営利組織の「非営利」概念を把握する際に，「利益非分配」であることを特徴の1つにあげるが，このことは内国歳入法501条(c)(3)で免税資格を得るためには「利益非分配」であることが条件とされていることの反映とみなせよう。

　利益非分配は，非営利組織の理論分析においても重要視されることが多い。非営利組織を経済面や法的側面から分析する第一人者のハンズマン（Hansmann, H.）は，非営利組織を分析する際に，利益非分配を重視している。ハンズマンによると，非営利組織とは，純利益がたとえ生み出されたとしても，その組織を支配する者に分配することが禁じられた組織のことである。ここで非営利組織が利益を生むことを禁じられているのではないことに注意すべきである。実際，多くの非営利組織は年次決算で絶えず黒字を示している。つまり，利益を分配することのみが禁じられているのである。このことをハンズマンは「利益非分配制約（nondistribution constraint）」と呼んでいる（Hansmann, 1980, 838）。ベンナー（Ben-Ner, A.）とグィー（Gui, B.）によれば，ハンズマンによるこの非営利の定義づけは，米国の法慣行に基づいており，学術文献で最も広く

第3章　非営利組織研究の対象

使用されている定義であるという (Ben-Ner and Gui, 1993, 5)[13]。要するに，内国歳入法の規定に基づき，「非営利」概念を「利益非分配制約」として理解するハンズマンの非営利組織の定義づけは，非営利組織研究において広く受け入れられているものと位置づけられる。

　サラモンとアンハイアーによる構造および運営による定義も，ハンズマンが非営利組織の特徴として利益非分配制約を重視していることを踏まえ，さらに必要とされる条件を付け加えていったと考えられる (Steinberg and Gray, 1993, 298)。サラモンとアンハイアーによる定義は，ハンズマンの定義と異なる点があると指摘されていることには注意を払う必要があるが[14]，非営利組織の「非営利」概念を利益非分配から説明している点は同様であり，「非営利」概念の理解において本質的な違いはないとみなせよう。つまり，サラモンとアンハイアーの定義も，内国歳入法の規定に基づいた非営利組織の「非営利」概念を重視しており，米国の税制の影響を強く受けているとみなせるのである。

　非営利組織の「非営利」概念を「利益非分配」と理解することは，非営利組織研究の主流の見解となっている。しかし，「非営利」概念を「利益非分配」とする定義は，厳密に適用されているとはいいがたい。例えば，JHCNSPによる非営利セクター研究において，利益非分配の特徴は曖昧にとり扱われることがある。サラモンとアンハイアー自身も，利益非分配の基準からはずれても非営利セクターとみなす場合があると述べている (Salamon and Anheier, 1992a, 140)。例えば，コミュニティ開発組織や発展途上国および低収入地域の協同組合の場合，組織の基本的な目的が営利自体でなく一般的なコミュニティの改善であるので，非営利セクターの一部として扱うほうが賢明であるとするのである。それでは，何のために利益非分配の基準を提示しているのかが不明確になってしまう。なお，サラモンとアンハイアーが，利益非分配の基準からはずれても非営利セクターとみなす際には，組織の活動内容に基づいて非営利セクターに属するかどうかの区別がなされていることには注意しておきたい。つまり，事業組織の活動内容の特徴から，非営利セクターに属するかどうかを判断する場合があるということである。したがって，JHCNSPの定義のもとでの非営利組織研究においては，事業組織の指導原理の観点からいえば「利益非分

配」という要件が重視されているが，実のところ，供給される財やサービスの中身，すなわち，素材面も重視されており，場合によっては「利益非分配」であることよりも供給される財・サービスが何であるかのほうに重きがおかれることがあるということである。非営利組織研究では，非営利組織という言葉の修飾語として用いられている「非営利」（利益非分配）であるという指導原理の観点よりも，事業活動の内容（素材面）のほうが重視されることがあるのである。

　ところで，利益非分配の基準を検討するうえでは，協同組合を非営利組織とみなすかどうかが問題となる。ハンズマンは，協同組合や相互保険会社および相互貯蓄銀行を研究対象として扱わない理由として，これらの組織には会員に純利益を分配する権限があり，利益非分配制約の条件があてはまらないことをあげている[15]。また，サラモンとアンハイアーは協同組合を非営利セクターから除外している[16]。ところが，サラモンとアンハイアーは，先述のとおり，組織の基本的な目的が営利自体でなく一般的なコミュニティの改善であることを理由に，発展途上国および低収入地域の協同組合を非営利セクターの一部とみなしている。また，JHCNSP による各国の非営利セクター分析においては，協同組合は分析対象としてとりあげられることもある。つまり，非営利セクターを定義するうえで利益非分配の基準をあてはめれば，利益を配当として分配する協同組合は研究対象から排除されるが，実際に非営利組織を分析する段階では，供給される財やサービスの特徴が考慮されて協同組合は研究対象としてとりあげられる場合もある。

　このことは，少なくとも米国以外の国や地域を対象とするとき，利益非分配の基準を適用できない場合があることを示しており，また協同組合を研究対象に含むことのできるような非営利組織の定義を提示する必要があることを意味している[17]。協同組合を非営利組織から除外しようとする論者も，非営利組織の調査研究を行う際には協同組合を分析対象とすることがあるが，このことは，協同組合に何らかの非営利組織としての特徴が内包されていることに配慮したことによるものと考えられる。したがって，協同組合を非営利組織から除外するよりは，協同組合を非営利組織とみなして分析を加えていくほうが，非営利

第3章 非営利組織研究の対象

組織の本質とは何かに接近するうえで望ましいといえよう。協同組合を非営利組織研究の俎上に載せたうえで，協同組合と非営利セクターの他の諸組織の異同について分析したほうが，非営利組織が持つ意義と課題をより明確にすることにつながる。

　また，JHCNSP は国際比較研究を目的に定義を行っていると強調するが，実際のところは米国を基準とした定義が行われているとみなせる。JHCNSP の定義が米国の現状を基準としていることは，構造および運営による定義を利用する理由にも現れている。例えば，サラモンとアンハイアーは，米国において非営利セクターに含まれる組織のほとんどが他のセクターに分類されてしまうことを理由にして，国連の国民経済計算による定義を退けているが (Salamon and Anheier, 1992a, 138)，なぜ米国の非営利セクターを基準として定義の方法を検討しなければならないのかが不明確である。非営利セクターの定義の方法に検討を加える過程において，米国の非営利セクターの存在を前提とすること自体に合理的な根拠があるとはいえない。また，各国の非営利セクターの分析は，実際のところは各国の非営利セクターの現状を前提として分析が進められており，その現状に対して構造および運営による定義が事後的にあてはめられている[18]。したがって，構造および運営による定義は，米国の非営利セクターを基準として量的側面の国際比較をすることは可能だが，各国の現状を考慮してはおらず，各国の非営利セクター研究を行う際には必ずしも有意義であるとはいえない。また，各国の現状に照らし合わせながら分析を進めるのであれば，国際比較のための基準は重要性がなくなり，国際比較研究に役立つことを理由にわざわざ必ずしも厳密とはいえない定義を利用することの意義はなくなってしまう。

　続いて，非営利組織の概念把握に関する問題点として，公益非営利組織と共益非営利組織の区別について検討しておく。従来の非営利組織研究では，内国歳入法501条(c)(3)で資格を得た公益非営利組織に対する分析が中心的であり，共益非営利組織の研究には注意が払われない傾向があった。しかし，オニール (O'Neill, M.) が主張するように，共益非営利組織は非営利セクターの経済活動の一部をなしており，非営利セクターの研究者によって研究対象から除外され

る理由はない。また，共益非営利組織は，会員に対する活動のみに従事しているとは限らない。実質的にすべての非営利組織は，その税制上の資格がどのようなものであれ，程度は異なるが，公共に対する便益と会員・スタッフ・ボランティア・寄付者に対する便益とを兼ね備えているのである[19]。したがって，非営利組織を研究するうえでは共益非営利組織を除外せずに，公益と共益の双方の非営利組織に対して分析を進めていくことが必要となる。また，公益と共益を区別するうえでは，公益とは何かということを追究することも重要である。非営利組織研究においては，公益や公共性についての議論を欠かすことができない[20]。

　以上，非営利組織の定義に関する問題を検討してきたが，重要なことは多様な非営利組織の存在をまず認めたうえで，分析の必要に応じて非営利組織研究の対象を定めることにある。非営利組織とは何かという問題にとりくむ場合には，様々な非営利組織の存在を理解して，非営利組織を多角的に把握していかなければならない。例えば，JHCNSPによる定義は，オペレーショナルなものであることが強調されていることからわかるように (Salamon and Anheier, 1997, 496)，そもそもは非営利セクターの量的側面をはかるための便宜的なものに過ぎなかったのであるが，次第に非営利セクターの定義として普遍性を持つものとして扱われるようになっていった。しかし，非営利組織は様々な要素を兼ね備えた存在であり，各国の文化や経済のあり方などによって様々な異なった特徴があることを理解することが重要である。したがって，多様な非営利組織の存在を理解するためには，非営利組織を定義する際に様々な基準を考慮すべきである[21]。また，非営利組織の研究においては，「非営利」という用語が指し示す「利益非分配」の特徴よりも，活動内容の中身が重視される場合があることには注意が必要である。すなわち，非営利組織研究では，「非営利」であることよりも，その他の独自の特徴のほうが重視されることがあるのである。このことは，非営利組織という言葉を用いること自体の問題が露呈していることを意味していよう。非営利組織研究とはいうものの，「非営利」であることよりも，提供される財やサービスの特徴（事業内容），すなわち，素材面が重視される場合があるのである。既存の非営利組織研究においては，営利目的であ

るか否かという事業組織の指導原理とともに，どのような財やサービスを供給するかという事業目的・事業内容の側面（素材面）が重視される傾向にあることを確認しておかなければならない。

3 日本における非営利組織研究の対象

(1) 日本における非営利組織をめぐる制度
1) 非営利組織をめぐる制度の歴史的経緯

日本の非営利組織研究をさかのぼれば，非営利組織に関する制度面の不備が指摘され続けており，非営利組織に関する制度面の整備が重要な論点であり続けていることがわかる。前章で述べたように，とりわけ日本の非営利組織研究の勃興期において，非営利組織の制度面の整備はホットイシューであった。市民の自発的な参加に基づく公益的な活動は，「市民公益活動」と称され，その活動基盤を整備することは日本の非営利組織の勃興期において最も重要なテーマとして認識されていた[22]。なかでも，市民活動団体をめぐる法人制度と税制優遇措置の整備はその主要な論点であった。

非営利組織をめぐる制度については，旧公益法人制度が多くの問題点を抱えていたことをまず指摘しなければならない。旧制度上の公益法人（社団法人と財団法人）は旧民法34条[23]に基づいて設立されるものであった。同法のもとでは，公益法人は主務官庁の許可・監督のもとにおかれるが，「主務官庁が所管している事業しかできない，規模の小さい団体は法人化できない」といった問題や，「情報公開が義務づけられていない上，役所の自由裁量の壁に覆われて，天下りや癒着制度の悪用などの問題」があることが指摘される状況にあった（雨宮，2002，28）[24]。旧制度に基づく公益法人になるためには，主務官庁の許可が必要であり，活動内容が公益であるかどうかは主務官庁の判断によっていた。そのようななか，主務官庁による許可・監督は，公益ではなく「官益」に沿ったものではないかという指摘もあり，公益性に疑問を抱かざるをえない公益法人が存在することが問題視されていたのである。また，旧制度上では，公益性の面からみて不適切な公益法人であっても一律に税制優遇を受けられるこ

とも問題視されていた。[25]

　そもそも旧制度上では公益法人と営利法人しか認められておらず、「非営利ではあるが、積極的に公益を目的としない団体や、非営利でかつ公益を目的としている団体でも主務官庁の許可が得られない団体は、他にそれらの団体に法人格を与える特別法がないと法人化ができない」という状況であった（雨宮，2002，30）。明治時代に制定された民法は法人制度の面において基本的な課題を抱えていたのである。なお、法人設立に関して、営利法人は準則主義によるが、公益法人は許可主義がとられる。準則主義では一定の手続きを踏まえれば法人格の取得が可能であるが、許可主義では主務官庁の許可を得なければならない。[26] 株式会社に代表される営利法人の取得は容易であるが、非営利の法人になるためには主務官庁の「お墨付き」というハードルが課せられていたのである。法人格を持たない団体は、団体代表の個人名で契約を結ばなければならないことや、社会的信用を得にくいことなど、団体運営上において現実的な課題に直面することになるのである。このような状態は、非営利で公益の活動を行う団体が、便宜上、株式会社に代表される営利法人の法人格を取得するといったケースを生み出す一因にもなった。

　市民活動団体の立場からいっても、旧公益法人制度のもとでは主務官庁の許可が障壁となっていた。非営利かつ公益を目的としている団体であっても、会員数や財源が小さい団体は公益法人として許可されなかったからである。また、「公益」であるかどうかの判断は主務官庁の裁量によるため、官庁の「お眼鏡にかなわない」団体が法人格を取得することは事実上不可能であることを意味した。実際のところ、市民活動を行う団体の多くは法人格を取得できない状況におかれ、人格なき社団あるいは任意団体として活動を続けることを余儀なくされていた。

　旧制度下では、公益法人と営利法人のいずれかの法人しか認められない状況にあったことから、非営利で公益の法人は、旧民法34条に基づく公益法人（社団法人と財団法人）と、特別法に基づく学校法人（私立学校法）、社会福祉法人（社会福祉法）、宗教法人（宗教法人法）、更正保護法人（更正保護事業法）などによって構成されていた。また、非営利だが公益ではない法人も、旧民法33条の

特別法²⁷⁾によって存在する状況にあった。

　1998年の特定非営利活動促進法の成立は，うえにみた状況に風穴を開けることを意味した。非営利かつ公益を目的としているにもかかわらず旧民法34条による法人化が難しかった団体は，特定非営利活動促進法によって法人格を取得することができるようになったのである。同法は旧民法34条の特別法として制定された。また，非営利だが公益目的ではない団体については，2002年の中間法人法の成立によって個別の特別法がなくとも法人格が取得できるようになった。ただし，中間法人法は，その後の公益法人改革によって，一般社団法人および一般財団法人の法人格が登場することにより，廃止された。

　特定非営利活動促進法の制定によって，法人格を容易に取得する道が開けることになったが，市民活動団体に対する税制優遇（寄付金控除）については，1998年の同法施行時においては実現せず，2001年の認定NPO法人制度の導入を待たなければならない。しかも，導入当初の制度においては認定NPO法人になるためのハードルは極めて高く，制度の意義は限定的なものであった。2012年4月1日施行の改正特定非営利活動促進法によって，2001年に導入された国税庁長官による認定NPO法人制度は廃止され，所轄庁（都道府県の知事または指定都市の長）が認定する新たな認定NPO法人制度が導入されることとなった。NPO法人の税制優遇については，改正特定非営利活動促進法のもとでの新制度の導入により，新たな段階を迎えている状況にある。

2）非営利組織をめぐる法人制度――特定非営利活動促進法の登場

　特定非営利活動法人（NPO法人）とは，1998年に成立し施行された特定非営利活動促進法に基づくものである。この法律の制定は，うえにみた旧公益法人制度が抱えていた問題と密接な関わりがある。旧公益法人制度のもとでは法人格の取得が難しかった市民公益活動に携わる団体が，同法の登場によって容易に法人格を取得できるようになったからである[28]。

　ところで，市民公益活動のための新しい法制度をつくる営みそのものが，市民活動の担い手によって推し進められていったことは注目に値する[29]。うえにみてきたように，旧公益法人制度は官庁の自由裁量によるところが大きく，官庁

が認めない限りは公益活動を行う法人となることができなかった。そのような状況を打破すべく，市民による公益活動を推進する新たな制度の必要性を訴える声が市民活動の現場からあげられ，その結果として新しい法制度が登場するに至ったのである。法制定過程に多くの市民活動団体が関与したことは，市民活動団体のアイデンティティ形成を促すという効果も生み出した。同法の制定に向けた議論には先導的な市民活動団体が多く関わっており，市民活動の制度整備に専門的にとりくむ市民活動団体ばかりでなく，それぞれの専門分野において現場でサービス供給を行っている団体も積極的に政策提言を行った。この時期に活躍した団体のなかには，市民活動団体の先導役として現場に影響力を持ち，次第に中間支援機能を持つものも現れていく。市民活動団体による法制定に向けての動きは，いうなれば「NPOの先導役」的存在となる団体の勃興を促す面もあった。

　また，特定非営利活動促進法は，議員立法である点，法律の条文に「市民」という言葉が用いられた点でも独自性がある[30]。市民活動団体によって提起された主要な意見がすべて反映されたとはいえないものの，市民の声を結集するかたちでつくられたという経緯があることは，同法の重要な特徴となっている。官庁（官僚）が中心となって法整備を進めるという，既存の法制定のあり方に風穴をあける画期的な面を持った法律の登場を意味したのである。また，法の趣旨上，行政とは異なる多様な価値観が尊重され，市民の自発的な意思に基づく活動が促進されることが重要となるが，この点に関して同法においては，「政令や省令などへの委任をできる限り排除することにより行政の介入を少なくし，国会で審議された法律のなかに，市民団体に要求される書類等の負担などはすべて書き込んで置くという考え方」がとられている（雨宮，1998，18）。官庁が認める「公益」活動だけでなく，市民による公益活動の存在を認めていくという点に，特定非営利活動促進法の積極的意義を見出すことができる。

　特定非営利活動促進法の登場によって市民活動団体は従来よりも容易に法人格を取得できるようになったが，その結果として，実際の活動遂行上において契約の主体になりやすいという利点を得ることになった。法人格を取得した団体は，契約（例えば，商品の売買や事務所の賃貸契約など）を結ぶ際に団体代表者

の個人名でなく，法人名義を使用できるようになり，団体としての活動をスムーズに行える便利さを得ることになった。

　だが，メリットはそればかりでない。法人格取得のメリットは公的な制度との関わりからいっても大きいものである。最も代表的な例としては，2000年からスタートした公的介護保険制度との関わりがあげられる。介護保険制度のもとでは，法人であればその種別を問わず一定の要件を満たすことによって居宅介護支援や居宅介護サービスの指定事業者となることが可能となった。[31] 1980年代頃から都市部を中心として広がりをみせていた「住民参加型在宅福祉活動」と称される高齢者の見守りや介護・配食などに携わる助け合い活動を行う団体の多くは，従来は法人格を持たずにサービスを供給していた。だが，介護保険制度の導入に際して，制度内のサービスを供給することを目指す団体は，原則的には法人格を取得することが必要となった。その際に，住民参加型在宅福祉活動にとりくむ市民活動団体の多くは，NPO法人となる道を選ぶこととなったのである。同様に，2006年の障害者自立支援法施行に伴って，同法に基づく生活介護，就労移行支援，就労継続支援等の障害福祉サービス事業や，市町村の委託事業である地域活動支援センターを実施するうえで，それまで法人格を持たなかった小規模作業所がNPO法人格を取得するような例もみられた。社会福祉分野においては，新しい制度導入に際して，市民活動団体がNPO法人化する状況が多くみられている。その背景としては，社会福祉基礎構造改革に代表される社会福祉領域での民営化・規制緩和の影響を受けて，従来は国や自治体，社会福祉法人などにのみサービス供給が認められていた領域に，株式会社やNPO法人の参入が認められるようになったことがあげられる。

　また，社会福祉領域に限らず，法人格があることによって，指定管理者制度における指定を受けやすくなったり，自治体からの事業委託を受けやすくなるといった便利さがある。従来は政府や行政機関が直接的に財やサービスを供給していた領域に民間の事業者が参入するようになったが，その際には従来型の政府・自治体の外郭団体以外に会社形態をとる法人の参入が認められるほか，NPO法人の参入も認められるというかたちで制度変化が生じている。民営化の流れのなかで，NPO法人は株式会社に代表される営利企業とともに，公共

領域の業務に参入する新しい事業組織形態として登場してきている状況がある[32]。

さて，非営利組織をめぐるその後の変化としては，法人制度全般を定めている民法の改正が行われ，公益法人制度改革が実現することとなった。2008年に成立した「公益法人制度改革関連3法」[33]では，「これまでの主務官庁制度を基本とする公益法人制度と準則主義を基本とする中間法人制度は抜本的に改革され，準則主義によって設立できる一般法人と，第三者機関の審査によって公益認定を受ける公益法人の制度に再編されることになった」のである（山岡，2011，56）。一般社団法人の制度は，特定非営利活動促進法よりも法人の設立の手続きが簡便であるため，従来であればNPO法人格を選ばざるをえなかった団体が，一般社団法人の法人格を選ぶケースも出てくるようになった。後述するとおり，これまでは，市民による公益活動を促進するという法の趣旨を踏まえるというよりは，便宜上，他の法人格よりも使い勝手が良いことからNPO法人格の取得を選んでいた団体もあるが，今後は，情報公開などの面で義務（負担）が少ない一般社団法人になることを選ぶ団体が増えていくことも想定される。NPO法人のあり方は，公益法人制度改革によって転換期を迎えている。

（2）非営利組織研究の対象をどう定めるか——日本の動向

日本における非営利組織研究は，研究の対象をどのように定めているのであろうか。例えば，非営利組織の「最大公約数的定義」としては「利潤をあげることを目的としない，公益的な活動を行う民間の法人組織」（電通総研，1996，24）があげられる。このような定義は日本の非営利組織の研究および実践の場における主流の見解とみなせるが，定義の内容はうえにみた米国における非営利組織の定義の影響を強く受けている。日本の非営利組織研究は米国の研究を受け入れるかたちで発展してきており，非営利組織の定義についても米国の研究の強い影響下にあるのである。すなわち，前節にみたJHCNSPによる非営利セクターの定義づけは，日本における非営利組織研究においても広く受け入れられており，主流の見解と位置づけられる。また，この見解は現場の実践者

や政策担当者によっても広く受け入れられている。非営利組織とは「制度化された組織」(formal),「民間」(private),「利益非分配」(non-profit-distributing),「自己統治」(self-governing),「自発性に基づく組織」(voluntary) の5つの要件を備えたものを指すというのが,日本の非営利組織の研究および現場における通説的な見解となっているのである。

　これらの特徴づけによると,端的にいえば,非営利組織とは,「民間公益非営利組織」といいあらわせる。だが,特定非営利活動促進法の成立以降,NPO法人が非営利組織の代表的存在として理解される場合も出てきたことには注意を払う必要がある。すなわち,サラモンらによる非営利組織の定義づけに基づくと,非営利組織研究の対象は民間公益非営利組織となり,法人制度に基づけばNPO法人に限定されず公益法人も含むことになる。しかし,他方ではNPO法人のみを非営利組織として理解するような考え方が広まる傾向も生じているのである。どちらかというと,前者は研究者による理解のされ方であり,後者は実践家やマスコミ等での用いられ方であるが,両者が混在して用いられて混乱を招いている例もみられる。また,非営利組織とその略称であるNPOとの間でも,その用いられ方や,言葉に対するイメージのされ方に違いが生じるような状況もある。非営利組織という用語自体が何ら積極的な定義づけをするものではない言葉であることから,非営利組織という概念の指し示す内容が論者によって異なる状況が生じている。また,非営利組織研究の対象を,民間公益非営利組織とした場合にも,NPO法人に限定した場合にも,それぞれ配慮すべき点がある。それを以下にみておこう。

　前者について,JHCNSPの研究を踏まえて非営利組織研究の対象を民間公益非営利組織として定めた場合,その定義は日本の非営利組織にどのようにあてはめられるだろうか。法人制度との関わりからいえば,日本の現状では公益法人や社会福祉法人,学校法人などが含まれることになる。しかし,新しいタイプの民間非営利組織に限定してその意義を見出そうとする論者にとっては,公益法人を非営利組織研究の対象とすることは受け入れがたいことである。安立清史は,公益法人や日本的な第3セクターについては,[34]「NPO研究の世界では『擬似政府組織』(QUANGO)とよばれる異質の組織」(安立,2008,31)であ

ると述べる。つまり，論者によっては，新しいタイプの非営利組織とみなされるNPO法人と，従来型の民間公益非営利組織である公益法人は区別されてしかるべきという考え方がとられるのである。

　非営利組織研究においては，各論者によって分析の目的が異なるために，どのように非営利組織を定義づけるかについて錯綜した状況がしばしば生じる。だが，安立はサラモンらによる非営利組織の定義づけについては積極的に評価している。サラモンらの定義について，操作的定義ではないという批判があることを踏まえながらも，多様な非営利セクターを1つの大きなくくりで捉えることによって巨大な実体としてあらわすことが可能となることを重視するのである（安立，2008，29）。つまり，サラモンらの定義によって初めて，非営利組織研究の対象となる分野が明確に浮かび上がってきたことの意義を説くのである。そのうえで，日本の法制度上の民間公益非営利組織のなかには，今日の非営利組織研究が意図する積極面を実現したとみなされるNPO法人と，既存の「古い」タイプの（官益の）民間公益非営利組織である公益法人が存在するとされるのである。

　だが，サラモンらの定義づけに対する批判のもう1つのポイントは，利益の分配（配当の分配）がなされる協同組合が非営利組織研究の視野の外におかれることにある（藤井，2010a，4）。協同組合研究の立場からは，協同組合も非営利組織研究の対象に含むほうが望ましいのではないかという指摘がなされ，社会的経済という概念に注目したかたちの非営利組織研究の展開の必要性が述べられる。非営利組織と協同組合の双方を対象にした研究は，後の社会的企業論の展開にもつながっており，日本におけるもう1つの非営利組織論と位置づけられるものとなっている。JHCNSPの定義では，「非営利」を「利益非分配」とみなすため，配当を出すことがある協同組合は原則として非営利セクターに含まない。だが，事業活動の内容や利益分配に何らかの制限を課す仕組みに目をやれば，協同組合を非営利組織研究のなかに位置づけて，その指導原理や事業活動の内容を分析することは意義のあることと考えられる。

　後者について，NPO法人に対象を限定した場合，非営利組織の概念理解においてどのような課題があるであろうか。特定非営利活動促進法の成立以降，

同法に基づくNPO法人の設立に伴い，NPO法人が非営利組織研究の対象の中心的な存在となる傾向も生じている。すなわち，非営利組織研究においては，一方で，JHCNSPによる定義に基づき民間公益非営利組織をその対象とするものがあるが，他方ではNPO法人をその対象の中心に据えるものが現れるようになる。前者は，「分配」のあり方に制約が課され税制上の優遇が得られる事業組織を対象にしているものと位置づけられる。後者は，住民参加や市民参加の契機を含むこと，ボランティアが存在することなどがその特徴としてあげられる。しかしながら，法制度の趣旨・意図と実態にはズレがあるために，実際にはNPO法人であっても住民参加や市民参加，ボランティア性の要素を含まない法人が存在し，他方では，NPO法人以外の法人形態をとる団体であっても市民性の発揮，利用者や住民・市民の参加が目指されたり，実現している組織も存在する。なぜ，このような錯綜した状況が生じているのだろうか。

　特定非営利活動促進法がNPO法人の活動を「ボランティア活動をはじめとする市民が行う自由な社会貢献活動」と定めていることから，ボランティア性，市民性，社会貢献性などを有することがNPO法人の一般的なイメージとなる。しかし，特定非営利活動促進法では官庁からの介入を防ぐために，自らの活動内容を情報公開して説明責任を果たすことが求められてはいるものの，あくまでも自主性・自発性を重んじた制度設計であり，NPO法人の活動内容がどのようなものであるかは市民が事後的にチェックすることになる。したがって，ボランティア性，市民性，社会貢献性などの要素が十分であるか否かについても，市民によるチェックに委ねられており，現実にはそれらの各要素が不十分な団体をことさら排除するような制度とはなっていない。しかも市民活動の活発化を促すために容易に法人格を取得することが可能な制度となっていることから，実態としてはボランティア性，市民性，社会貢献性などの市民活動的要素が極めて薄いものも，NPO法人として存立する現状がある。したがって，NPO法人であってもボランティアや市民による社会貢献活動が行われているとはいいがたい団体が現存する。[36] 他方，他の法人種別，場合によっては営利法人である株式会社によって市民による社会貢献活動が行われる場合も

あり，法制度の趣旨と実態にズレが生じている。ただし，法人制度を定めた法の趣旨と現実が乖離すること自体は，会社形態の法人制度でもみられることであり，それ自体はそれほど問題視すべきことではないかもしれない（もちろん，実態に即した法人制度，現場での活動を行いやすい法人制度をつくりあげていくことが望ましいことはいうまでもない）。重要なことは，法人制度と実態のズレが生じていることを踏まえた現状分析が必要ということである。なお，法の趣旨と実態にズレが生じている現状に即してなのか，非営利組織研究の延長線上にあるコミュニティ・ビジネス論や社会的企業論などでは，法人種別にこだわらず，実態面からみて市民による公益的な諸活動にとりくむ事業組織をその対象とするかたちがとられる。法人制度のあり方よりも，事業組織の指導原理や事業活動の中身（素材面）がどのようであるかに焦点をあてて分析する試みがなされつつある。

　ともあれ，法の趣旨と実態が乖離している面があるというものの，特定非営利活動促進法については，法制定過程において，広範な市民の参加とそれを支え促す市民活動団体が関与しており，市民活動団体の意見が反映されるかたちで法制定がなされている。容易に法人格が取得できる制度となっているために現存するNPO法人が玉石混淆の状態にあるにせよ，既得権益化がみられる官主導の公益活動とは異なるかたちで，ボランティア性，市民性，社会貢献性などに基づく市民公益活動の推進が目指された特定非営利活動促進法の成立の意義は大きい。今日の非営利組織研究において，他の民間非営利組織よりNPO法人が重視される理由も，特定非営利活動促進法の成立過程や法の趣旨によるところが大きい。

（3）日本における非営利組織の分類

　非営利組織という用語は曖昧模糊とした概念であり，様々な特徴が付与されながら使用されている。また，このような状況を反映して，非営利組織にまつわる様々な用語が次々と生み出されてきている。しかし，非営利組織という用語や非営利組織に類する用語は，漠然とした曖昧な概念として使用されることが多く，必ずしも各論者はその概念を明確にして使用している状況にない。こ

図3-2　様々な非営利組織の定義

① 公的非営利組織（政府機関 etc.）＋民間非営利組織
② 民間非営利組織（公益非営利組織＋共益非営利組織）［非営利・協同組織］
③ 民間公益非営利組織［JHCNSP の定義］
④ 市民活動団体・ボランティア団体・特定非営利活動法人

出所：筆者作成。

のことは，これまでくりかえし述べてきたように，非営利組織に対して漠然とした期待を抱くことを許してしまう原因にもなっている。したがって，非営利組織という言葉の内実を探ること，とりわけ非営利組織の「非営利」概念を問い直すことは非常に意義ある作業である。だが，この作業は一筋縄ではいかない。そこで，さしあたり，日本の現状を踏まえて，非営利組織研究の対象の明確化を図りたい。そのためには，以上にみた法制度も踏まえながら，非営利組織をいくつかの観点から分類することが有意義である。

　日本における非営利組織研究を概観すると，図3-2に示したように，論者によって，研究の対象・範囲は4つに大別できる。まず，今日の非営利組織研究の主流の見解は，③のJHCNSPによる定義といえよう。JHCNSPの定義では，原則として，「民間公益非営利組織」を研究対象とみなしている。そして，日本の非営利組織研究の多くは，この定義に基づいて，非営利組織をとりあげる。③の定義においては，共益非営利組織が含まれず，公益非営利組織のみが研究対象とされるという特色がある。すなわち，公益非営利組織は，不特定多数の者にサービスを提供する組織と位置づけられ，会員のみにサービスを提供する共益非営利組織（その代表例が協同組合）は研究対象に含まれないと考えるのである。これに対して，②の非営利・協同組織という概念は，主として協同組合研究の立場から打ち出されてきた概念である。つまり，公益非営利組織のみならず，会員にサービスを提供することを主眼とする共益非営利組織も含む概念として，非営利・協同組織という概念を打ち出し，非営利組織と協同組合を共に扱おうという試みが②の定義である。

　④の概念は，最も狭義の定義であるが，マスコミなどで非営利組織やNPOをとりあげる際には，この定義が採用される傾向が強い。この定義は，特定非

営利活動促進法に基づくNPO法人のみを，非営利組織・NPOとみなす（特に，NPOという用語にその色合いが強い），あるいは，市民活動団体・ボランティア団体などボランティアを中心として活動を行っているような団体に対して，NPOという言葉をあてはめるというものである。先にも述べたが，非営利組織とNPOの用語を使い分ける論者もおり，非営利組織という場合には広い概念（②や③の定義）を指し，NPOという場合には市民活動団体・ボランティア団体・特定非営利活動法人（④の定義）を指すという考え方がとられることもある。

　ところで，最も広義に非営利組織を理解すれば，政府機関も含めた公的非営利組織と，民間非営利組織の双方を含めたものを指すことになる。これが①の定義であるが，今日の非営利組織研究では，公的な非営利組織（すなわち，政府機関や行政機関など）を非営利組織の概念に含まないのが一般的である。しかし，ここでは，非営利組織研究において，①の定義を意識した議論も必要であることを述べておきたい。なぜならば，非営利組織が着目される背景には，「公」的な領域の再検討が求められていることがあげられるからである。これまでに述べてきたように，福祉国家の危機にまつわる問題，また，政府の非効率性や硬直性などの問題を克服することが，非営利組織が期待される大きな理由となっている。日本の現状においては，官僚の「天下り」先として利用されたり，事業運営の実態が不透明であったりするなどの問題を抱えている特殊法人や公益法人などをどのように改革していくかは，社会の将来像を描くうえでも非常に重要な論点である。したがって，今日の非営利組織に対する期待には，「公」的な装いをまとっているにもかかわらず，一部の官僚や産業界の利権となっている特殊法人や公益法人の問題点を克服できるのではないかという思いが込められていることを見逃してはならない。すなわち，非営利組織を高く評価する人々は，非営利組織という言葉に対して，従来型の不透明で不公正な事業組織の弊害を克服するという意味を感じとり，その活動の可能性に期待を込めているのである。[37] このように考えると，非営利組織研究においては，いわゆる「新しい公共」の担い手となりうる事業組織のあり方を問うていくことが重要な課題であるということになる。そのうえでは，現行の公的非営利組織

も含めて，あらためて現代社会における非営利組織の存在意義を再吟味することが必要となる。なお，ここで述べた論点は，「民営化」をいかに実行するかということに強く関わっている。政府や行政機関などの公的非営利組織が担ってきた領域においては，「民営化」が進められるなかで，公的非営利組織と民間非営利組織が共存や競合しながら財やサービスを供給する状況が生じることが想定される。[38] そのようななか，民間非営利組織の独自の意義を示すためにも，公的非営利組織および民間非営利組織のそれぞれにおける指導原理および提供される財やサービスの中身（素材面）の内実を明らかにする必要がある。なお，公的非営利組織と民間非営利組織の境界線にはグレーゾーンがあると考えられ，公的非営利組織と民間非営利組織についても相対化して，その異同を示していくことが求められることになる。

4　小　　括

　既存の非営利組織研究では，実のところ，「非営利」という修飾語が付されているとはいうものの，事業組織の指導原理として「利益非分配」の側面が着目されるだけでなく，どのような財やサービスを供給するかという素材面も重視されていることに注意すべきである。そもそも，今日の非営利組織研究が勃興する背景には，公共的な領域において提供される財やサービスの中身が変化・増大するなかで，新しい事業組織が求められるという状況がある。したがって，これまでの非営利組織研究は，どちらかというと事業組織の指導原理がどのようなものであるかということよりも，素材面を議論の出発点としている状況にある。

　また，指導原理の側面については，既存の非営利組織研究では分配のあり方が着目されて，「利益非分配」であることをもとに議論が展開されてきた。従来，事業組織の指導原理をみるうえで最も重視される「所有」の側面を敢えて重視しない立場をとっているともいえよう。所有のあり方は，体制のあり方と関連し，企業の営利原則の由来として理解されるものである。だが，非営利組織研究では，所有のあり方にこだわらず，誰が財やサービスの供給の担い手で

あるかということよりも，どのような財やサービスが供給されるかが重視される。すなわち，供給される財やサービスの特徴（素材面）が重視され，それらを供給する事業組織をみるなかから，後付け的に非営利セクターを構成する事業組織とは何かが導き出されている。

　高齢社会の到来，環境問題の深刻化，IT 化の進展，経済活動のグローバル化などの新たな状況に対応するべく，新たな活動分野で活躍が可能な事業組織形態が求められている。もちろん，株式会社は今後も当面は財・サービスの提供の担い手として主役であり続けるであろうし，政府が果たす役割も依然として重要である。だが，他方において，従来型の組織（株式会社を代表とした企業組織や，政府および関連の特殊法人など）による財・サービスの提供が限界を露呈している状況（システム不全）のもと，新たな事業組織形態の出現が望まれており，その一形態として非営利組織に大きな期待がかかっている。そのような状況のもと，新しいタイプの財やサービス供給のあり方を提起することを意図したものとして非営利組織研究は位置づけられる。

　だが，現代の資本主義社会において新たな財・サービス供給のあり方を構想する試みは，非営利組織のみならず，事業諸形態全般にわたる検討を進めることによってなされなければならない[39]。したがって，非営利組織研究の成果は，株式会社や政府などの既存の諸組織や諸制度の改革につなげていくことが肝要となる。この作業を通じてこそ，非営利組織研究の現代的意義にたどり着くことが可能となろう。

1）米国の制度が重視される理由には，法制度が非営利組織を1つのコンセプトのもとに定義している米国のような国が稀であるということがあげられる（電通総研，1996，6）。なお，非営利組織を1つのコンセプトとして把握するには法人制度よりも税制のほうが役に立つ。なぜなら，非営利法人制度は州ごとになされたそれぞれの規定に注意を払う必要があるが，税制においては内国歳入法（連邦税法）というかたちで1つのコンセプトとしてまとめあげられているからである。なお，米国では，寄付金控除に代表される税制面の優遇は，法人格を持たない団体でも要件を満たせば認められる。
2）以下，免税団体の説明については，Simon（1987）を参照している。
3）寄付金控除の制度について，詳細は石村（2000）を参照されたい。
4）共益的な団体は noncharitable organizaiton の訳であり，公益的な団体は charitable or-

第 3 章　非営利組織研究の対象

ganizationの訳である。本来は，非慈善的な団体と慈善的団体の区別として把握すべきかもしれないが，ここでは一般的に用いられている訳に従っている。なお，免税団体における「共益」と「公益」の分類については，Simon et al. (2006) も参照されたい。また，本文中では「公益的な活動」を「不特定多数にサービスを提供する活動」としたが，「公益」とは何かをめぐっては様々な考え方がある。例えば，初谷 (2001, 58-62) を参照されたい。また，日本の法制度との関わりについては，後掲の注20) も参照されたい。

5)「近年の米国の文献における非営利セクターに関する議論の多くは，内国歳入法（Internal Revenue Code）第501条(c)(3)にある，税控除となる寄付を受領でき，かつ免税であるような一部の組織に焦点を当てている」(James and Rose-Ackerman, 1986, 4 = [1993] 5)。また，サラモンは『米国の「非営利セクター」入門』という著作において，公益的性格を持った組織に限定して焦点をあて分析を加えている (Salamon, 1992, 20 = [1994] 3)。

6) サラモンはJHCNSPのディレクターであり，アンハイアーはアシスタント・ディレクターであった。

7) 以下の4つの定義のタイプの説明と各タイプの利点や欠点の分析についてはSalamon and Anheier (1992a, 132-140) に従っている。なお，構造および運営による定義によって導かれる非営利組織の特徴についての説明は，Salamon and Anheier (1996, 13-17) も参照している。また，JHCNSPが非営利セクターの定義に関してまとめた著作としてはSalamon and Anheier (1997) がある。その他，JHCNSPの概要を示したものとして出口 (1999) がある。

8) Salamon (1992, 6-7 = [1994] 21-23)，Salamon (1999, 10-11) を参照されたい。また，サラモンは別の書において，米国の非営利セクターを論ずる際に最も重要なタイプの組織として「公益サービス組織」をあげている (Salamon, 1995, 54 = [2007] 63)。なお，これらの組織は，「サービス志向的な団体が主に含まれる501(c)(3)部門，及びアドボカシー及び陳情運動志向的な団体が主に含まれる501(c)(4)部門」からなるという。そのうえで，これらのカテゴリーには，「教会，財団，ならびに他の資金調達団体も同様に含まれる。したがって，われわれの議論の焦点は，501(c)(3)及び501(c)(4)団体の下位グループ，すなわち慈善活動，教育，ないしこれらに関連した性格の諸サービスを供給している団体，あるいは上述の目的のためにアドボカシー活動に従事している団体に合わせられる」と述べられる (Salamon, 1995, 272-273 = [2007] 67)。

9) なお，サラモンとアンハイアーは，国際比較のために，非営利セクターの要件として，非党派（非政治性），非宗教の2つの要件をあげる場合もある。また，JHCNSPの第2段階では，相互組織や協同組合などの共益団体も含んだ広義の定義を用いた分析も試みられている。以上について，出口 (1999) を参照されたい。

10) ICNPOは，国連の国際標準産業分類（International Standard Industry Classification: ISIC）や全国免税資格分類（National Taxonomy of Exempt Entities: NTEE）などの既存の非営利セクターの分類法をもとに開発された。既存の非営利セクターの分類法はSalamon and Anheier (1992b, 273-280) において評価されている。

11) 例えば，跡田 (1993, 31-32)，跡田ほか (1994, 322-323)，山内 (1997, 32-34) など。また，日本のNPO法人の現場の実践者によっても，これらの5つの特徴が重視される傾向がある。

97

12) 川口清史は,JHCNSP の定義を「きわめて米国的」であり「一定の理論的立場が窺える」(川口,1997, 48) と指摘している。
13) 非営利組織を利益非分配制約によって特徴づけるハンズマンの定義が,標準的となっていることについては,Steinberg and Gray (1993, 297) も参照。
14) ハンズマンの定義である利益非分配制約 (nondistribution constraint) は法的に利益を分配することが禁じられているという狭い意味で使われるのに対して,サラモンとアンハイアーの「非営利」概念である利益非分配 (non-profit distributing) は行動の概念として広い意味で利用される。この点に違いがあるとスティンバーグ (Steinberg, R.) とグレイ (Gray, B. H.) は述べている (Steinberg and Gray, 1993, 298)。また,同様に,堀田和宏は,サラモンらのいう non-profit distributing と,ハンズマンのいう nondistribution constraint は異なり,ハンズマンのいう nondistribution constraint は「分配禁止の拘束」と表現すべきであると述べる。堀田は次のように述べる。すなわち,ハンズマンがいう「『nondistribution constraint』は『非分配の制約』あるいは『配当禁止の制約』ではない。『利益分配禁止の拘束』が正しい用法であり誤解を招かない表現であるが,彼はこれを簡潔に『分配禁止の拘束』としたのである。特に彼は『利潤分配が法的に禁止された』という狭義の概念を基礎としており,今日のサラモンなどが言う『非営利分配』(non-profit distributing) という広義の行動の概念と区別する必要がある点からも,正しく『分配禁止の拘束』と表現すべきである」と指摘する (堀田,2012, 234)。
15) Hansmann (1987, 28)。なお,ハンズマンは企業の所有について論じた著作においては,非営利企業 (nonprofit firms) に加えて,協同組合や相互保険会社および相互貯蓄銀行の分析を行っている (Hansmann, 1996)。
16) Salamon and Anheier (1996, 16)。また,サラモンとアンハイアーはヨーロッパで広く使われている社会的経済の用語を退ける理由として,社会的経済の概念が協同組合を含んでいることをあげている (Salamon and Anheier, 1992a, 129)。
17) 「利益非分配」の要件を満たさないことを理由に協同組合を非営利セクターから除外する JHCNSP の定義が抱える問題点について,JHCNSP の各国分析や歴史分析も踏まえて整理したものとして,坂井 (2006) がある。
18) 例えば,JHCNSP による日本の非営利セクターの分析では,公益法人・社会福祉法人・学校法人・宗教法人・医療法人・特殊法人・公益信託・協同組合・任意団体・人格なき社団がとりあげられたうえで,構造および運営による定義をあてはめた分析がなされている (Amenomori, 1997, 195)。
19) O'Neill (1994, 5) および O'Neill (1994, 18)。また,スミス (Smith, D. H.) も共益非営利組織に着目した分析を行うべきであると述べている (Smith, 1993)。なお,オニールは米国のインディペンデント・セクター (INDEPENDENT SECTOR) の統計に従って内国歳入法501条(c)(4)で資格を得る団体も公益非営利組織とみなしている。内国歳入法501条(c)(4)で資格を得る団体は社会福祉に従事しており公益的な活動をしていると考えられるからである。ただし,501条(c)(4)団体はロビー活動などの政治的活動や宗教活動を行うため寄付金控除の優遇を受けることができない。
20) そもそも公益と共益を単純に区別することは不可能である。たとえ会員にサービスを提供する団体であっても,その活動が社会的にみて有益な活動を行っている場合には,その

第 3 章　非営利組織研究の対象

　　活動は共益的であるが公益的でもある。なお，この点に関連しては，特定非営利活動促進法の解釈という観点からの説明ではあるが，松原明による「公益」と「共益」との関係についての説明，および同法が定める「不特定多数かつ多数のものの利益」についての解釈が参考になる（松原，1998）。
21) ベンナーとグィーは，非営利組織を定義する基準として組織の目的・所有者の特性・受益者の特性・組織が直面する制約の 4 つの基準をあげている（Ben-Ner and Gui, 1993, 4）。それぞれの基準で，異なった非営利組織の定義が導き出される。
22) 代表的な文献として，総合研究開発機構（1994；1996）を参照されたい。
23) 旧民法34条の条文は次のとおりである。「祭祀，宗教，慈善，学術，技芸其他公益ニ関スル社団又ハ財団ニシテ営利ヲ目的トセサルモノハ主務官庁ノ許可ヲ得テ之ヲ法人ト為スコトヲ得」（明治29年 4 月27日法律第89号）。
24) 公益法人の問題点については，例えば中村太和（1996, 152-153）も参照されたい。
25) 総務庁行政監察局は，「事業運営が不適切な公益法人」，「内部けん制の仕組みに欠ける公益法人」，「財務の健全性，安全性に欠ける公益法人」に 3 分類して，問題がある公益法人を説明している（総務庁行政監察局，1992, 3）。「事業運営が不適切な公益法人」のうち，例えば，「特定の団体等の構成員の親ぼく，福利厚生事業等を主に実施しており，公益事業をほとんど実施していないもの」は，公益性を疑わざるをえない代表的な例であるが，そのような団体が増えていることが次のように指摘されている。「①特定の団体の構成員の福利厚生を主たる目的としているもの，②構成員相互の親ぼく，連絡を主たる目的としているもの等非営利ではあるが積極的に不特定多数の者の利益の実現を目的としないいわゆる中間法人とみられる団体を公益法人として許可しているものが，調査した76主務官庁等において，昭和60年以降474法人みられ，平成 2 年にはそれらの法人の公益法人全体に占める割合は 3 割となっており，現行の公益法人制度において，本来の公益法人とその他法人との混在化が顕著となってきている」（総務庁行政監察局，1992, 100）。
26) 法人は民法等の法律の規定によってのみ設立できる。法人を認める基準としては，「特許主義」（法人を設立するために特別の法律の制定を必要とする主義），「許可主義」（法人の設立を許可するか否かを主務官庁の自由裁量にゆだねる主義），「認可主義」（法人の設立にあたっては，法律の定める要件を備え主務官庁等の認可を受けることが必要であるとする主義），「認証主義」（法人の設立に際し所轄庁の認証［確認行為］を要するとする主義），「準則主義」（法律の定める一定の組織を備え，一定の手続により登記したときに，法人の設立が認められる主義）などがある（小野ほか，2007, 82-83）。
27) 山岡義典は以下のように説明している。「明治民法は，営利を目的とするものでもなく，しかも積極的に公益を目的とするものでもない共益型の組織については一般的な規定を持たず，それらについては民法33条の特別法として制定された各種の組合法（労働組合法，消費生活協同組合法，農業協同組合法，他）や個別の特別法が対応していた」（山岡，2011, 55-56）。
28) 特定非営利活動促進法は，「認証主義」を採用している。
29) 例えば，「シーズ＝市民活動を支える制度をつくる会」は，特定非営利活動促進法の成立や認定NPO法人制度の創設に向けて大きな役割を果たした市民活動団体である。1994年に任意団体として発足した同団体は，2008年に特定非営利活動法人となっている。

30) 特定非営利活動促進法第1条において「市民」という言葉が用いられている。条文は次のとおりである。「この法律は、特定非営利活動を行う団体に法人格を付与すること並びに運営組織及び事業活動が適正であって公益の増進に資する特定非営利活動法人の認定に係る制度を設けること等により、ボランティア活動をはじめとする市民が行う自由な社会貢献活動としての特定非営利活動の健全な発展を促進し、もって公益の増進に寄与することを目的とする。」
31) 法人格を持たない団体においても、「基準該当サービス」というかたちで市町村の判断によって保険給付の対象となるサービスを提供できるという例外がある。
32) 財政規模の大きいNPO法人の多くは、介護保険事業、障害福祉サービス事業、指定管理者制度に基づく公の施設の管理の事業を実施している。この点を明らかにしたものについて、兵庫県の例に限定されるが、橋本（2012b）を参照されたい。
33) 「一般社団法人及び一般財団法人に関する法律」、「公益社団法人及び公益財団法人の認定等に関する法律」、「一般社団法人及び一般財団法人に関する法律及び公益社団法人及び公益財団法人の認定等に関する法律の施行に伴う関係法律の整備等に関する法律」のことを指す。
34) 安立は、第3セクターに関して「政府や自治体による第3セクター」と述べるにとどまり、日本的な第3セクターについて特に説明を加えていないが、政府と民間が共同出資して設立される事業体を念頭においていると思われる。2章の注12）も参照されたい。
35) 例えば、角瀬（1999）を参照されたい。
36) ボランティア性や市民性とはかけ離れた「官製NPO法人」と称されても仕方のないようなNPO法人が現れている実態があるほか、リーダーの自己実現の道具と化しているようなNPO法人も存在するなど、NPO法人であること自体は何ら公益的であることを示すものではない。もちろん、個々のNPO法人の社会的な価値については、個々のNPO法人の活動実態から判断していかなければならない。だが、NPO法人は現段階では比較的クリーンで中立的なイメージがあることから、そのイメージを利用するためにNPO法人という法人格が選ばれる場合があることには注意しておく必要がある。例えば、電力業界や経済産業省が原子力発電所の「安全神話」を広めるためにNPO法人を活用している事例が報じられているが（『毎日新聞』2013年3月25日）、NPO法人の良いイメージが「隠れ蓑」として活用された典型的な例といえよう。旧公益法人と同様に、NPO法格が乱用・悪用される場合があることには気をつける必要がある。
37) 他方、競争原理の導入による効率性の向上を推し進めるという観点のもと、株式会社とともに非営利組織の参入が求められている領域が多いことも見逃してはならない。すなわち、既得権益や官僚制などによって、非効率性や硬直性が顕在化している公共部門に対して、市民参加の必要性と、市場原理の導入による効率性の向上の必要性、という2つの異なった考え方が結びつき、非営利組織に対する関心・期待が高まっている現状があるのである。
38) 「民営化」問題を扱ううえでは、民営化に応じて登場する諸事業組織を分析対象とする企業形態論の観点が有効となってくる。非営利組織研究において、企業形態論からのアプローチが必要とされる理由の1つはここにある。この点については9章を参照されたい。
39) この課題を論じたものとして、さしあたり、橋本（2004）を参照されたい。

第4章
非営利組織の理論分析
―― その展開と課題 ――

1　はじめに

　非営利組織研究においては，非営利組織の存在根拠を説明する試みが様々なかたちでなされてきた。本章では，それらの非営利組織の理論分析をとりあげていく。非営利組織の存在根拠を探る理論分析は，企業組織の経済学的研究の進展とともに，その成果の応用として発展してきた。例えば，クレイマー（Kramer, R. M.）らは，非営利組織研究を整理するなかで，非営利組織の存在を説明する理論の構築が1970年代に米国で始まったことを指摘し，それらの理論が初期にはミクロ経済学をベースとして構築されたと指摘する（Kramer et al. 1993, 7）。非営利組織の経済理論による分析は1980年代には米国でさらに発展を遂げるが，日本の研究者によっても次第に着目されるようになり，1990年代前半にはその重要性を認識した論者によって紹介される例がみられるようになる。

　ところで，非営利組織の理論分析は，非営利組織のみならず営利企業も含めた企業組織の存在根拠をどのように理解するかに関わる。本章においては，非営利組織に限定して理論の整理と検討を行うが，実は本章の論点が非営利組織のみならず，営利企業も含むすべての事業諸形態の存在根拠に関わる問題を内包していることには留意しておきたい。したがって，本章は，非営利組織の理論分析の検討を主目的としながら，企業論や企業形態論の検討および再構成の足がかりも兼ねている。なお，本章でとりあげられる非営利組織の理論分析の多くは，米国の研究者によるものであり，非営利組織とは，前章にみた内国歳入法501条(c)(3)に該当する団体を念頭においたものであると理解してほぼ差し

支えない。

2　非営利組織の理論分析の展開

（1）公共財理論

　まずは，米国の非営利組織研究の先駆者であるワイスブロード（Weisbrod, B. A.）の非営利組織理論について検討する。ワイスブロードは，非営利組織を経済的に分析するには制度選択の観点が最も有効であるとしている。あらゆる社会において，私企業・政府・非営利組織が主要な制度形態である。どの制度形態にもそれぞれ利点があり，他方では様々な制約を受ける（Weisbrod, 1989, 16）。どの制度形態が選択されるかは，それぞれの制度形態の性格に基づくことになるという立場から，ワイスブロードは以下のように議論を展開する。

　情報の非対称性が存在する場合や集合財が供給されたり商品の生産・消費が外部効果をもたらしたりする場合，私企業という制度形態は効率的に機能しているとはいえず，市場の失敗が生じている[1]。政府という制度形態は，様々な規制をかけることにより，この市場の失敗を正そうとする。例えば，情報の問題では，私企業のインセンティブに影響を与えるために税や補助金を利用する。つまり，政府は税や補助金を通じて強制力を発揮できるという点に強みを持っている。しかし，政府が様々な規制をかけるということ自体にコストがかかる。そこで，私企業の生産活動の規制にかかるコストが高くつき，非営利組織への規制にかかるコストのほうが安くつけば，非営利組織という制度形態のほうが魅力的になる（Weisbrod, 1989, 22-23）。

　また，非営利組織の優位性は，中位投票者の原理によっても説明される。民主主義社会においては，政府が供給する財はすべての者が等しく利用できなければならないという前提がある。ところが，このような前提に基づいて政府が財を供給すると，中位の投票者の需要に基づいた財の供給に偏ってしまう。したがって，多様性の著しい社会では，政府が供給する財によってでは十分に需要を満たされない者が生じてしまうことになる。政府の供給する集合財では満足できない場合には，私企業によって供給がなされることになるが，この場合

第4章　非営利組織の理論分析

コストが高くつくという欠点がある。そこで，政府によっては満たされない需要への対応を，非営利組織が行う場合が生じるのである。つまり，政府による集合財の供給のみでは満たされない需要者が発生するという政府の失敗が生じ，その失敗を補うところに非営利組織の存在価値があるというのである（Weisbrod, 1989, 25-26）。

このように，非営利組織は，私企業や政府という制度形態が十分に働かない場合にその存在根拠があるとされる。しかし，私企業・政府に代わる非営利組織も完全な存在ではないことに注意しなければならない。ワイスブロードは，非営利組織という制度形態の悪用や乱用の可能性も指摘している。例えば，情報の非対称性の問題は，消費者が満足に情報を得られないのをよいことに，私企業が質の低いサービスを供給する可能性を示しているが，必ずしもこの問題を非営利組織が克服できるとは限らない。非営利組織という制度形態は，営利追求の偽装として利用される可能性もある。非営利組織がその信頼された地位を乱用するようになると，その信頼された地位は低下していくことになる。すなわち，質の良い非営利組織が，質の悪い非営利組織に駆逐されるのである（Weisbrod, 1989, 13）。

ワイスブロードは，制度選択の観点から，非営利組織を市場の失敗と政府の失敗の両面を補う役割を担うものとして位置づけている。同様に，後述のハンズマン（Hansmann, H.）の理論も，制度選択の観点から失敗行動に着目して非営利組織の存在根拠を示している。しかし，非営利組織が供給する財やサービスの性質に関して，ワイスブロードとハンズマンの両者には意見の相違がある。ワイスブロードの理論の特徴は，非営利組織の役割を公共財の供給に見出している点にある。ワイスブロードは，公共財の供給を私企業が担うことによる弊害を特に強調している[2]。そして，この公共財の供給を担うものとして，政府という制度形態に加えて非営利組織という制度形態をあげる。したがって，ワイスブロードによる非営利組織の理論は，本来，公共財を供給すべき政府を非営利組織が補完している点に着目した理論であると位置づけることができよう。

(2)「契約の失敗」理論

　ハンズマンは「契約の失敗」(contract failure) という言葉を使って非営利組織の存在根拠を説明している (Hansmann, 1980, 844)。契約の失敗は，購入するサービスの性質により，消費者がそのサービスの質や量を正確に評価できない場合に生じる。この場合，利益を追求する私企業では，消費者との約束よりも低い水準のサービスを供給することによって利益を得るインセンティブと機会を得る。つまり，生産者および消費者が手にする情報に差がある場合，すなわち情報の非対称性が存在する場合，機会主義的行動がとられることにより，契約の失敗が生じるのである。ところが，ハンズマンが研究対象とする非営利組織は「利益非分配制約」[3]が課せられているため，機会主義的な行動をとるインセンティブが私企業よりも低い。したがって，情報の非対称性が存在し，契約の失敗が存在する場合，非営利組織は私企業に代わる制度形態として選択される。

　ハンズマンの契約の失敗理論は，情報の非対称性に着目するという点では，ワイスブロードの理論と同様である。しかし，ハンズマンはワイスブロードのように非営利組織の供給する財を公共財だけに限定せず，私的財を供給する非営利組織の存在を視野に入れている。公共財の供給を重視する非営利組織論に対するハンズマンの疑問は，次の2点にある。第1に，多くの非営利組織が供給している財は，現実には公共財ではなく，むしろ私企業によって供給されている財と同様のものであるという点である。第2は，公共財の供給が政府によって十分に満たされない場合，なぜ私企業ではなく非営利組織によってその需要が満たされるのかについての説明が不十分であるという点である[4]。

　ところで，ハンズマンは，資金源泉と管理運営を基準に非営利組織を4つに分類している（表4-1）[5]。すなわち，主要な資金源が，寄付によるのか (donative)，事業によるのか (commercial)，また，事業運営の担い手が，共同的なものか (mutual)，企業者的なものか (entrepreneurial) によって，非営利組織を4つの型に分類するのである。この4分類のなかには私的財を供給する組織が含まれており，契約の失敗を回避することによってその役割を果たしている。まず，寄付型非営利組織についてであるが，寄贈者は自分の寄付が意図したと

表4-1　ハンズマンによる非営利組織の4分類

資金源＼運営法	相互・共同型（mutual）	企業者型（entrepreneurial）
寄付型 （donative）	共同運動 全米オーデュポン協会 政治クラブ	米国援助物資発送協会 小児麻痺救済基金 美術館
事業型 （commercial）	米国自動車協会 消費者組合* カントリークラブ	国民地理協会** 教育テストサービス 病　院 ナーシングホーム

注：*は *Consumer Report* の出版者，**は *National Geographic* の出版者。
出所：Hansmann（1980）p. 842.

おりに利用されているかどうかを確かめることができない場合，利益非分配制約の条件が課せられ，信頼のできる非営利組織への寄付によって契約の失敗を回避しようとする。また，事業型非営利組織が供給するデイケア・ナーシングケア・教育などのサービスは，購入者がサービスの質を評価しにくい。さらに，このようなサービスは継続的に長期間にわたって供給されるのが普通であり，購入する企業を変更するには費用がかかる。したがって，購入者は，利益非分配制約の条件が課せられているために機会主義的行動をとる可能性が少ない非営利組織を選択する。このように，非営利組織が供給する財は公共財にとどまらない。つまり，公共財の供給を担う非営利組織は，契約の失敗の特殊な例に過ぎないとハンズマンは述べるのである（Hansmann, 1987, 30-31）。

　このハンズマンの理論のカギとなるのが，利益非分配制約であることに注意すべきである。契約の失敗を回避できるのは，利益非分配制約によって消費者の信頼を得ることができるからである。利益非分配制約は，ハンズマンの非営利組織論を支えるカギとなっており，非営利組織の定義で重視される理由もここにある。しかし，非営利組織の存在を利益非分配制約からのみ説明するのでは不十分であるという指摘もある。契約の失敗の回避は，非営利組織だけでなく政府においても可能である。政府よりも非営利組織のほうに優位性があるのは，ワイスブロードの理論で述べられているように，中位投票者の原理が働くからである（Steinberg and Gray, 1993, 299）。このようにワイスブロードの理論と

図4-1　失敗行動からみた非営利組織

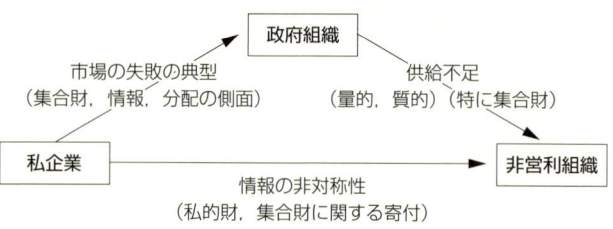

```
                    政府組織
         市場の失敗の典型    ↗      ↘  供給不足
        (集合財，情報，分配の側面)      (量的，質的) (特に集合財)
    私企業  ─────────────────────→  非営利組織
                  情報の非対称性
              (私的財，集合財に関する寄付)
```

出所：Badelt (1990) p. 57（筆者により加筆）。

ハンズマンの理論は相互補完的な面があり，市場の失敗や政府の失敗といった失敗行動から非営利組織の存在を説明してきた点でも共通している。バデルト(Badelt, C.)は，ワイスブロードやハンズマンの理論を失敗行動アプローチとして位置づけている（図4-1）。この失敗行動アプローチと並ぶ非営利組織分析が，取引費用アプローチである。続いて，取引費用から非営利組織の存在根拠を説明する理論をみることにしよう。

（3）取引費用論によるアプローチ

クラシンスキー（Krashinsky, M.）は，取引費用[6]の概念を用いて非営利組織の存在根拠の説明を試みている。以下，クラシンスキーの理論をみていくことにする。[7]まず，クラシンスキーは市場の失敗から非営利組織の優位性を説明する理論の問題点を指摘している。そのなかでも特に重要な点は，営利企業自体が市場での契約の調整の失敗を克服するために存在し拡大してきたということである。すべての組織は，必要な集合財を獲得する場合に起こる価格システムの失敗，すなわち市場の失敗の克服のために存在する。営利企業も市場の失敗を克服するために存在するのだから，市場の失敗が非営利組織の存在根拠を説明することにはならないというのである。この考え方の前提には，市場と企業は代替的なものであるという取引費用論の考え方が前提にある。[8]

クラシンスキーによると，取引費用は，生産者同士の間・生産者と消費者の間・消費者同士の間で生じる。市場の失敗の議論では，生産者同士の間の取引費用は存在していないという暗黙の前提があるが，実際は営利企業が生産者同

士の間の取引費用を克服しているのである。生産者と消費者の間および消費者同士の間に生じる取引費用を営利企業は克服できず，ここに非営利組織が存在する可能性が生じるという。特に，生産者と消費者の間で生じる，産出物の監視の費用が，非営利組織の存在を考えるうえで最も問題となる取引費用である[9]。この取引費用は，「購入者」と「産出物から直接便益を受けとる者」とが分離する場合に生じる[10]。この場合の解決策の1つとして非営利組織は位置づけられる。なぜなら，非営利組織は品質を判断できない消費者から不正な利益を得るインセンティブが欠けていると考えられるからである。また，営利企業が不正な利益を得ることに制限を加えるような契約を消費者が求めたとしても，そのような契約を作成したり守らせたりするには莫大な費用がかかってしまう。ただし，非営利組織が他の制度よりも支配的になるためには，取引費用が最小化されなければならない。つまり，医師や弁護士などにおけるプロフェッショナルの仕事に対する信頼や公的規制などによる品質の保証よりも，非営利組織による品質の保証のほうが費用がかからない場合に，非営利組織が支配的な制度となるのである。また，市場自体も，消費者が品質を監視しにくい場合のための制度である。保証書やフランチャイズやデパートなどは，品質を保証する一例である。これらの仕組みよりも費用を節約できなければ，非営利組織は支配的な制度となることができない。

このように，クラシンスキーは非営利組織の存在を契約などに伴う取引費用の節約から説明している。この取引費用アプローチの特徴は，あらゆる契約を取引費用の側面から分析し，最も費用の節約できる制度が選択されるという点にある。非営利組織は，他の制度と比較して取引費用が最小化されるときに，支配的な制度形態となりうるとされる。

（4）利害関係からみた非営利組織

ベンナー（Ben-Ner, A.）とヴァンホーミセン（Van Hoomissen, T.）は，利害関係から非営利組織の存在を説明している。非営利組織は，市場の失敗や政府の失敗が原因で適切な供給が行われない場合において，これらの失敗を正すものとして説明される。そして，非営利組織の活動は，非営利組織の企業家や経

営者の善意によってではなく，消費者や寄贈者などの需要側のステイクホルダー（利害関係者）のコントロールによって行われるものとされる。すなわち，非営利組織は，需要側のステイクホルダーによる市場もしくは政府の失敗を正す手段とみなされるのである。なお，ここでいう需要とは，たとえ利他的なものであっても，支払う意志と能力のすべてを指している。このことは慈善財の場合を考えるとわかりやすい。慈善財とは，直接，支払人が便益を得るのではなく，第三者が便益を得るような財をいう。つまり，自分ではなく他人が便益を得る財に対してであっても，支払う意志と能力があれば需要とされるのである。この慈善財は，公共財と同じく非排除性と非競合性のある便益をもたらす。このような財では，市場の失敗が生じ，それを補う政府の供給も失敗する場合，満たされない需要が生じてしまう。この満たされない需要を満たすために，自らが供給を担うために形成するのが非営利組織であるという（Ben-Ner and Van Hoomissen, 1993, 29-31）。

さて，このような利害関係の観点から，協同組合と非営利組織の存在について述べているのが，ベンナーによる消費者コントロールの理論である[11]。ベンナーは，消費者と企業との間の関係に焦点をあてている。なぜなら，消費者と企業は異なった目的を追求するので両者の間に潜在的な対立が存在するからである。この2つの集団が統合されると，対抗関係はとり除かれ，すべての利益が内部化される。統合の際に，企業はイニシアティブをとることも消費者を統合することもできないので，統合は消費者によってのみ達成される。統合された組織は，消費者協同組合であり，利益ゼロの制約を条件とする場合に非営利組織と呼ばれる。つまり，企業への直接のコントロールが，市場を通じてのコントロールと比較して消費者の厚生を高めるとき，非営利組織は設立されるというのである。特に，営利企業が消費者よりも製品の品質などの情報を多く持っている場合には，消費者は市場を通じてのコントロールを行うことが難しい。このような情報問題が存在する場合に，非営利組織が形成される（Ben-Ner, 1986, 94-95）。このように，ベンナーの理論は，協同組合と非営利組織が同様の性質を持つものとして扱われている点に特徴がある[12]。

消費者コントロールの観点による非営利組織の存在根拠の説明に対して，ハ

ンズマンは批判を加えている。ハンズマンによると，非営利組織は，契約の失敗を回避するものとして説明されるのであり，他方，消費者協同組合は，公益事業などと同じく，一般に独占への対応として存在するとされる。すなわち，消費者協同組合は，標準化商品の販売のために存在するものであり，非営利組織の存在根拠となる契約の失敗に対応するものではないことから，非営利組織とみなすことができないとされるのである。そして，既述のとおり，契約の失敗を回避するための策としてハンズマンが重視するのが利益非分配制約である。ハンズマンによれば，協同組合は利益を配当として分配することから利益非分配制約にあてはまらず，非営利組織とはみなされない。ただし，例外的に契約の失敗の回避として組織された場合にのみ，非営利組織とみなされるというのである。[13]

（5）「第三者政府」論

サラモンは，3章でみたように JHCNSP の中心人物であり，非営利セクターという概念を用いることにより，公共の機能を果たす民間の諸組織の集まりをひとくくりにして提示した先駆者である。その試みの意図は，米国では公共の機能が政府ではなくむしろ民間の諸組織によって果たされてきたことを説明する点にあった。サラモンの「第三者政府」論においては，そもそも民間非営利組織こそが，公共の目的を果たす中心を担っているという考え方がとられる。そのうえで，まずサラモンは，従来の福祉国家の理論が「資金と方針の提供者としての政府の役割」と「福祉事業の実行者としての政府の役割」を区別してこなかったという問題があることを指摘する。そして，前者の役割を果たすために国家行政は成長してきたが，後者の役割については，「国家行政は広い範囲にわたって，他の機関—たとえば，州，市，郡，大学，病院，銀行，産業界その他—に依存してきた」と述べる。すなわち，米国の福祉国家は「従来の理論に描かれる官僚主義の一枚岩的な組織」によるのではなく，「政府の役割を果たすために，かなり多岐にわたる第三者機関を活用している」というのである（Salamon, 1995, 41＝[2007] 48）。また，なかでも「民間非営利組織は，第三者機関による政府というシステムに最も無理なく関われる機関の1つ」であ

るとされ，「民間非営利組織は主として『公共の』目的を果たしたために，19世紀末までには完全に『公共セクター』のひとつとみなされ」ており，それらの組織が「政府が出現する以前から既に数々の分野にわたって存在していたこと」から「短期的にみれば，まったく新規の政府機関を創設するよりも，現存の民間機関に助成金を支給し，その質を高めるほうが，一般的には経済的であった」と説明する (Salamon, 1995, 42-43＝[2007] 49-50)。

さらに，サラモンは，民間非営利組織が一般に市場や政府のシステムの不十分さを補う存在として扱われる見方に対して，政府ではなく民間非営利組織こそが市場の失敗に対する主要な対応機関であるとみなす。そして，民間非営利組織は政府の失敗を補う存在ではなく，政府こそが「ボランタリーの失敗」を補う存在であるという。すなわち，民間非営利組織の限界に対応する存在として政府を位置づけるのである。なお，以上のように，一般に理解されているのとは逆の考え方を提示するのは，集合財の不足に対する政府の対応に伴う取引費用のほうが，民間非営利組織の活動を促す際に関わる費用よりも高くつくことによるという。そのうえで，「民間非営利セクターが『市場の失敗』とみなしうる状況に最初に対応し，その対応で不十分であると判断できる場合にのみ政府の対応が求められる」として，「政府の関与は，民間非営利セクターによる活動に取って代わるというよりも，それを補充するもの」と結論づけるのである (Salamon, 1995, 44＝[2007] 51)。

なお，サラモンは，「ボランタリーの失敗」については，「フィランソロピーの不足」，「専門主義」，「父権主義（パターナリズム）」，「アマチュアリズム」の4点から説明する。「フィランソロピーの不足」とは，財源不足を意味しており，集合財の生産に派生する「ただ乗り」問題や経済情勢の悪化の影響を受けることによって生じる。「専門主義」とは，ボランタリー組織とその支持者が特定の集団に関心を集中させることを意味する。その際に，ボランタリー組織といえども資源が必要であることから，「きわめてやっかいな対象者については，公的機関の手に委ねるという傾向」がみられる。また専門主義やそれに伴う排他的傾向は，支援の適用範囲に格差を引き起こすだけでなく，サービスを無駄にくりかえす原因ともなりかねない。「父権主義（パターナリズム）」と

は，ボランタリー・セクターの性格がコミュニティ全体の意向よりも，財力のある構成員の意向によってかたちづくられ，裕福ではない人々が求める支援活動が抑制されるなどの非民主的な側面や，支援が権利としてではなく慈善として施される状況を引き起こす。「アマチュアリズム」はボランタリー組織が，素人的手法で対処しがちであることを意味する。ボランティアや寄付に依存していることにより，専門的職員を引き付けるのが困難なことがその要因の1つとなる（Salamon, 1995, 45-48＝[2007] 52-56）。

　これらのボランタリーの失敗を補うところに政府の役割が生じるとするのがサラモンの立場である。そして，サラモンは，政府やボランタリー・セクターのいずれがサービスを供給するかということよりも，政府とボランタリー・セクターの間のパートナーシップを重視する。政府の対応は，民間非営利セクターにとって代わるというよりは，それを補完するものとして位置づけられるものとされる。政府とボランタリー・セクターの両者のパートナーシップによって公益的な財やサービスの供給が実現していること，またパートナーシップのあり方の変化が公益的な財・サービスの供給のあり方の変化をもたらすということを，米国の現状を踏まえてサラモンは説明する。

　うえにみたサラモンの理論のもとでは，政府と非営利組織との関係の理解が重要となる。近年の非営利組織研究では，政府と非営利組織の関係について両者のパートナーシップが強調される傾向にあるが，この点について，例えば，ギドロン（Gidron, B.）とクレイマー，サラモンは，政府と非営利組織の関係について，従来型の競争パラダイムの枠組みを越えて，パートナーシップの視点から両者の関係を理解する必要性を述べる。競争パラダイムにおいては，政府と非営利組織の関係はゼロサムゲームとして捉えられており，政府の活動が拡大すれば非営利組織の活動が縮小し，逆に政府の活動が縮小すれば非営利組織の活動が拡大すると理解されていた。具体例を用いて単純化すれば，競争パラダイムにおいては，福祉国家が成立する過程で非営利組織の活動は縮小し，逆に福祉国家の危機を迎えると非営利組織の活動が再び拡大すると理解されていたのである。だが，ギドロンらは，競争パラダイムのように政府と非営利組織のコンフリクトを前提とする考え方はイデオロギー的な理解であると批判し，

現実には政府と非営利組織との関係は複雑なものであることから，両者の協同 (cooperation) や相互関係などにも目を向けるべきであるとする (Gidron et al, 1992, 8-16)。

　以上の理論では，政府が財源や指導監督を担い，非営利組織がサービス供給を担うという図式のもとで，両者間のパートナーシップの形成が強調される。両者の間には，まるで分業が成立しているかのようであり，競争関係というよりも協力関係が成立していると理解される。すなわち，政府と非営利組織の間には相互依存関係が成立しており，両者は協力することによってそれぞれの意義を発揮できるとみなされるのである。だが，政府と非営利組織のパートナーシップが重要であることは認められるにしても，両者のパートナーシップが単純に成立しないことも想像に難くないであろう。政府と非営利組織は，それぞれの論理のもとで行動しており，両者の方向性が一致しない場合には，激しい「つばぜり合い」も生じかねない。この点については，例えば，スミス (Smith, S. R.) とリプスキー (Lipsky, M.) が，政府と非営利組織の微妙な関係について鋭い分析を加えている。彼らは，政府と非営利組織の間に，アンバランスな相互依存関係が成立していることを指摘する。すなわち，政府と非営利組織は互いに依存しあってはいるが，政府がその関係を支配しているとするのである。非営利組織とは対照的に，政府は生き残りや安定性の確保のために，非営利組織との契約に頼らなくても済む (Smith and Lipsky, 1993, 172)。逆にいえば，非営利組織にとっては政府との契約関係が「命綱」になることもある。さらに，スミスとリプスキーは，非営利組織が様々な手段で政府に働きかけると述べる。非営利組織は，政治キャンペーンやロビー活動などを用いることによって政府の政策形成に関わりを持つことになる。[14]このように考えると，誰がどのように政府の施策や活動に対して影響力を行使するかという問題が，非営利組織の活動に重大な影響を与えるといえよう。そして，政府の政策形成に関わる主体の1つとしても，非営利組織は重要な役割を果たすことになる。なお，この非営利組織の特徴は，非営利組織の市民性の一側面であるともいえる。だが，非営利組織が政府の政策形成に関わるためには，政府と非営利組織の間の情報の格差が克服される必要があることには注意しておきたい。市民性に関わる領域で

は，情報問題が重要なカギとなるが，この点は次項であらためてとりあげる。

ところで，ここで注意しておきたいのは，政府と非営利組織の関係が非対称であるという点である。高度な市場競争力を有しているなどの余程の強みがない限り，政府に財源を握られた非営利組織は政府の支配力に屈することになってしまう。すなわち，財源を担う政府とサービス供給を担う非営利組織という関係は，パートナーシップの関係から支配—従属の関係へと転化する可能性を常に秘めている。このことは，非営利組織の所有（出資）のあり方がその活動を左右する重要な要因であることを示す一例と理解することもできよう。[15]

3 非営利組織の理論分析の課題

以上，代表的な非営利組織の理論分析を整理してきた。続いてこれらの理論分析に内在する問題点を指摘し，非営利組織研究の方向性を提示することにしよう。うえにみた非営利組織の理論分析の特徴はどのようなものであろうか。バデルトは，失敗行動アプローチと取引費用アプローチとの間には結論を導く方法に違いがあるものの，情報の非対称性や情報費用などの情報の問題に着目して非営利組織の存在を説明しようとしている点は共通していると述べる(Badelt, 1990, 55)。また，協同組合を非営利組織とみなしているベンナーの理論にしても，非営利組織の存在根拠を情報問題に求めている点では共通している。つまり，以上に述べてきた非営利組織の理論分析の多くは，方法の違いはあるが，財・サービスの生産者，購入者，利用者をめぐる情報問題から非営利組織の存在を説明している点で共通しているのである。

しかし，このように，非営利組織の存在を情報問題から説明するだけでは不十分との見方もある。例えば，国によって非営利組織の活動の規模が異なっているが，このことは情報の非対称性の観点からでは説明することができない。また，情報の非対称性に基づく説明では，非営利組織の起源に関する重要な点を見逃してしまう。非営利組織は一般に宗教集団やイデオロギー集団などに基づいて組織されており，必ずしも情報の非対称性から説明することはできない(James, 1987, 397)。つまり，非営利組織は，各国の文化や経済のあり方を考慮

して分析しなければならず，情報費用の節約の観点のみで説明できるわけではない。[16)]

　また，非営利組織の重要性を強調しているドラッカー（Drucker, P. F.）は，その活動を説明する際に市民性やコミュニティなどの言葉を用いる（Drucker, 1993, 168-178）。非営利組織の存在根拠を説明する際には，情報費用の節約といった側面だけではなく，市民性の発揮やコミュニティへの貢献などの側面を考慮しなければならない。非営利組織は，事業組織の指導原理に関して，市民性という観点のもと，利用者の意思決定および執行の局面における参加のあり方に独自性があるとみなせる。[17)] また，素材面からみても，コミュニティに貢献する事業活動という独自性がある。すなわち，非営利組織の存在根拠を説明するうえでは情報費用の観点からだけでは不十分であり，市民性の発揮やコミュニティへの貢献などの観点との関わりから非営利組織の存在を考察することが必要になる。

　ところで，非営利組織の理論分析の対象は，JHCNSP の定義によって示される非営利セクターの定義と重なり合うものとみなせる。すなわち，米国の非営利セクターの現状に即して理論分析の対象が定められており，基本的には内国歳入法501条(c)(3)に基づく公益非営利組織が研究の主な対象とされている。日本の非営利組織研究の多くにおいても，米国の現状に即した定義が利用されており，公益非営利組織が主な研究の対象となっている。しかし，このことが，日本における非営利組織の活動の独自性を理解することを妨げている。米国では，公益非営利組織において市民性の発揮やコミュニティへの貢献などを伴った活動が行われる例も多く，定義上の問題は小さいかもしれないが，3章で触れたように，日本における民間公益非営利組織では，官庁（官僚）の支配下にある「官益」非営利組織とみなされるような事業組織も少なくなく，米国の現状に即した定義を用いると，非営利組織の積極面を理解しづらくなってしまう。日本において非営利組織の今日的意義を理解するためには，米国の現状に基づく定義や既存の理論分析のみでは不十分であり，日本の実情に即した非営利組織研究をくみたてていくことが求められる。[18)]

4 小　括

　本章では，検討を欠かすことのできない先行研究として主に米国で展開されている非営利組織の理論分析をとりあげて，その特徴と問題点を示してきた。本章で扱った所論から，既存の非営利組織の理論分析の多くは，経済学の成果を応用して非営利組織の存在根拠や独自性の説明が試みられてきたことがわかる。ここで注目されることは，それらの理論分析の多くが，生産者，購入者，利用者をめぐる情報問題を軸に展開されており，その情報問題が生じる原因は提供される財やサービスの特質に求められるという点にある。すなわち，非営利組織が，ある特定の財やサービスを提供するうえで有効な制度として理解されているという点で共通している。このことは，非営利組織の存在根拠はまず何よりも素材面に求められることを意味する。ある特定の財・サービスの供給においては，その特質に応じた独自の指導原理を備えた事業組織が有効となる。したがって，非営利組織研究では，提供される財やサービスの特質の分析が出発点となり，財・サービスの特質に応じたかたちで，「非営利」という言葉であらわされる指導原理の検討がなされているものとみなせるのである。非営利組織研究においては，非営利組織という言葉に引き寄せられて，営利であるか非営利であるかといった事業組織の指導原理に目が向けられがちではあるが，議論のくみたて方としては，まずは素材的な観点からスタートし，そのうえで事業組織の指導原理が考察されるのが，非営利組織研究の基本的なパターンとなっている。米国を中心に展開されてきた非営利組織の理論分析は，特定の財やサービスを提供するうえでは，政府や営利企業とは異なる指導原理を有した事業組織が必要となることを示しているものと理解でき，また，その点にこそ意義を見出すことができよう。

　だが，うえにみたように，情報問題という観点のみからでは，非営利組織の存在根拠を十分に説明できるわけではない。非営利組織の独自性を探るうえでは，素材的な観点から出発したとしても，その指導原理の独自性を解き明かすことが求められることになる。また，非営利組織によって提供されやすい財や

サービスの特質とは何かを解き明かすことも求められる。

　以上の点を検討するうえでは，協同組合という存在を媒介にして，非営利組織の指導原理の由来となる「非営利」概念を詳細に検討していくことが有効となる。このことは，非営利組織の「非営利」概念を明確化するのみならず，今日における協同組合の位置づけを明らかにすることにも役立つ。とりわけ，日本では協同組合の活動が活発であり，日本の実情に即しながら非営利組織研究の意義を再確認することにもつながろう。また，日本では協同組合研究の立場から非営利組織の分析を試みる論者も多く，その意義と問題点を明確化することが求められる。そこで次章では，非営利組織と協同組合の関係をとりあげ，日本における非営利組織研究の方向性について検討を深めることにしたい。

1) 生産者が得ている情報に比べて消費者が満足に情報を得られない場合，つまり情報の非対称性が存在する場合の具体例としては，飛行機会社のメンテナンスが十分に行われていない場合や，ナーシングホームにおいて鎮静剤が乱用されている場合があげられる。消費者が満足に情報を得られない場合，消費者は質の高いサービスを得ることができない。また，消費者の需要が集合財である場合や商品の生産・消費が外部効果をもつ場合の具体例としては，基礎研究・環境保護・貧困救済・国防などがあげられる。この場合も私企業による効率的な産出物の供給を望むことができない（Weisbrod, 1989, 19）。
2) 制度選択の際に，私企業・政府・非営利組織の効率性の比較は重要であるが，どの制度形態が効率的であるかは，それぞれの制度の違いを考慮に入れる必要がある。つまり，制度形態の比較には社会的価値の観点を考慮に入れるべきである（Weisbrod, 1989, 41-42）。例えば，政府による障害者雇用は，効率の観点によると政府の非効率性を示していると考えることもできるが，障害者を雇用すること自体が，集合的価値を算出していることを見逃してはならない（Weisbrod, 1989, 37-38）。
3) 前章でも述べたが，ハンズマンのいう nondistribution constraint という語句については，利益非分配の「制約」ではなく「拘束」と訳すべきとの見解がある（堀田，2012, 234）。だが，ここでは一般によく用いられている「制約」という言葉を使っている。
4) Hansmann (1987, 29) を参照。なお，ハンズマンは第1の点の例として，非営利の病院による虫垂切除手術，非営利のデイケアセンターによるチャイルドケア，非営利の予備校による教育，非営利のナーシングホームによるナーシングケア，非営利のシンフォニーオーケストラによる演奏をあげている。ハンズマンによると，一般的な意味合いではこれらはすべて公共財とみなすことは難しいとされる。
5) Hansmann (1980, 842) を参照。なお，ハンズマンの試みは，非営利組織の分類において先駆的な役割を果たしており，今日の状況に照らし合わせて，その有効性を再吟味することが求められよう。

第4章　非営利組織の理論分析

6) 取引費用論の源流ともいえるコース（Coase, R. H.）は，企業を設立することが有利な主要な理由として，「価格メカニズムを利用するための費用」の存在をあげる。そして，その費用の具体例として「関連する諸価格を見つけだすための費用」や「市場で生ずる各々の交換取引の際に，それぞれについて交渉を行ない契約を結ぶための費用」をあげる（Coase, 1937, 390-391＝[1992] 44）。コースは，これらの費用の節約が可能であるということから，企業の存在を説明する。なお，コースは「取引費用」という言葉を使用しておらず，この考え方を発展させたウィリアムソン（Williamson, O. E.）が取引費用経済学を確立した。ウィリアムソンの取引費用経済学に関する文献としては，例えば Williamson（1975；1979）などがある。クラシンスキーは，ウィリアムソンによって確立された取引費用経済学を活用して，非営利組織の存在の説明を試みている。ところで，「ウィリアムソンは取引費用自体の適切な定義を提供することに失敗している」（Hodgson, 1988, 200＝[1997] 214）という指摘もあり，取引費用の概念自体が問題を抱えていることに留意する必要があろう。
7) 以下，取引費用による非営利組織の説明は，Krashinsky（1986）を参照している。
8) コースは，「企業の特質は，価格メカニズムにとって代わることにある」（Coase, 1937, 389＝[1992] 42）と述べている。
9) なお，消費者同士の間に生じる取引費用の例としては，公共財の消費の際にフリーライダーの問題が起こる場合などがあげられる。
10) 例として，外部性がある場合，家族内で購入者と消費者が分離する場合などがあげられる。
11) ベンナーの消費者コントロールの理論は，先に述べたベンナーとヴァンホーミセンの理論以前のものであるが，企業内における利害関係に着目している点でこれら2つの理論は基本的に同様の特徴を有しているとみなせよう。
12) ベンナーは，生産者協同組合についても労働者と企業の所有者の利害の対立を内部化できる点に着目している（Ben-Ner, 1987, 434）。
13) Hansmann（1987, 34）を参照。なお，ハンズマンは，消費者協同組合として組織された相互保険会社は契約の失敗に対応するものであるとして，例外的に非営利組織とみなしている。このことからも，ハンズマンが非営利組織の存在根拠を述べるうえで契約の失敗を重視していることがわかる。
14) その詳細については，Smith and Lipsky（1993, 171-187）を参照されたい。
15) この論点については9章であらためて触れる。
16) 同様の指摘は，ディマジオ（DiMaggio, P. J.）とアンハイアー（Anheier, H. K.）によってもなされている。彼らは，産業レベルにおいて非営利，政府，営利のそれぞれの形態間の分業がどのようになされているかを論ずる際に，ハンズマンやワイスブロードによる分析の問題点を指摘している。その指摘とは，第1にベンナーやヴァンホーミセンの論調と同様，消費者と企業の統合を考慮していないということ，第2に非営利組織によるサービス供給において，政府を資金供給者およびサービスの消費者としてではなくサービス供給の競争相手として位置づけていること，そして第3に，政府の政策や体系化された規範およびイデオロギーや宗教などの制度的な要因を軽視していることである（DiMaggio and Anheier, 1990, 140-141）。また，非営利組織の起源や行動は，経済学者が強調す

る誘因構造や効用関数の反映として理解されるのみならず，制度的な構造や政府の政策の反映としても理解されると述べている（DiMaggio and Anheier, 1990, 153）。
17）栗原彬は，ワイスブロードやハンズマンの理論に関して「両理論とも，産業的生産や開発，行政指導の分配や再生産を基軸とする社会システムを肯定した上で，このシステムが必然的に生み出すやむを得ない犠牲者や落ちこぼれに，物質やサービスや情報を補填することによって，システムを補完する，その意味で，損害賠償論にも通底する平衡理論になっている」と述べたうえで，市民的公共性を自分たちで創り出す自己決定性を持ったものとして非営利組織を位置づけるべきであると述べている（栗原，1994，167-168）。
18）JHCNSPによる非営利セクターの国際比較の試みは，そもそも経済理論に基づく分析だけでは解明できない各国の文化や経済のあり方の違いという要因を明らかにしようという意図があったといえよう。だが，以上に述べたように，米国の現実を基準とした分析という意味において，必ずしも各国の文化や経済のあり方を反映した分析とはいえないという問題をはらんでいる。

第5章
非営利組織研究からみた協同組合

1 はじめに

　本章の課題は，協同組合がどのように非営利組織研究に位置づけられるかを明らかにすることにある。この課題にとりくむうえでは，非営利組織研究の論点と協同組合の現代的意義がどのように関係しているかを示すことが重要となる。ところで，既述のとおり，米国の非営利組織研究では，協同組合を非営利組織とみなさないのが主流である。JHCNSPによる非営利セクターの定義においても，非営利組織の理論分析においても，非営利組織の「非営利」概念は基本的に「利益非分配」と理解されており，この基準をもとに協同組合は非営利組織研究の対象から除外される。すなわち，協同組合は会員（組合員）に利益を分配する権限が与えられており，利益非分配の条件にあてはまらないことから非営利組織の研究対象とされないのが一般的である。だが，3章で論じたとおり，非営利組織の「非営利」概念として一般に用いられる利益非分配の要件は，既存の非営利組織研究では必ずしも厳密にとり扱われていない。したがって，非営利組織の「非営利」概念とは何かをあらためて問い直し，協同組合が非営利組織研究にどのように位置づけられるかを再考することが求められる。なお，非営利組織と協同組合の関わりを検討する際にも，非営利組織の「非営利」概念とは何かを追究することが重要な意義を有する。ところが，非営利組織と協同組合との関わりについて述べる議論の多くは，非営利組織とは何か，さらには，非営利組織の「非営利」概念とは何を意味するのかについての分析が不十分であるという問題を抱えている。

　非営利組織と協同組合の関わりを検討することは，米国の非営利組織研究の模倣の段階を超えて，日本の現状に即した非営利組織研究を展開するうえで欠

かせない作業である。そもそも日本においては協同組合の活動が盛んであり，協同組合に関する研究蓄積も豊富である。日本の協同組合研究では，1990年代中頃ににわかに注目を集めだした非営利組織への期待は大きく，協同組合と非営利組織を結びつける試みが続けられてきた。その試みは，協同組合と非営利組織の接点を見出すことによって，非営利組織や協同組合の望ましいあり方を明確にするという考えのもとで進められている。

非営利組織と協同組合の関係を論じた研究としては2章で紹介したとおり，『非営利セクターと協同組合』（川口，1994）が先駆と位置づけられるが，その後，「非営利・協同」という概念を用いて，非営利組織と協同組合を一括して分析する試みがみられるようになった。その代表的な著作としては，『非営利・協同セクターの理論と現実』（富沢・川口，1997），『非営利・協同組織の経営』（角瀬・川口，1999），『福祉社会と非営利・協同セクター』（川口・富沢，1999）などがあげられる[1]。「非営利・協同」という概念を用いて非営利組織と協同組合を一括して分析する試みは，日本における非営利組織研究の1つの流れを形成し，その後に展開される社会的企業論の源流の1つと位置づけられる。したがって，日本の非営利組織研究においては，「非営利・協同」という概念のもとでの研究がどのような特色を持っていたかを確認することが必要となる。

本章では，第1に，協同組合の現代的意義とは何かを確認する。第2に，非営利組織と協同組合の関わりを扱った理論を整理し，その意義と問題点を提示する。ここでは，非営利組織と関わる点に限定されるが，協同組合の性質に関する議論も吟味する。協同組合は非営利組織研究の観点から検討されることによって，その意義をさらに豊富なものにすることができよう。なお，非営利組織と協同組合との関わりについては，今日では社会的企業という概念を用いて論じられるようになっているが，この点については，あらためて7章でとりあげる。

2　協同組合の現代的意義

今日の協同組合が，どのような意義を有しているかについては，国際協同組

第5章　非営利組織研究からみた協同組合

合同盟（International Co-operative Alliance: ICA）の大会における協同組合の基本的価値をめぐる議論に集約されている。特に，1980年のICAモスクワ大会におけるレイドロー報告『西暦2000年における協同組合』（Laidlaw, 1980）以降，協同組合の現代的意義について様々な議論がなされてきた。1992年のICA東京大会ではベーク報告『変化する世界における協同組合の基本的価値』（Böök, 1992）が採択され，1995年のICA100周年を記念したマンチェスター大会においては従来の協同組合原則が改訂されて，新たに「定義」，「価値」，「原則」からなる「協同組合のアイデンティティに関する声明」が採択された。それでは，「声明」およびそれをめぐる議論から協同組合の現代的意義をどのように理解すればよいのだろうか。原則改訂に関する論議[2]を検証することがここでの目的ではないので詳しく触れることはしないが，少なくとも協同組合の現代的意義については，次の2つの点を見出せよう。第1は，社会情勢の変化に伴って新たな協同組合の役割が生じているということであり，第2は，従来から重要とされてきた協同組合の役割がいまだその意義を失っていないということである。

第1の新たな協同組合の役割に関していえば，例えば，近年，協同組合が多様な事業分野において発展していることや[3]，1995年の協同組合原則に「自治と自立」（Autonomy and Independence）および「コミュニティへの関与」（Concern for Community）の2つの項目が新たに追加されたことがあげられる。具体的には，例えば新たな事業分野で活動する協同組合として福祉に従事する協同組合を見出すことができるが[4]，その特徴としては，自立した市民による活動が目指されている点があげられる。またその活動の多くは，地域に根ざしたものであったり，コミュニティと密接な関わりがあったりする。現代の協同組合には，新しいタイプの財やサービスを提供するようになったという点，コミュニティとの関わりを重視することを打ち出した点に新しさがある。すなわち，事業活動や事業内容（素材面）にその新しさを見出すことができる。

第2に，従来から継承される協同組合の役割の重要性に関していえば，以前の原則と同様に1995年の原則においても「組合員による民主的管理」の項目があげられていることが注目される。組合員が1人1票の議決権を持っていると

いう点に代表されるように，協同組合は組合員による民主的管理が行われる組織である。現代の協同組合においても，民主性の側面は重要な特徴である。また，先にみたように，1995年の協同組合原則に「自治や自立」という項目が追加されたことからも，協同組合の意思決定やガバナンスのあり方を重視する姿勢がこれまでよりも強まっていることを伺わせる状況がある。企業の営利原則とは異なる指導原理のもとで事業活動の遂行が目指される点に，協同組合の基本的な特徴を見出せる。

以上から，現代の協同組合は，一方では，社会情勢の変化とともに新たな協同組合の活動が活発化し，自立的な市民による活動やコミュニティとの関わりを重視した活動に力が注がれるようになってきており，他方においては，依然として民主性の側面がその重要性を失っておらず，民主性の発揮が強く求められているのである。事業活動や事業内容（素材面）からみても，指導原理の観点からみても，現代の協同組合は一般的な営利企業とは異なる独自性の発揮が目指されていることがわかる。

3　非営利組織と協同組合の関係

（1）「社会的経済」論の影響

協同組合と非営利組織の関係を論じるものの多くは，社会的経済（économie sociale）の議論に依拠している[5]。社会的経済に関する議論では，米国の非営利組織研究ではあまり重視されない事業組織の民主性や相互扶助の側面に目が向けられる。社会的経済の代表的な定義は，ドゥフルニ（Defourny, J.）によって紹介されているベルギーのワロン地域社会的経済協議会によるもので，その内容は以下のとおりである。「社会的経済とは，主として協同組合，共済組合，アソシエーションといった企業によって遂行された経済活動から成るものであり，その倫理は次のように示される。(1)利潤目的よりも，構成員またはその集団へのサービスを究極目的とする。(2)経営管理の自治。(3)民主的経済の手続き。(4)収入の配分における，資本に対する人間と労働の優位」[6]。また，富沢賢治によっては，社会的経済は，簡潔に「非営利目的の経済事業体によって担わ

れる経済のことである」(富沢, 1992, 50) と定義される。そもそも社会的経済という概念は, 19世紀のフランスを起源とするが, 近年においてはEUが非営利セクターを社会的経済として位置づけ, その発展を政策課題としており, 今日の社会状況においても重要な位置を占める概念となっている[7]。

さて, この社会的経済の議論を紹介したうえで, 協同組合を非営利セクターの一部と位置づける代表的な論者として川口清史がいる。川口は, 協同組合を非営利セクターの一部とみなすうえで, 非営利セクターの定義に関して述べているが, そこでは, JHCNSPによる非営利セクターの定義と社会的経済の定義が紹介される。川口は, この2つの定義について「内容的に大きな差があるとは思えない」と述べて,「問題は, 利潤最大化の行動も国家の権力も用いずに, いかに社会的経済的ニーズを満たすかであり, そこに, 自発性や参加, 民主主義が共通して浮かび上がってくるのである」(川口, 1994, 73) という。続いて, 川口は, 協同組合の特徴を説明するが, そこでは, ICAの協同組合原則や最近の協同組合の現状を踏まえて,「人々のニーズに応える経済活動」,「参加型民主主義」,「人々の能力の発揚」,「社会的責任」,「国内的国際的な協同」の5つの項目からなっているICA東京大会で決議された協同組合の基本的価値を根拠に, 協同組合の特徴は「利潤追求型企業の行動に向かう方向でないことは疑いなく確かである」とするのである (川口, 1994, 76)。

このように, 川口は, 一方では, 非営利セクターの定義に関しては, JHCNSPの定義と社会的経済の定義の双方を紹介したうえで, その共通点を自発性や参加, 民主主義に求めており, 他方では, ICAの原則や決議を根拠にして協同組合を利潤追求型企業の行動に向かわないものと位置づける。そして, 結論として, 川口は, 日本の生協を例にあげて, 協同組合を非営利セクターの一部として位置づけるべく, 次のように述べる。「日本の生協の経験は協同組合原則に忠実に従い, 協同組合の基本的価値を具体化したものとみることができる。それは, 協同組合が理論的にはもちろん, 実践的にも非営利セクターとして位置づけえることを意味している。日本の生協の最も重要な教訓は, 日本の生協が協同組合原則に忠実であったからこそ, 事業的にも, 社会運動としても発展できたという点である。協同組合を非営利セクターとして位置

づけるということは，協同組合を改めてその原則，その基本的価値に即して発展させるということを意味するし，その方向にしか展望は開きえないと考えられる。そして，非営利セクター全体としても，協同組合を含めてはじめて意味のある社会的位置を，少なくとも日本では，獲得しえるであろう」（川口，1994，78-79）。

以上のように，川口は協同組合を非営利セクターの一部と位置づける。そして，協同組合と非営利セクターに共通する特徴として，民主性の側面を抽出する。協同組合が現代においても民主性を重視することを確認したうえで，今日の非営利組織研究の特色として民主性の側面を見出す議論と位置づけられよう。前章まででみた米国の非営利組織研究では，非営利組織の指導原理に影響を与える特徴として利益非分配であることが着目され，さらには提供される財・サービスの特徴（事業内容や事業目的）に焦点があてられ，非営利組織の存在意義が見出されてきた。しかし，協同組合研究の観点からいえば，非営利組織の重要な特徴として，民主性という特徴が導き出される。事業組織の指導原理に民主性の観点が含まれることに注意が払われ，営利企業とは異なる独自の指導原理に導かれる事業組織の構築を目指すところに，協同組合の意義を見出すものといえよう。

うえにみた川口の理論は，社会的経済の議論を用いて協同組合と非営利組織を結びつけた先駆とみなせるが，協同組合および非営利組織の位置づけに関して検討すべき点も残されている。それは，第1に，JHCNSPによる非営利セクターの定義の理解に関わる。先に引用したが，川口は，非営利セクターを定義する際に，JHCNSPの研究と社会的経済を紹介し，両者の定義には内容的に大きな差がないという（川口，1994，73）。しかし，先述したとおり，JHCNSPの定義では，利益非分配にあてはまらないことから，原則として協同組合を非営利組織とみなさない。したがって，JHCNSPによる非営利組織の概念把握と協同組合を中心とした社会的経済の議論を単純に同一視することはできない。[8]

第2に，協同組合を非営利セクターの一部と位置づけるうえで，協同組合の事業活動に伴う剰余を求める営みをどのように理解するかが不明確であること

があげられる。協同組合は，株式会社に代表される営利企業とは異なって，利益追求を第一義的な目的とするものではない。しかし，協同組合は常に「運動と事業の統一」を目指さなければならず，事業面をないがしろにすることはできない。協同組合が事業を継続するためには剰余を生み出す必要があり，協同組合において剰余を求める営み（事業）と参加・民主主義などの理念（運動）は不可分である。はたしてこのような事業体の側面を有した協同組合を非営利組織として位置づけられるのであろうか。剰余をあげることを第一義的な目的としない協同組合においても，事業組織として存続するためには事業活動の結果として剰余を生み出していくことが求められる。これはあたかも，営利企業が事業存続のために必要な費用をまかなうことが求められることを主張するドラッカー（Drucker, P. F.）の議論と同様の論点を提起しているかのようである。すなわち，協同組合の指導原理には，事業遂行のために剰余を生み出すことを追求せざるをえない側面が残されており，協同組合を非営利組織とみなす場合には，協同組合の指導原理とはそもそもどのようなものであるかをあらためて問い直すことが求められるのである。

　また，米国の非営利組織研究では，非営利組織の「非営利」概念が利益非分配から説明されており，協同組合は配当を出す場合があることから非営利組織とみなすことができないとされる。したがって，もし協同組合を非営利セクターの一部とみなすのであれば，非営利組織の特徴，とりわけ「非営利」概念について，「利益非分配」以外の面から説明する必要が生じる。いいかえれば，協同組合を非営利セクターの一部と位置づけるのであれば，「利益非分配」とは異なる非営利セクターの「非営利」概念を提示しなければならなくなる。社会的経済の議論に依拠して協同組合を非営利セクターの一部と位置づけるのであれば，協同組合も含んだかたちの新たな非営利組織像を提示することが求められる。

（2）「市民」的非営利組織と協同組合

　協同組合を非営利セクターの一部と位置づける試みには，非営利組織の市民性に着目するものがある。ここでは，協同組合を「市民」的非営利組織として

位置づける論者のひとり佐藤慶幸の理論をみることにしよう。佐藤は，まず「今日，第三の経済活動の領域として市民的非営利事業体が，人々の働く場とし，『私』的，『公』的セクターに対して『共』的セクターとして注目されるようになってきた。協同組合セクターが『共』的セクターを形成するのである」と述べ，現代社会において協同組合を中心とする「共」的セクターが注目されるようになってきた現状を述べる。そして，非営利組織については，「私的セクターからも公的セクターからもコントロールされない自立した市民の非営利組織である」ということを分類の基本的な視点におき，「市民」的非営利組織を「非営利的な経済活動を行う市民事業体」と「経済事業活動を行わない市民活動団体」に分類する。なお，協同組合は前者に属し，非政府組織（NGO）に属するボランティア団体，各種市民団体や社会運動体，文化団体，学術団体などは後者に属するとされる。そして，前者を「共」的セクター，後者を「社会的セクター」としたうえで，「共的セクターと社会的セクターに属する事業活動と市民活動は，NPOに分類されるものである」と位置づける。また，米国の理論に基づけば一般に非営利組織に分類される日本の公益法人（旧制度上の公益法人）については，「アメリカのNPO（アメリカでは法人化されたものをいう）をモデルにしてできたものであるが，しかしその大部分が，たとえば財団法人，社団法人，社会福祉法人，医療法人，学校法人，宗教法人などのように，それぞれの法律によって規定され，しばしば市民的公共性の領域から離脱するのみならず，この本来は民間の公益法人に官が進出し，行政の肥大化の抜け道や，官のみならず民間企業や労働組合などの役職者の天下り先に利用されている」(佐藤，1996，78-80) と評される[11]。

　以上の主張は，本章の論点である非営利組織と協同組合の関係を考察する観点からみれば，どのように理解できるであろうか。佐藤によれば，協同組合は「共」的セクターを担う非営利的な事業体として位置づけられており，「共」的セクターと社会的セクターに属する事業活動と市民活動が非営利組織に分類されている。したがって，「市民」というキーワードのもと，協同組合は非営利組織の1つとして重要な位置を占めるものとされていることがわかる。

　また，「社会的使命」という観点から非営利組織を位置づけようと試みる藤

第5章　非営利組織研究からみた協同組合

井敦史は，佐藤と同様に非営利組織の市民性に着目している。藤井は，JHCNSP による非営利組織の定義を紹介したうえで，その定義の問題として「要素主義的な傾向が強い」という点をあげる。すなわち，JHCNSP の定義は「五つの要素を提示したが，なぜ，それらの要素で必要充分なのか，最も本質的な要素は何であるのか，あるいはそれらの要素間の相互関係はどうなっているのかといった諸点を不明確なまま残している」（藤井, 1997, 6）という問題があるという。そして，藤井は JHCNSP の定義の問題を踏まえて非営利組織を以下のように定義する。「NPO とは，基本的に社会的使命を持った自発的連帯組織であり，社会的使命を実現するために一定の組織としての制度化を伴い，並びに，社会的使命が営利動機や行政補完化，官僚制化・寡頭制化等の圧力に歪められぬように，利益の非分配，政府（行政）からの独立性，一定の民主的な運営といった仕組みを要する組織と考えることができるのである」（藤井, 1997, 8）。そして，非営利組織と協同組合の関係については「社会的使命をもった自発的連帯組織」という観点から両者の共通性を見出す。

具体的には，協同組合が利益非分配の原則によって非営利組織から除外されている点に関しては「協同組合自身にも出資利子制限や『不分割社会的資本』等の『非営利』の仕組みが存在することに注意すべき」であると主張し，また「協同組合が『共益』を目指すもので，閉鎖的なメンバーシップ内部の利益を追求するものであるから，NPO ではない」とされる点に関しては，「今日の協同組合の流れの中には，生協やワーカーズ・コレクティブ（ワーカーズ・コープ）を中心に新しい動きが出てきていることに注目すべきである」と述べて，ICA における議論や国内外の新しい協同組合の事例を提示する。結論的には，「全ての協同組合とはいえないものの，生協やワーカーズ・コレクティブ等を社会的使命を持った自発的連帯組織として，NPO と同じ地平で捉えることができるのではないだろうか」としたうえで，「協同組合は日本での NPO の成立・発展を展望しようとする際，極めて重要な位置にあることは否めない」（藤井, 1997, 8-9）と述べるのである。なお，藤井は，非営利組織や協同組合を「市民社会」の組織的基盤として捉えようとしているが，その際にハーバーマス（Habermas, J.）による「市民社会」（Zivilgesellschaft）概念が援用され

る。すなわち,「ハーバーマスによる新たな市民社会概念は,従来の国家対市民社会の二項図式ではなく,システムとしての国家（行政）と産業社会に対する生活世界を基盤とした市民社会という三項図式を前提とする,連帯をメディアとした『自由な意志にもとづく非国家的・非経済的結合』」(藤井, 1997, 10)であり,非営利組織や協同組合は,この「市民社会」の形成にとって重要な担い手と考えられるとする。

それでは,以上のように非営利組織および協同組合を市民性の観点から理解する理論はどのような特徴と課題を有しているのであろうか。まず,その特徴は市民性を軸として協同組合の現代的意義と今日の非営利組織の意義を結びつけた点にある。市民性から協同組合を論ずることは協同組合の現代的意義を考慮したものといえよう。また,市民性の観点から非営利組織を説明することによって,非営利組織を単に「営利でない」組織として把握するのでもなく,利益非分配から説明するのでもなく,非営利組織とは何かを積極的に明示することが試みられている。

さらに,米国の非営利組織研究を単に模倣することなく,日本の現状に即して非営利組織の存在を説明していることも,日本の非営利組織の活動を理解するうえで重要な点であろう。米国で用いられる非営利組織の定義を日本の現状にあてはめると,市民性から逸脱して官僚制化した組織などを含むことになり,今日の非営利組織研究の意図にそぐわない組織を非営利組織とみなすことになってしまう。

だが,非営利組織を「市民」的な存在と位置づける考え方をとる場合にも,さらに検討を深めなければならない点が残される。それは,第1に,協同組合における事業的側面（剰余の追求）をどのように理解するかということである。この点は,「社会的経済」論から協同組合と非営利組織の関係を論ずる場合にも問題となった点であった。協同組合と非営利組織の関係を論じる場合には,協同組合の現代的意義を踏まえて,民主性や市民性の側面が強調されることは当然である。しかし,その場合においても,協同組合の事業性の側面をないがしろにすることはできない。協同組合は常に「運動と事業の統一」を目指さなければならないという点を見逃してしまえば,協同組合の特質を理解した

ことにはならない。その特質を踏まえたうえで，協同組合という存在を非営利組織研究のなかにどのように位置づけられるかを明らかにする必要があるだろう。今日，株式会社に代表される営利企業においても，企業市民として市民性を発揮することが求められている[12]。すなわち，事業的側面（剰余の追求）と市民性の双方を発揮することが求められているという点では，協同組合も株式会社も同様である。したがって，なぜ協同組合が株式会社とは異なり非営利組織として位置づけられるかを示すことが求められる。協同組合の独自性については，藤井が「出資利子制限や『不分割社会的資本』等の『非営利』の仕組み」に言及しており，その「非営利」の仕組みの実現をどのように保証するのかという議論が重要な論点になる。この点は，次項であらためてとりあげる。

　第2の点は，市民性の理解と関連してくる。佐藤も藤井も，市民性や市民社会のあり方（今日の理念型としての社会のあり方）を考えるうえで，ハーバーマスの理論に依拠している。ここでハーバーマスの膨大な研究の是非について明らかにすることは不可能であるが，非営利組織と協同組合の関係から市民性および市民社会を理解するうえで考慮すべき問題点についてのみ指摘しておきたい[13]。

　佐藤も藤井もハーバーマスによる理念型としての「市民社会」の概念に基づいて，非営利組織や協同組合の存在を説明する。このことは，非営利組織や協同組合のあり方の理念型を提示しているものと位置づけられ，今日の非営利組織研究の特徴を「市民」という概念のもとに提示したものと評価できる。だが，現代社会における新たな事業組織を構想するという立場からは，非営利組織や協同組合のあり方の理念型を提示するにとどまらず，現実にこの理念型のゆがみを生じさせている要因を除去していく試みも必要となる。つまり，どのようにすれば理念型としての市民社会を実現することが可能であるかが問われなければならない。佐藤や藤井によって提示された非営利組織や協同組合の活動は理念の現実化が目指された実例であり，その内容を検討していくことはもちろん重要な意義を有するが，他方では，理念型のゆがみを是正していくことが求められる。現代社会においては，株式会社に代表される営利企業の活動とそれを支えるシステムが理念型の現実化を阻んでいる側面がある[14]。新しい事業

組織のあり方を構想するためには，理念型としての非営利組織を提示するだけでなく，既存の営利企業のあり方を批判的に検討する作業が欠かせない。とりわけ，既存の営利企業の代表的な存在である株式会社のあり方を再考することが必要となる。すなわち，株式会社を代表とする既存の企業形態のあり方を吟味し，新しい事業組織のあり方を模索するという観点をくみこんで非営利組織や協同組合の存在意義は論じられるべきである。ハーバーマスの理論に依拠することによって，理念型としての「市民社会」のあり方を提示することは，現実を理念に近づけようとするうえでの目標を明確化するという利点があるが，他方において，現存する理念型のゆがみを認識し，是正する策を模索することも求められる。その試みは，非営利組織や協同組合と営利企業の指導原理を比較分析することと関わっている。

（3）協同組合の指導原理

これまでの議論においては，協同組合の民主性や市民性の側面が強調されているのに対して，協同組合の事業的側面を的確に示せていないという問題点がある。協同組合は事業的側面を有するので，株式会社に代表される一般的な企業の営利原則とは異なった指導原理に従うとはいえ，剰余を生み出すことを追求せざるをえない。したがって，協同組合の指導原理は，営利一辺倒とはいえないものの，何らかの営利的な側面を有していると考えられる。そこで，協同組合の指導原理を考察するうえでは，その営利性のあり方を考察することが求められる。

ここでは，協同組合の営利性をめぐる論点に触れながら，協同組合の本質に迫る角瀬保雄の立場を手がかりにその指導原理を検討してみよう。角瀬は，協同組合の基本的性格をめぐって，非営利組織説と営利組織説とに分かれている現状を指摘し，非営利組織説は，「十分な理論的根拠が明らかにされないまま，アプリオリに，あるいは法規定をもって非営利組織としているのが一般的であると思われる」と述べる。そしてその法規定は「協同組合はそもそも人々の相互扶助（mutual help）を出発点としており，資本主義の営利原則＝利潤原理と全く相いれないものとする一般の見方」と一致しているものの，実際に

は,「今日,協同組合は誕生当時の市場外の存在から市場内の存在へと大きく発展してきており,構成員の所有から分離独立した社団それ自身の資本形成が進むと,それだけでその機能と行動を十分説明し尽くせるかとなると,疑問が生まれないわけにはいかない」と述べる。また,「協同組合が相互扶助ないし経済的助成を目的とするということから,協同組合の企業経済的側面を非営利組織（nonprofit organization）と規定する通念」に対しては,「この前半は正しいが,相互扶助であるということは利潤原理と両立しえないものなのであろうか」と疑問を呈する。そして「資本主義経済の客観的な現実から出発して,協同組合における企業経済的側面の実質の分析を進めるという立場に立ってみると,協同組合も一面では資本主義企業と共通した経済法則に支配されているというその矛盾を否定することができず,この矛盾の解明を通じてはじめて,その積極的意義が明らかになる」（角瀬,1993,7）とするのである。

さらに,「非営利」という言葉自体の説明に関しては,「非営利法人とされるものが営む事業の目的,態様,規模は各種各様で,慈善事業,社会福祉事業のように本質的に営利事業としてはなりたたないものがあるが,他方,教育のように営利企業でも不随的に行っているものがあり,さらに鉄道,放送のように営利企業と競合する事業も含まれ」ることから,「非営利と営利とを区別する基準となるのは,その事業を遂行するための経済活動の性格に求められる以外にはない」とし,「非営利組織の事業のために必要とされる支出財源は,事業活動以外の源泉から確保されなくてはならない」とする。そして,「市場の中での私企業との競争の下におかれているものについては,市場の法則に従わなくてはならないという意味において,すなわち価格メカニズムを通して利潤を獲得することによって初めて経営体としての組織の維持・発展が図られるということから,協同組合は営利を目的とするものではない（not-for-profit organization）が,非営利（nonprofit organization）でもなく,利潤獲得を必要とする企業（profit organization）であるといわなくてはならない」（角瀬,1993,8-9）と結論づける。

以上のように,角瀬は,協同組合が利潤原理と相容れないという考え方に異を唱えている。すなわち,協同組合の経済活動の性格を重視して,協同組合に

おいても資本主義企業と共通した経済法則に支配されている点を明示するのである。前項までに述べてきた理論においては，少なくともこの協同組合の事業的側面に基づく営利的な特徴が見逃されてきたという問題があった。角瀬が述べた点を考慮すれば，単純に協同組合を非営利組織とみなすことには問題があることになる。

　だが，他方において上記の角瀬の論述は，今日の非営利組織研究の意図が十分にくみとられていない面がある。[16]少なくとも，今日の非営利組織研究が，単に「営利ではない」組織を論じているのではないことに注意すべきである。そもそも非営利組織という言葉は積極的にある組織を説明する言葉ではない。したがって，非営利組織の定義は，非営利組織が重視される現状を分析する必要に応じてなされなければならない。そして，今日の非営利組織の積極面を理解する手がかりとして，株式会社に代表される営利企業よりも非営利組織のほうが民主性および市民性が発揮されやすいという特徴に目をやることがあげられるのである。だが，このことは市場の法則の規制を軽視できることにはならないことはあらためて確認しておきたい。つまり，角瀬が述べているように「協同組織の経済的関係を問題にするとき，その『利用』はモノやサービスの直接的な利用や無償関係の利用ではなくあくまでも商品関係を媒介にした，つまり市場関係を媒介にしたものなのであって，その限りでは商業資本との共通性を否定することはできない」のである。このような市場の法則は，組織内での協同労働にも影響を及ぼす。すなわち，協同組合事業の「大規模化に伴う無償労働の有償労働化によって，主要には雇用労働に依存しなくてはならず，ここでも労働市場での市場価格の規制を免れることはできない」（角瀬，1993，9）。しかし，このような市場価格の規制は，協同組合以外の非営利組織においても免れることはできない。非営利組織においても，職員を雇用する場合や利用料によって収入を賄う場合など，市場原理をまったく無視して活動を行うことが不可能な場合は多い。つまり，市場の規制を受けているか否かは，非営利組織であるかどうかを判断する基準としてふさわしくない。今日，非営利組織といえども市場の法則の規制から完全に免れることができず，この点に関して協同組合と他の非営利組織とは同様の状況におかれている。

ところで，このように営利的な要素を持った協同組合と営利企業の代表格である株式会社との相違点はどこにあるのであろうか。この相違点にこそ協同組合の特徴がよくあらわれる。角瀬は「協同組合は経済民主主義の立場から，不公正な独占的な利潤の追求や『後は野となれ山となれ』という手段を選ばぬ金儲け第一主義の反社会的な利潤の追求に反対し，社会的に有用な労働を効率的に遂行することによって利潤をえるのであり，それが超過利潤となってもなんら問題はない」(角瀬, 1993, 11) と述べる。ここに協同組合が社会においてどのような働きをすべきかが明確に示されている。

　しかし，上記を踏まえて検討されるべきことは，どのようにすれば不正な利潤追求ではなく社会的に有用な労働を効率的に遂行することによって利潤を生み出していくことができるか，ということである。この観点にたつと，協同組合が株式会社に代表される営利企業と異なった独自の指導原理を持っているということが重要になる。この特徴を理解する手がかりが，前項でも触れた協同組合の「不分割社会的資本」等の仕組みである。この点は，堀越芳昭によって分析されている。堀越は，協同組合資本の特質を可変性（個別性）と社会性から説明する。協同組合資本の可変性（個別性）とは，出資金の特質を明らかにしたものであり，「協同組合の資本は組合員の増減とともに増減する」(堀越, 1989, 23) ということを指す。協同組合資本の社会性とは，その積立金が「不分割（indivisible）かつ社会的目的の共同財産（collective property)」を形成するという特質を持っているということを意味し，「組合員個人には分配されない共同所有の資本であり，不分割であり，解散時における残余財産は社会的公共目的あるいは協同組合運動の発展のために使用されることが条件になる」(堀越, 1989, 47) ものである。そして，堀越はこの協同組合資本の可変性（個別性）と社会性について次のように述べる。「協同組合の特質（可変性と社会性）は，資本主義社会において支配的な資本＝『自己増殖する価値』，『資本賃労働の支配被支配関係』の資本とは根本的に異質のものであり，そのような意味において協同組合の資本は厳密にはもはや資本ということができない。むしろ協同組合の資本は資本主義社会において支配的な資本を超克する可能性をもった『資本』ということができる。すなわち，『資本が人を支配する』ことから『人が

資本を支配する』方向への転換である」(堀越, 1989, 89-90)。

　このような主張に対して, 角瀬は, 堀越の主張が「資本の機能をみず, 出資金の特質, その調達形態の特質のみをもって資本の規定をしようとしているもので, 問題を含むものといわざるをえない。それは文字通り『特質』の摘出であっても, それ以上のものにはなっていないのである」(角瀬, 1993, 12) と批判する。確かに, 現実においては, 協同組合は市場関係を媒介にして事業を行うのであり, その場合には, 市場の法則に規制され, また市場関係を無視することもできない。角瀬が述べているとおり「自由で公正な市場で超過利潤を追求することは, 株式会社であれ, 協同組合であれ, どの資本にも許される」(角瀬, 1993, 10-11) のであり, 協同組合がまさに資本としての機能を果たしていることは否定できない。

　だが, どのようにすれば不正な利潤追求ではなく社会的に有用な労働を効率的に遂行することによって利潤を生み出していくことができるか, という観点にたつと, 協同組合の資本が独自の特質を持っていることは重要である。協同組合の資本が有する独自の特質は, 不正利潤ではなく, 社会的に有意義なかたちで利益の取得を目指す仕組みであるとみなせるからである。そして, ここに協同組合の独自の指導原理の由来を見出すことができよう。したがって, 協同組合資本の独自の特質に着目してこそ, 協同組合が持つ社会的な意味に到達でき, 株式会社と協同組合の違いを見出すことが可能となる。

　ところで, 現実においては, 以上に述べてきた協同組合の独自の指導原理によっても, 不正な利益の追求を防ぐことができず, 社会的に有意義なかたちでの利潤の取得の実現が達成されていない場合が生じていることに留意すべきである。この点は, 近年の協同組合の不祥事から垣間見られる[17]。つまり, 既存の協同組合の指導原理によってだけでは, 必ずしも社会的に有意義な利益の取得の実現をのぞめないのである。民主性や市民性という理念を持ちながらも, その理念が形骸化するという問題は常に生じてくる。この問題をどのように克服するかということは, 常に検討されなければならない。そして, 不正な利益追求を防ぐという意味においても, 協同組合の営利性の要素を認識したうえで, 民主性や市民性を実現していくことが重要となってくる。市場の原理にさらさ

れながらも，民主性や市民性の実現を保証する仕組みを模索していくことが必要とされている。この作業を進めるうえで，株式会社とは異なる指導原理を有した事業形態である協同組合や非営利組織のあり方を探ることが必要とされる。

（4）「非営利・協同」とは何か

　非営利組織と協同組合を結びつけようとする論者の多くは，当初，「非営利・協同」という語を用いた分析を行っていた。ここでは，「非営利・協同」という概念について検討することにしたい。

　まずは，「非営利・協同」という用語の含意について各論者の叙述を参考に検討しよう。角瀬は，前項で紹介した議論と異なり，その後の論稿では，非営利組織と協同組合の共通性を重視し，非営利・協同組織の概念を提示する[18]。すなわち，角瀬は「協同組合と非営利組織との概念は相違点を含みながらも，重なりあっており，事業を営んでいるという点では，会員奉仕の協同組合も公共奉仕の非営利組織もそれほど異なったものとはいえなくなるのである」として，「非営利・協同組織という概念で，非営利組織の代表として伝統的な協同組合を中心にすえながらも，それだけに限定せず，いわゆるアメリカ型の非営利組織をも広く包含していることを示そうとしている」（角瀬，1999，1-2）と述べる。なお角瀬は，非営利・協同組織の活動に関して次のように述べている。「非営利・協同組織が今日，社会から期待されているその役割を発揮しえるためには，大企業による支配体制に対する社会的な民主的規制と経済構造全体の改革が不可避であるということである。非営利・協同組織はそれ自身が経済民主主義の担い手であるとともに，その自主的，自立的な発展は経済民主主義という社会的枠組みのなかでのみ可能になるものといえる。その意味で労働運動や市民運動などの社会運動との共同が不可欠な条件となる」（角瀬，1999，5）。

　富沢は，「非営利・協同」概念にまつわる用語について，「非営利・協同組織とは，営利目的ではなく社会的目的を実現するために活動をする開放的，自立的，民主的な組織である。非営利・協同経済とは，非営利・協同組織が行う経済活動である。非営利・協同セクターとは，非営利・協同組織が担う国民経済

の1領域である」(富沢, 1999b, 27)と定義づけている。また川口は,非営利・協同組織や非営利・協同セクターという用語は,「非営利組織と協同組合という,包含する2つの類型の組織を指すという以上に,営利を目的にせず,共同のニーズの協同的実現を目指すというこの組織の特徴を示すものである」とする。そして「同時に,非営利・協同はその目的を図るための制度的保障の特徴をも表す」として,「それは『利潤非分配』と『民主的コントロール』である。非営利は狭い意味では『利潤非分配』を表現する場合が多く,民主的コントロールは典型的には協同組合によって代表される。非営利・協同は,利潤非分配を持つ狭義の非営利組織と民主的コントロールも持つ組織としての協同組合を指すことにもなる」(川口, 1999b, 41-42)と述べる。

　ところで,川口は,先に紹介した文献(川口, 1994)とは異なり,ここで紹介した文献(川口, 1999a;1999b)ではJHCNSPによる研究の問題点を指摘している。その際には,JHCNSPによる非営利組織の「非営利」概念である「利益非分配」のとり扱いが重要になってくる。この点について,川口は次のように述べる。「対象を概念化する際,一次的接近としては」,「組織として営利を目的としないというレベルで大きく捉えることが必要である。次に,この非営利性をどのように確保,維持するか,言葉を換えて言えばそれぞれの組織の営利ではない目的を確保するか,その方法によって分類することになる。アメリカの非営利組織論がいうように,『分配制限』はその重要な方法である。しかし,協同組合など会員制組織ではその意思決定における民主主義がその目的維持に重要な方法となる。非営利目的の組織は分配制約による場合と民主的意思決定による場合があると理解すべきであろう」(川口, 1999b, 40)。

　さて,「非営利・協同」の概念を提唱する論者の論調から注目されることは,いずれも民主主義や民主的コントロールなど民主性の側面を非常に重視しているということである。このことは,民主性が協同組合の重要な特徴の1つであり,協同組合が非営利・協同組織の主要な構成要素であることを考えると当然のこととしもいえる。そして,この民主性の側面は協同組合以外の他の非営利組織においても重要であると理解されていることが,「非営利・協同」という概念を用いる契機の1つとなっていよう。すなわち,既存の非営利組織研究

においては明確に意識されていない民主性の側面を強調することが,「非営利・協同」という概念を使用することの重要なカギとなっている。

このことは,非営利組織研究の今日的意義を考えるうえで重要な視点を提供する。そもそも,非営利組織という用語は「非営利」「営利ではない」という特徴づけがなされるだけであり,その言葉自体何らある組織を積極的に明示しておらず,そのことが曖昧な概念のまま使用される現状をもたらしてきた。このような現状に対して,「非営利・協同」という言葉を用いることによって,非営利組織の積極的な意義を明示する道筋をつけたことが,以上に紹介した議論の特色となっている。この点について,藤田暁男は次のように述べる。「非営利・協同組織の概念問題で最も重視された論点は,『非営利』という営利を目的としない組織のポジティブな内容をどのように概念するかという点である。それは,非営利・協同組織の活動の現実に照らしながら,市場（私的利益追求活動）とその対岸に位置する政府（公的活動）との間の多様な活動領域からどのような社会的に意味のある内容を取り出すかという問題でもある」（藤田,1999, 253）。すなわち,非営利組織を分析する際には,「非営利」「営利ではない」という消極的な概念規定を乗り越えて,ポジティブに概念を規定することが求められるのである。

そして,「非営利・協同」概念を論ずる者によっては,ポジティブな概念の含意として,民主性がとりわけ重要なものと理解されている。また,民主性の特徴を重視すれば,「利益非分配」の側面はさほど重要ではないと認識されるに至る。川口は「新しい社会経済システムを市民の参加や民主主義の観点から取り上げるとすれば,社会的経済概念でいう民主的意思決定こそ重要で,非分配制約原則そのものは取るに足らないものということになる」（川口, 1999b, 32）と述べており,同様に藤田も「非営利・協同組織の概念のなかに,民主制,公開性,開放性と社会的目的性が入れられれば,個人への利益非分配制約を一般的に設けることは不可欠の項目ではないように思われる。その制約によって,社会的目的の活動とニーズのありうべき展開を抑制する可能性もあろう。また,非営利・協同組織の社会的目的性と民主制を高め,それを担保するステークホルダーの参加を高めることが,組織を私的利益の手段にすることを

阻止する妥当な方法である」(藤田, 1999, 255) と述べるのである。

このように，「非営利・協同」概念を使用する論者は，民主性や社会的目的などの特徴を明示することにより，曖昧な概念であった非営利組織をポジティブに概念規定しようとする。だが，「非営利・協同」という概念を用いることには様々な問題がある。まず，「非営利・協同」という概念自体に問題がある。既述のとおり，「非営利・協同」概念を使用する論者は米国の理論と同様に「非営利」概念を「利益非分配」とみなす。だが，他方で民主的意思決定や社会的目的を重視しており，その限りにおいては必ずしも利益非分配は重要でないという。そうであるならば，なぜ敢えて「非営利」という言葉を用いる必要があるのであろうか。民主的意思決定や社会的目的を重視する組織や経済のあり方を探るのは，先に紹介した「社会的経済」のとりくみと一致する。「非営利・協同」と銘打った著作において登場する事例は「社会的経済」とされる領域の活動であり，「社会的経済」ではなく「非営利・協同」という言葉を使用する理由はない。7章でとりあげるように，「非営利・協同」組織という用語は次第に社会的企業という用語にとって代わられていくことからも，「非営利・協同」という概念は過渡的なものといえるかもしれない。

「非営利・協同」という用語を使用することの問題は他にもある。その問題とは，「非営利・協同」という用語で多種多様な諸活動を一括することにより，現場で積み重ねられている個々のとりくみの特徴がぼやけてしまうということである。[19] このことは，非営利組織研究において多種多様な特色を持った諸団体が，非営利組織やNPOという語句のもとで一括して扱われることが抱える問題とも共通する。「非営利・協同」もしくは非営利組織（NPO）という用語で一括されるかどうかにかかわらず，各団体はそれぞれの領域において様々な問題を眼前に活動にとりくみ，個々の諸問題を解決するために地道な努力を積み重ねているのが現実であろう。「非営利・協同」もしくは非営利組織（NPO）という用語でひとくくりにすることによっては，各団体が抱える個々の問題を解決するための建設的な提言にはつながらない。したがって「非営利・協同」や非営利組織（NPO）という用語を使用して様々な諸団体を一括する場合には，ひとくくりにして論ずるだけのそれなりの理由が必要となってく

第 5 章　非営利組織研究からみた協同組合

るのである。

　ところが，逆説的な言い方になるが，「非営利・協同」という用語で非営利組織や協同組合などの諸組織を一括することの意義を強調することは，かえって新たな問題を生ぜさせてしまうことになる。非営利・協同組織の重要な特徴としては，民主性の実現や社会的目的を重視するための活動などがあげられる。だが，このような特徴は，非営利・協同組織のみの特徴であってよいのかが問われなければならない。つまり，今日の代表的かつ支配的な企業形態である株式会社においても，その実現の様態は異なるかもしれぬが，民主性の実現や社会的目的を重視することが求められている。さらには，協同組合の重要な特徴とされる「協同」の実現さえも，株式会社であるからといって無視されるということはない。つまり，非営利・協同組織の特徴とされることは，非営利・協同組織のみのものとされてよいのかが問われなければならない。

　富沢は非営利・協同組織の運営原則として民主性と非営利性をあげて，非営利性を「投機的利潤の排除」と「資本に対する人間の優位性」から説明する。もちろん，非営利・協同組織がこのような運営原則のもとで活動することは意義深いことであろう。だが，非営利・協同組織によってのみこれらの運営原則が達成されうるとすれば不十分であろう。以上の議論では，「人間に対する資本の優位性」という原則のもとで活動する組織（＝株式会社）の存在が前提となっている。そして，現代社会において最も影響力を有している企業形態が株式会社であることを思い起こせば，非営利・協同組織においてのみ「資本に対する人間の優位性」が発揮されるだけでは，社会全体からみて不十分なことは明らかである。依然として，社会の大多数は「人間に対する資本の優位性」という原則のもとで暮らしていかざるをえないからである。つまり，今日の社会において事業組織のあり方を検討する際には，株式会社の存在を意識した議論が常に求められる。

　「非営利・協同」という概念を用いる論者の多くは，今日の代表的かつ支配的な企業形態である株式会社のあり方を問い直すという視点が欠けている。「非営利・協同」とされる諸組織のあり方を踏まえたうえで，株式会社という企業形態の望ましいあり方を構想する姿勢が必要とされよう。この点について

は，先にも引用したが，角瀬が「非営利・協同組織が今日，社会から期待されているその役割を発揮しえるためには，大企業による支配体制に対する社会的な民主的規制と経済構造全体の改革が不可避である」（角瀬，1999，5）と述べていることが注目される。「非営利・協同」という観点を持ち出す際に，株式会社の存在を意識しておくことは欠かせず，また同様に，非営利組織を研究する際にも，株式会社のあり方を意識した議論を行うことが求められる。

（5）非営利組織と「共」的セクター

　非営利組織との関わりから協同組合を論じるうえでは，「共」という概念が使用されることがままある。また，非営利組織や協同組合を「共」的セクターと位置づけて，「公」的セクターおよび「私」的セクターと対置する議論もしばしば見出せる。ここでは，「共」的セクターという概念に検討を加える。

　協同組合を軸に非営利組織が論じられる際には，「協同」という用語以上に「共」という概念が多用される場合がある。先述の「市民」的非営利組織における佐藤の説明でも「共」的セクターの重要性が指摘されていた。佐藤は，「共」的セクターが現代社会で必要とされる背景に関して，共生社会や生活世界の必要から説明する。佐藤は生活クラブ生協の事例を用いて次のように述べる。生活クラブ生協の運動は「市場経済システム（私的セクター）と行政システム（公的セクター）の肥大化による人びとの自律的な協同関係の解体と，それにともなうさまざまな社会的諸問題に直面して，市民の自律的な協同関係としての生活世界を形成し，その世界の中に市場と公権力の位相を『埋め込む』ことによって，主体としての人間を取り戻そうとする運動であると理解できる。ここでいう生活世界が，『共的セクター』（市民的公共空間）である」（佐藤，1991，28）[20]。

　また，古沢広祐は協同組合の産直運動を論じるうえで，「共」的セクターの可能性に触れている[21]。古沢によると「共」的セクターは次のように説明される。古沢は，「共」的セクターを論ずるうえでのテーマは，社会・経済システムの組み替えともいうべき問題であるとしたうえで，「現時点で見るかぎり，最近までは社会主義に対する資本主義の勝利あるいは計画経済の破綻と市場経

済の優位といったレベルで語られることが多かった。しかし，ここではまったく別の枠組みすなわち3つの社会経済システムの動態変化としてとらえ，協同セクターないし『共』的なセクターがもつ可能性として論じていこう」と述べる。そして，3つの社会経済セクターの特徴は，「市場メカニズム（自由・競争）を基にした『私』的セクター，計画メカニズム（集権・管理）を基にした『公』的セクター，協議メカニズム（分権・参加）を基にした『共』的セクターとして，まとめることができる」（古沢, 1997, 51）という。

また，今日，「共」的セクターが必要とされている根拠については，資本主義のもとで次第に「共」の領域が失われてきたことから説明されるのが一般的である。このことは，「共」的セクターにまつわる議論では，資本主義経済が普及する以前から存在し，次第に失われていった共同体の存在が意識されていることを意味している。そして，歴史的に存在した共同体の延長線上に，現代の非営利組織やそれに類する諸組織が位置づけられる。古沢は，「共」的セクターのことを「歴史的には，例えば村落共同体がもつ入会地ないし共有地（財産）の維持・管理や，道普請，水路の掃除そして結いと呼ばれる労働力の助け合い等が思い浮かぶ」と説明する。そして，「それは都市的生活様式の中にも形を変えて存在している」と述べ，その例として市民団体のボランティア的活動や社会的運動，生協や農協などの活動などをあげる（古沢, 1997, 51）。また，佐藤や古沢によっても紹介されている多辺田政弘の理論においては，コモンズという言葉で「共」的セクターが説明される。多辺田はコモンズという言葉を次のように説明する。「英語のコモンズ（commons）という言葉には，『共有地』『入会権』『共同の食事』といった意味が込められている。ここでは，それらの意味を含めながらも，より広い意味で使おうと思っている。すなわち，商品化という形で私的所有や私的管理に分割されない，また同時に，国や都道府県といった広域行政の公的管理に包括されない，地域住民の『共』的管理（自治）による地域空間とその利用関係（社会関係）を，コモンズとよぶことにしたい」（多辺田, 1990, ⅰ）。

しかし，はたして今日の非営利組織は，伝統的な共同体の延長線上にあると位置づけられるだろうか。また，現代の非営利組織などの諸組織が，伝統的な

共同体を超えた新たな「共」の領域を生み出しているとするのであれば，その領域はどのような特質を備えているのであろうか。[22] 現代社会で必要とされる領域を「共」と位置づけるにしても，その「共」の領域とは何かが明確にされなければならない。だが，「共」の原理は，多義的な意味を包含した曖昧な概念として扱われざるをえないという特徴を有している。[23]

　また，今日の非営利組織の活動は，必ずしも「共」という言葉で特徴づけられるもののみに限られるとはいえない。非営利組織や協同組合などの活動は「共」という言葉ではあらわしきれない内容を含んでいる。もちろん，「共」という言葉をより広い概念として把握することもできるであろうが，それは「公共」という概念として把握し直すことができる。ただし，「公共」という概念自体が狭く把握されすぎていることに注意する必要がある。すなわち，政府のみが公共性を担う主体として理解される場合があることに注意しなければならない。だが，公共性は，より広く理解される必要がある。例えば，岡本利宏は次のように述べている。「公共性は，その直接の担い手が誰であるかとか，その直接の動機が何であるかではなく，その共同社会全体の共同の利益に資するか否かによって判断されるべきである。政府のみが公共性を担うのではない。公共事務は，さまざまな担い手によって遂行される。もし，政府のみが公共性を担うのであれば，それ以外の社会的主体はすべて『私』の領域に押し込められる」(岡本，1997，93)。このように公共性を理解すれば，必ずしも「共」という言葉に固執する必要はない。だが，ここで注意しなければならないのは，「共」の概念と同じく，公共性という用語自体が必ずしも明確な概念ではないということである。すなわち，公共性の内容をどのように決定するかということ自体が論争の的となる。

　さらに，「共」という原理自体がパラドクシカルな特徴を内包しており，扱いにくい概念であることにも注意すべきである。「共」の重要性を主張することが，逆に「共」の特質を阻害することになるのである。この点に関して，間宮陽介はコミュニタリアニズム（共同体主義）の問題点を指摘しつつ，公共性について次のように論じている。「公共的空間はコミュニタリアンが回帰をめざす共同体（家族的，宗教的，国家的）のように，そこへの帰属に価値が置かれ

るような共同体とはまったく異質のものだということである。なぜなら共同体は帰属を要求される人々に先立って既にそこに在るのに対し，公共的空間は人々の活動によって絶えず創造されなければならないからである」（間宮，1995, 61）。また，公共性の衰退の過程が現代においても進行していることを指摘したうえで，「親密さの領域，自由の領域としての私的領域それ自体がさらに解体し私化しつつあるようにみえる。このような事態に対して，共同体への回帰ではなく，公共性の空間の再創造を図ることが最大の課題となるであろう」（間宮，1995, 63）と述べる。このように，間宮は共同体への回帰という現象に警鐘を鳴らしているが，「共」が強制されることによって，かえって「共」の体現が阻害されることが示されている。すなわち，「共」の原理を体現しているともいえる共同体への帰属に価値をおくこと自体が，強制の要素が入り込むことを意味し，「共」の体現を損なうことになってしまう。

　なお，ここで「共」の原理が不必要であると主張しているわけではない。もとより「共」の原理は人類の生命・生活を支える基本原理であり，その原理が損なわれることがあってはならない。だが，その必要性を強調するのみでは不十分であり，かえって「共」の体現を阻害することになりかねない。「共」や「公共性」，前項で紹介した「協同」，さらには社会的な活動に携わる人々の様々な「思い」や「使命感」の重要性は，非営利組織研究においてことに強調される。だが，非営利組織であろうとなかろうと，これらが重要であることに変わりはない。人は，内容や程度の差はあれ，「共」や「協同」，様々な「思い」，「使命感」を有している。その重要性をことさら強調するまでもなく，人は「共」や「協同」を実現する可能性を常に有している。したがって，非営利組織研究を進めるうえで必要とされているのは，「共」の原理の重要性を強調することにあるのではなく，さらに一歩進んで「共」の原理の実現を保証するための仕組みや事業組織のあり方と，その指導原理を模索することにあるといえよう。

　以上にみたように，「共」の原理や公共性は，その概念自体が必ずしも明確ではないという特徴を持ちながら，その必要性が主張されるという側面が強い。ここでは，ひとまず非営利組織研究と関わりのある範囲で，公共性につい

て必要最小限触れておきたい。公共性に関して強調されるべきことは，公共性自体が必ずしも市場メカニズムと排他的な関係にあるわけではないということである。このことは，公共性を特徴づける重要な要素の1つを，情報公開性や情報の透明性と位置づけることによって裏づけられる。一般に，市場メカニズムは株式会社に代表される営利企業の原理，すなわち「私」的セクターの経済メカニズムであり，公共性を体現しているとみなされる政府や非営利組織は市場メカニズム以外の論理である計画メカニズムや協議メカニズム，すなわち「公」的セクターおよび「共」的セクターの経済メカニズムに基づくとされる。[24] しかし，現実には，例えば独占行為に代表されるように，営利企業の活動によって市場メカニズムが損なわれることもあり，情報の問題を回避する役割を果たす政府や非営利組織が，その損なわれた市場メカニズムを再び機能させる働きをすることもある。[25] この論点は，情報の非対称性から非営利組織の存在を説明する米国の理論の意義にも通ずる。例えば，生産者と消費者の間に情報の非対称性がある場合，営利企業においては機会主義的な行動がとられて財やサービスの提供が適切に行われないという契約の失敗が生じる可能性があるが，非営利組織ではこの失敗を回避する可能性が高いとされる。このことは，非営利組織が情報問題を解決することによって，損なわれた市場メカニズムを再び機能させている例とみなすこともできる。すなわち，この場合，非営利組織が市場メカニズムを利用しているのである。したがって，公共性の一側面には，市場メカニズムを機能させる側面があり，「公」「私」「共」と3分類することの意義は，財・サービスの供給主体の多様化を示しているという点に限定されるべきであろう。[26]

なお，当然のことであるが，「私」的セクターと位置づけられる営利企業においても，「公」や「共」を無視した活動が許されるわけではないことには注意が必要である。この点は前項で強調したことと関連するが，もし，現代の代表的かつ支配的な企業形態である株式会社が「公」や「共」を意識せぬままに活動を行えば，社会に対して多大な悪影響をもたらすのは明らかである。したがって，「私」的セクターの構成要素とされる株式会社においても，「公」や「共」の側面を無視して事業を展開することは許されない。また，実際にも，

株式会社があからさまに「公」や「共」の原理に反した活動を行うことは困難である。もちろん，株式会社が「公」や「共」の原理に背く場合があることは否定できない。だが，協同組合が同様の過ちを犯して社会に悪影響をもたらす場合があることも否定できない。このことは，非営利組織や協同組合のみが「公」や「共」を担う組織であると単純には位置づけられないことを意味している。また，逆にたとえ非営利組織や協同組合が「公」や「共」の原理を体現できたとしても，「公」や「共」の原理が株式会社において体現されなければ，社会に悪影響がもたらされる状況を克服できない。すなわち，非営利組織や協同組合を「共」的セクターと一括してその活動を讃えるだけでは，社会の諸問題に対して対症療法としては有効であるとしても，多くの問題が未解決なまま残されてしまう。したがって，非営利組織や協同組合の積極性を明示するためには，株式会社よりも非営利組織や協同組合のほうが，「公」「共」の原理を体現しやすい制度であることを明らかにする必要がある。そのうえで，さらには，その制度の仕組みを株式会社にもくみこむための方策を検討することが必要となる。

4　小　　括

　以上，非営利組織と協同組合を結びつけようとする試みとその試みに関連する議論を整理してきた。ここでは，以上に整理してきた議論を踏まえて，非営利組織と協同組合を結びつける試みの意義と残された課題をまとめておく。
　まずは，社会的経済の議論に関わる点を述べることにしよう。非営利組織研究は，民主性という特色を有している協同組合との接点を見出すことによって，その意義をより豊富なものとすることができる。社会的経済の議論は，民主性を軸に協同組合や非営利組織を論じており，協同組合の意義や今日の非営利組織研究の意義を積極的に示しているという点で有意義である。社会的経済の議論は，米国の非営利組織研究で注目度が低かった民主性の観点をくみこむことによって，非営利組織および協同組合の意義を示しているのである。
　続いて，「市民」的非営利組織に関する点について述べることにしよう。こ

の議論は，非営利組織を市民性という観点から理解しようとした点に特徴がある。これまで，非営利組織は，その言葉自体が何らある組織を積極的に明示していないこともあり，曖昧な概念のまま使用されてきた。非営利組織の「非営利」という言葉に振り回されることなく，非営利組織の重要な性質の1つとして市民性を提示したことは，近年，非営利組織の活動が活発化している現状に即した主張であるといえよう。しかし，他方で，市民性を軸に非営利組織を理解する場合に，はたして非営利組織という言葉を使用する意味があるのか，という問題が生じる。すなわち，非営利組織という言葉では，今日の非営利組織の意義を表現することができず，概念上の混乱が絶えないという問題があるのである。この点に関しては，例えば，藤井は市民事業組織という言葉を使うことを試みている（藤井，1997，10）。非営利組織という曖昧な言葉が使用され続けている限り，新たな用語を生み出そうとする試みはくりかえされるであろう。ただ，非営利組織という言葉が他の言葉に置き換えられるかどうかは，今後の非営利組織研究の動向によって左右されるといわざるをえない。[27]

　非営利組織という言葉が妥当であるかどうかの決め手は，非営利組織の「非営利」概念をどのように把握するかにある。既述のとおり，米国を中心とする非営利組織研究の多くでは「非営利」概念は「利益非分配」から説明される。また，協同組合が「非営利」であることの根拠としては協同組合資本が「不分割社会的資本」の特徴を有することから説明される例が見出せた。[28]ところで，ここでは，非営利組織においても協同組合においても利益があがることが前提となっていることに注意しておきたい。つまり，事業の遂行に伴って生じた利益をどのように扱うかということがポイントとなっているのである。そして，どのような方法で利益をあげるかということや，生じた利益をどのように扱うかということが問題とされているのである。つまり，「非営利」の特徴を解き明かすうえでは実際のところ「営利」のあり方が問題とされており，どのような方法で事業遂行に伴う利益を扱うかが問題とされているのである。まさに，事業組織の指導原理のあり方が問題とされ，その特質によって「非営利」的であるとか「営利」的であるとかいった表現がなされているわけである。いずれにせよ，非営利組織および協同組合の特質を考えるうえでは，その指導原理を

決定づける要素は何かを踏まえたうえで，該当の事業組織の「営利」的側面とは何なのかを考慮する必要がある。本章において，協同組合の営利性について言及したことも，「営利」とは何かについて明らかにする必要性に基づいている。そして，「営利」とは何かという観点によれば，既存の代表的な「営利」企業形態である株式会社における営利原則（指導原理のあり方）をあらためて検討することが必要になる。また，本章で強調してきたことであるが，民主性や市民性，協同などの諸原理は，非営利組織や協同組合のみにおいて実現されたとしても不十分である。現代社会における代表的かつ支配的な「営利」企業形態である株式会社において，以上の諸原理が実現されるための方策を構想することが必要となる。

したがって，非営利組織研究においては，各企業形態における営利原則のあり方，すなわち指導原理について分析し，そのメリットとデメリットを検討していくことが必要となる。さらに付言すれば，各企業形態の比較分析は，各企業形態における意思決定の仕組みについてもなされなければならないであろう。その必要性は，本章で常に重視してきた民主性・市民性の観点を各企業形態に根づかせるということに関わっている。非営利組織および協同組合の分析は，株式会社など他の企業形態との比較を行い，新たな企業形態のあり方を模索するという観点をくみこむことによって，一層有意義なものとなる。非営利組織および協同組合の研究は，企業形態の比較という側面をとり入れていくことが必要となるわけである。

1）その他，「非営利・協同」についての文献として，協同総合研究所（1995）がある。また，雑誌『経済』における座談会「『非営利・協同』の探究」（川口ほか，1999）も参照されたい。
2）ICAマンチェスター大会で採択された「声明」とその声明に関する論議については，さしあたり日本生活協同組合連合会（1996）を参照されたい。
3）野原敏雄は，協同組合の価値論議を踏まえたうえで，現代の協同組合が多様な事業分野で発展していることを指摘している（野原，1996，4）。
4）福祉に従事する協同組合については，生協の福祉活動について調査している厚生省社会局生活課・生協福祉研究会（1989），生協総合研究所（1996）を参照されたい。また，介護保険制度導入後の生活協同組合福祉については，橋本吉広（2010）を参照されたい。

5）7章でとりあげる社会的企業論では，協同組合を主な対象とするものとそうでないものがある。協同組合を主な対象とする社会的企業論は，社会的経済の議論を発展させたものと位置づけられる。
6）Defourny（1992）の邦訳書［1995］199頁から引用。ドゥフルニがベルギーの社会的経済の動向について述べている論文は，フランス語で記されており，英語の要約が付されている。ここで引用した社会的経済の定義の邦訳は英語による要約の記述に依拠しているとみなせる。社会的経済の定義についてフランス語による記述と英語による記述との間にはニュアンスの違いがある。フランス語の記述によると「社会的経済は，連帯・自治権・市民権などの価値を基盤にした組織形態によってなされた経済活動からなる」ものとされている。フランス語の記述と英語の記述の違いは，社会的経済を構成する組織が国によって様々であることによるものといえるであろう。そして，この違いは，社会的経済を支える文化や社会の基盤が国によって異なることによると思われる。なお，Defourny（1992）において社会的経済の定義が記されているのは，フランス語（本文）では227頁，英語（要約）では253-254頁である。
7）社会的経済の起源については北島（1997）を，またEUにおける社会的経済の議論については，富沢（1995）および石塚（1997）を参照されたい。
8）JHCNSPは，社会的経済の用語を使わない理由として，社会的経済の概念が協同組合を含んでいることをあげる（Salamon and Anheier, 1992a, 129）。JHCNSPによる社会的経済の批判は，川口によってもとりあげられている（川口，1994，69）。ところで，川口は，その後の文献では，JHCNSPの定義の問題点を明示している（川口，1999a；1999b）。この点については，「非営利・協同」の概念を検討する際にあらためてとりあげる。
9）兼子厚之は，普遍化できる協同組合の発展条件として，協同組合の組織（運動）と事業の統一性，協同の主体形成，運動の先進性・革新性，事業体の経営力量の4点をあげている（兼子，1992，113-114）。
10）企業の目的は利益追求にあるという一般に流布されている考え方に対して，ドラッカーは，企業の目的とは，利益を求めることではなく「顧客の創造」であると述べ，その目的を達成するためにマネジメントの概念の重要性や，マーケティングとイノベーションの意義を強調する（Drucker, 1954, 37 =［2006］上46-47）。この点については，9章で詳述する。
11）ここで，佐藤は，現代社会を考えるうえで「対話的コミュニケーションの位相」が重要と指摘する。佐藤によると「産業化によって解体されてきた〈社会〉―人々の連帯・協同の位相―を，伝統主義的な共同社会とは質的に異なった結合原理によって形成し，この〈社会〉の位相が『私』的および『公』的セクターとの対話的コミュニケーションを要求することで，この両セクターの目的合理性の論理をコミュニケーション的合理性によって制御するように働きかけねばならない」のであり，「われわれのいう〈社会〉の位相とは，ハーバーマスがコミュニケーション的行為論において類型化した言語を媒介とした相互行為―事実確認的，規範規制的，演劇的，そして発言の妥当要求をめぐる討議としての対話的行為―によって構成される位相を意味する」という。なお，この位相は，社会的セクターとして名づけられ，「この社会的セクターを人々の間に成り立たせる背景知として

『生活世界』という概念が用いられてきた」（佐藤，1996，213）と述べる。
12) 企業市民については，松岡（1992）を参照されたい。
13) 佐藤（1996，213），藤井（1997，10）を参照。なお，ハーバーマスの「市民社会」概念をめぐっては様々な論争がなされているが，その論争に関しては，中村健吾（1996）を参照されたい。
14) 奥村宏は，株式会社が死に至る病にとりつかれているとして，制度としての企業を改革する必要性を述べている（奥村，1997，244-245）。そして，株式会社に代わる可能性のある新たな企業形態として，非営利組織・協同組合および中国の郷鎮企業をあげている（奥村，1997，258-264）。非営利組織などの諸組織が，株式会社にとって代わるという議論は極端であり，その内実を深める議論がなければ，非営利組織や協同組合などの主体に対して根拠のない期待を抱くだけの状態に陥る。ただし，非営利組織などの諸組織における組織のあり方が，株式会社という企業形態の改革に示唆を与える可能性については検討を進める必要があろう。
15) 協同組合の法規定については，例えば，生活協同組合法の第9条では事業の種類を次のように定めている。「組合は，その行う事業によつて，その組合員及び会員（以下「組合員」と総称する。）に最大の奉仕をすることを目的とし，営利を目的としてその事業を行つてはならない。」
16) 角瀬（1996；1997）および角瀬（1999）においては，協同組合と非営利組織を包含する概念として非営利・協同組織という言葉が使用されている。この点については，「非営利・協同」の概念を検討する際にあらためてとりあげる。
17) 協同組合の不祥事については，生協の事例に限定されたものであるが，例えば，生協総合研究所（1999）を参照されたい。
18) 角瀬による非営利・協同組織についての言及として，角瀬（1996；1997）および角瀬（1999）を参照されたい。なお，これらの文献では，「非営利組織の事業のために必要とされる支出財源は，事業活動以外の源泉から確保されなくてはならない」（角瀬，1993，8）という考え方はとりさげられており，米国における非営利組織研究に依拠して議論が展開されているように思われる。ただし，どのように「非営利」概念を理解しているのかは明示されておらず，「非営利」概念を「利益非分配」から説明しようとしているのかどうかは定かではない。なお，角瀬は，「さしあたって非営利・協同組織という言葉を使うことにしたのであるが，理念的には社会的企業というべきかもしれない」（角瀬，1996，2）とも述べている。
19) 鈴木彰が座談会に際しての報告において次のように述べていることが注目される。鈴木は「『非営利・協同』の探究」という座談会のテーマに対する疑問の1つを以下のように述べる。「私は長年，生協の運動に労働組合の分野から取り組んできたわけですが，生協や各種協同組合や，福祉や教育，医療の分野などで，性格や到達も違うさまざまな運動組織があるわけです。同じ『協同組合』といっても，生協と農協を同列に論じることなどできません。その分野ごとに一生懸命，それぞれの運動を蓄積してきています。それを今，『非営利・協同』という形でひとくくりにして論議することで，これらの違いが見落とされたり，かかげる『理念』だけがクローズ・アップされはしないかという疑問です」（鈴木，1999，111）。

20) 同様の論点について，佐藤（2002, 1-9）でも言及されている。
21) 古沢（1991）を参照されたい。
22) この点を解明する手がかりとなる理論としては，例えば，地域共同管理の主体形成について論じている中田（1993）がある。
23) 例えば，多辺田は次のように述べている。「もちろん，コモンズを共同体的諸関係ととらえてもかまわないのであるが，より多義的な豊かな内容をもつ概念として，将来に向けて積極的に提示したい。したがって，あえて曖昧さを含んだ（ファジーな）概念として使いたいのである」（多辺田，1990, i）。
24) この点については，古沢（1997, 52）の表を参照。
25) 政府や非営利組織によっても市場メカニズムが損なわれる場合がある。政府の失敗やボランタリーの失敗とされる例のなかには，政府や非営利組織が情報公開を怠り，市場メカニズムを損なう場合が含まれる。
26) 似田貝香門は，社会サービスの供給主体の移り変わりについて，「公」「私」「共」の活動領域の変容という観点から説明している（似田貝，1989, 91-92）。また，上野千鶴子は，高齢者介護の供給主体を論じるうえで，「公」「私」の二元モデルや，「公」「私」「共」の三元モデルを批判的に検討し，「官」「民」「協」「私」の四元モデルの必要性を述べる。ここで，「官」セクターは政府，「民」セクターは市場で私益を追求するアクター，「協」セクターは市民社会，協同セクター，「私」セクターは家族を指す。上野の主張の意図は，「私」領域を概念化することにより，「私」領域の費用負担を不問に付して家族介護を自明の前提としてきたことを可視化することにある。上野（2011, 217-238）を参照。この視点は，とりわけ高齢者介護の領域で，アクター間比較を行い，供給主体の経営構造や費用負担のあり方を分析するうえで欠かせぬ視点となろう。なお，上野は「協」セクターの担い手の事例としてはワーカーズ・コレクティブをとりあげている。
27) 非営利組織という言葉を他の言葉に置き換える試みが進むかどうかは定かではない。なぜなら，非営利組織およびその略称であるNPOという用語は一般的に普及されており，認知度が高く，その社会的影響を考慮した場合に易々と他の言葉に置き換えるわけにはいかないという状況があるからである。
28) 協同組合の「不分割社会的資本」の概念については，堀越（1995a）において詳しく分析されている。そこでは，株式会社および公益組織との比較がなされており，「不分割社会的資本」の観点から株式会社制度を再吟味することによって，株式会社制度の改革に重要な示唆を与えることができると述べられている。この観点は，株式会社という企業形態のあり方を改革するうえで，協同組合や非営利組織といった事業形態を検討することの必要性を明示したものといえる。なお，以上の点については，堀越（1989；1995b）も参照されたい。

第Ⅱ部
非営利組織と社会的企業

第6章
コミュニティ・ビジネス論の展開とその問題

1 はじめに

　これまでの各章では，非営利組織を扱った先行研究を検討してきた。本章以降においては，コミュニティ・ビジネスや社会的企業など非営利組織に近接する概念の検討を行い，それらの諸概念が非営利組織研究の文脈にどのように位置づけられるかを考察する。まず本章では，コミュニティ・ビジネス論がどのように展開されてきたかを非営利組織研究との関わりから整理する。コミュニティ・ビジネスという概念が期待を集める背景とその問題点を明らかにすることが本章の目的となる。

　コミュニティ・ビジネスは，地域社会や地域経済を活性化するための方法の1つとして注目されてきた。だが，コミュニティ・ビジネスという概念がどのような事業や組織を指し示しているかはいまだ明確になっていない状況にある。コミュニティ・ビジネスという用語は，「ビジネス」という言葉の特質に従い，事業のあり方を指し示す際に用いられるが，それとともに，その事業を行う事業組織を指し示す際にも用いられる。また，「コミュニティ」という言葉は，論者によって様々に理解される状況にあり，その指し示す内容について共通の理解が成立しているとはいいがたい。そのようななか，コミュニティ・ビジネスに関する議論は論者によって多種多様な捉え方がなされ，国や自治体におけるコミュニティ・ビジネスに関する施策の対象も多様であるのが実情である。コミュニティ・ビジネスに関する議論には定義上の問題も含めて不十分な点が多く，コミュニティ・ビジネスという概念を使うことの問題点も多い。

　そのようななか，コミュニティ・ビジネスという概念を敢えてとりあげることには理由がある。それは，本書の主題である非営利組織研究との関わりから

説明できる。日本のコミュニティ・ビジネス論は，非営利組織の事業化の進展[1]と関わりながら，非営利組織研究を発展させるかたちで展開されてきた。とりわけ，NPO法人に関しては事業化に伴う様々な問題が指摘されており，NPO法人が事業体として継続的に活動を進めるうえで生じる意義と問題について議論が進められている[2]。その背景には，事業化を進めるNPO法人自体が増加しているという現実がある。非営利組織よる財やサービスの供給の広がりは，「非営利」でありながら「ビジネス」的要素を持つという，矛盾を抱えた事業組織の登場が求められている現実があることを示している。これまでにみてきたように，事業組織としての非営利組織が有する独自の存在意義をみるうえでは，新しいタイプの財やサービスの供給主体であるという側面（素材面）と，独自の指導原理（営利原則）を備えた事業組織であるという側面の両者に目をやる必要がある。そのようななか，コミュニティ・ビジネス論は新しいタイプの財・サービスの供給という点に重きをおいたものと位置づけられる。その詳細は本論でみていくが，既存のコミュニティ・ビジネス論においては，事業組織の指導原理にはそれほど注意が払われず，事業活動の特徴（提供される財・サービスの内容）が重視されているのである。

　ところで，3章で触れたとおり，特定非営利活動促進法は，それ以前の制度に比べて，法人格を取得することが容易になるという特徴がある。そして，現存のNPO法人のなかには，一般に（世間的に）イメージされる「市民」的な特徴を備えていない組織が含まれている。NPO法人の法人格取得はあくまでも手段として活用されるのが現実であり，現存のNPO法人には様々な目的のもとで法人格を取得した組織が含まれる。したがって，すべてのNPO法人の活動を一律に定義して分析することは困難になりつつある。

　だが，これまで非営利組織研究において先進事例としてとりあげられてきた市民活動団体を出自とするNPO法人の活動の多くは，コミュニティ・ビジネス論の対象となる活動と重なる部分が多い。すなわち，これまでの日本における市民活動の発展の経緯や，非営利組織研究の流れを踏まえると，非営利組織研究の文脈からコミュニティ・ビジネス論を検討することは妥当性が高い。

　とはいえ，コミュニティ・ビジネス論においては，従来の非営利組織研究の

第6章　コミュニティ・ビジネス論の展開とその問題

範疇を超える論点が含まれていることに注意を要する。社会的な要素や公益性の追求を事業活動というかたちで実現することの必要性が指摘されるなか，非営利組織という概念では収まりきらない事業形態のあり方を指し示す新たな概念が模索されるようになった。そのようななか，コミュニティ・ビジネスという概念は新しい事業形態を指し示す用語の1つとして登場したものと理解できる。なお，この文脈との関わりでは，社会的企業という概念も，新しい事業形態を指す用語として重要な位置を占める。本章では，可能な範囲で社会的企業について触れているが，その詳細は次章で扱う。

　コミュニティ・ビジネス論は，法人種別の観点においてNPO法人のみを対象とせず，多種多様な法人形態の組織を議論の対象とする。つまり，NPO法人以外の公益法人や，株式会社に代表される営利企業，さらには法人格を持たない任意団体もコミュニティ・ビジネスに位置づけられる。コミュニティ・ビジネス論では，法人格の種別ではなく，その事業のあり方の特徴に焦点があてられており，既存の非営利組織研究よりもなお一層，素材面に注目する傾向が強い。すなわち，どのような財やサービスを供給するかという点に焦点があてられ，その指導原理への注目度は低いという特徴がある。だが，現象面からみれば，コミュニティ・ビジネスと称される事業体は多くがNPO法人であるという実態があり，指導原理の面からみても，営利企業とは異なる独自性を持つ事業組織がコミュニティ・ビジネス論の対象の中心となる。以上の点から，コミュニティ・ビジネス論は，日本においては非営利組織研究の延長線上にあるものとして捉えて分析を加えることが現実的であることがわかる。

　ところで，コミュニティ・ビジネスという概念を検討するにあたり，本章では，雇用・就労を含む労働と福祉の関わりという問題も念頭においている[3]。労働と福祉の関係という古くて新しい問題は，産業構造の転換や福祉国家のあり方が変容を迫られている今日においてあらためて大きな論点となりつつある。国や自治体の施策においても，労働と福祉の新たなあり方についての模索がみられる。そして，労働と福祉の新たなあり方を具体化する存在としてコミュニティ・ビジネスが位置づけられる例もみられる。また，次章以降で詳しくみる社会的企業論においても，労働と福祉の関係を問うことは1つの重要な論点と

155

なっている。そもそも，労働と福祉の関わりという観点については，現代社会において仕事をめぐる状況が紆余曲折を経ながら大きく変わりつつあることが指摘できる。そのような仕事をめぐる動きの変化のなかで，コミュニティ・ビジネスや社会的企業は新しい「仕事」のあり方を提示する存在として位置づけられることができるだろうか。この課題は，非営利組織研究の新たな展開を考察するうえでも重要である。また，脱産業化の到来という観点からも，新しい「仕事」のあり方を問い直すことの意味は大きい。

以上の論点を踏まえて，本章では，コミュニティ・ビジネス論を検討するなかから，その意義や可能性と問題点を明らかにする。具体的には，第1に，コミュニティ・ビジネスに関する議論がどのように展開されてきたかを整理し，第2に，コミュニティ・ビジネスが国や自治体の政策のなかでどのようにとりあげられてきたかをみていく。第3に，コミュニティ・ビジネス論から導き出される論点を提示する。

2　コミュニティ・ビジネス論の展開

（1）コミュニティ・ビジネス論の端緒――英国の議論から

コミュニティ・ビジネスという用語は，英国における地域再生のとりくみのなかから登場してきた。その端緒としては，1980年代を中心として隆盛したスコットランドにおけるとりくみが注目される[4]。例えば，北島健一らは，英国の地域再生プログラムであるアーバン・プログラム（Urban Program）のファンドに支えられ，グラスゴーにおいて「1970年代末から1990年代初頭にかけて数百ものコミュニティ・ビジネスが設立されていった」ことを紹介している（北島ほか，2005，62）。しかし，アーバン・プログラムの終了とともに，1990年代，スコットランドの多くのコミュニティ・ビジネスは衰退していった。公的な資金に依存するかたちで展開していたコミュニティ・ビジネスは，曲がり角を迎えることになる。

その現状を踏まえ，北島らは，スコットランドにおけるコミュニティ・ビジネスを第一世代のものとして捉えている。その失敗の要因については，アーバ

第6章 コミュニティ・ビジネス論の展開とその問題

ン・プログラムに基づくコミュニティ・ビジネスの資金源が期間限定の「公的資金頼みで経済的に自立できなかった」ことが響いたと述べる。また，1990年代中頃，「地方政府が歳出削減を余儀なくされたこと」も，コミュニティ・ビジネス衰退の要因としてあげる（北島ほか，2005，62）。今日のコミュニティ・ビジネス論でも大きな課題である資金源の問題が，当初から重要な課題であったことが見出せる。

だが，今日のコミュニティ・ビジネス論は，後述するように社会的企業という概念も議論の対象とするなど新たな展開をみせており，1970年代を中心に盛り上がりをみせたスコットランドにおけるとりくみとは異なる段階に入っている。北島らは，スコットランドにおける多くのコミュニティ・ビジネスが衰退したのに対して，「ローカルな市場を相手にするコミュニティ・ビジネスと異なり，事業を全国展開するなどして規模を拡大していった」存在として，社会的企業を例にあげる（北島ほか，2005，62）。

コミュニティ・ビジネスの議論は，英国の政策過程のなかでも，次第に社会的企業論の文脈のなかで捉えられるようになる。例えば，加藤恵正は，ピアス（Pearce, J.）の叙述をひきながら，次のように説明する。「1980年代の英国において『コミュニティ・ビジネス』という言葉は既に一般的ではあったが，現在この表現は『地域』をベースとする事業活動の総称としてどちらかというと限定的に用いられており，特定地域にこだわらずに展開する『ソーシアル・エンタプライズ』と差別化して用いられている。その意味において，コミュニティ・ビジネスはソーシアル・エンタプライズの一部ということもできよう」（加藤，2004a，70）。

社会的企業という用語は，英国のみならず，他のEU諸国においても重視されている概念であるが，とりわけ英国においては，1997年に誕生したブレア政権における「第3の道」政策との関わりで重要な意味合いを持つ存在となる。都市部の衰退に直面するなかでの地域再生の担い手として，また，「社会的排除」（social exclusion）を克服するという文脈のなかで，社会的企業が位置づけられるようになる。

これらの英国におけるコミュニティ・ビジネスや社会的企業に関する議論

は，日本の実践や研究にも示唆を与えるものとなっている。では，その要点は何か。ここでは以下の3点をあげておく。

第1は，地域再生という観点から新しい産業のあり方を模索するなか，その担い手として，コミュニティ・ビジネスや社会的企業を位置づけるという点である。先進資本主義諸国では，産業構造の転換に伴って，製造業を中心として繁栄してきた都市部および都市周辺部の多くは衰退傾向が著しい。そのようななか，地域再生や都市再生，維持可能な都市のあり方について盛んに議論がなされている。[5] コミュニティ・ビジネスや社会的企業は，地域社会や地域経済の活性化を進める担い手として注目を集めている。

第2は，公と民の関係を捉え直す動きが進められるなか，地域社会の諸課題にとりくむ新たな担い手として，コミュニティ・ビジネスや社会的企業が位置づけられているという点である。この点は，広義の「民営化」問題とも関わる。財政危機や官僚制の逆機能が深刻化する状況下，従来，行政組織が担ってきた領域において，民間事業者の参入を促す動きが進んでいる。例えば，日本では公的介護保険制度や指定管理者制度の導入により，行政が主な担い手であった領域に株式会社やNPO法人などが参入できるようになった。これまで行政が主として担ってきた領域の事業活動は，単なる民間の営利企業による参入というかたちだけでなく，地域社会の固有の問題への配慮や社会的な価値の追求という観点を考慮に入れることが求められる。[6] それらを実現する担い手として，コミュニティ・ビジネスや社会的企業という存在が注目を集めている。この状況は，行政のアウトソーシングの受け皿としてコミュニティ・ビジネスが位置づけられていることを意味する。

また，公と民の関係の新たな動きは，「新しい公共」というフレーズとして提起される問題でもある。民間の事業組織が，公共の仕事に関わることの積極面が強調され，「新しい公共」の担い手としてNPO法人がとりあげられ，コミュニティ・ビジネスという概念についても注目が集まるようになる。その過程では，公と民のパートナーシップの重要性も指摘される。これらの観点は，公共的な仕事を実施するうえで，資金の出所とその使い道について再検討する動きとみなせる。

第6章　コミュニティ・ビジネス論の展開とその問題

　第3は，コミュニティ・ビジネスや社会的企業が，新しい産業の担い手の1つとして捉えられるとともに，雇用を増進する手段として，さらには，労働と福祉の関係を問い直す存在としても捉えられている点である。英国における地域再生の課題の1つは，製造業に支えられた都市部や都市周辺部の衰退，そして雇用問題に伴う地域社会の疲弊に対応することであった。失業をはじめとする雇用問題は地域社会から排除される人々を生み出しており，それらの人々の地域社会への参加のルートづくりの必要性をもたらした。この問題は，社会的排除の克服という文脈から地域再生にとりくむことを意味する。そしてここでの議論は，仕事のあり方の再検討を促すという意味合いを持つ。1990年代後半，英国のブレア政権では，「福祉から就労へ」[7]というアプローチのもとで，古くから議論がなされている労働と福祉の関係を捉え直すことを試みた。これまで福祉の受給者であった者を，就労を通じて自立させていくという道筋が描かれ，その就労の場をつくる主体として，コミュニティ・ビジネスや社会的企業がとりあげられるようになった。日本におけるコミュニティ・ビジネス論においても，雇用面での貢献，地域社会への参加のルートとして，コミュニティ・ビジネスが位置づけられる場合がある。後述するように，日本の国や自治体の政策においても，コミュニティ・ビジネスが「福祉から就労へ」という考え方を実現することを意図している例がみられるようになってきている。だが，はたして，現存するコミュニティ・ビジネスは，そのような考え方を実現する担い手であるだろうか。

（2）日本におけるコミュニティ・ビジネス論の展開

　日本のコミュニティ・ビジネス論においては，細内信孝が先導的な役割を果たしてきた。細内は，コミュニティ・ビジネスを「地域住民がよい意味で企業的経営感覚をもち，生活者意識と市民意識のもとに活動する『住民主体の地域事業』」，「地域コミュニティ内の問題解決と生活の質の向上を目指す『地域コミュニティの元気づくり』をビジネスを通じて実現すること」と定義づけている（細内，1999，13）。地域コミュニティの再生に向けては，政府や自治体，民間企業に任せておくだけでは不十分であること，そして，従来の行政主導型の

都市計画の延長線上での施策による地域コミュニティ再生の矛盾が，阪神・淡路大震災で一挙に露呈したことが指摘される。そのようななか，行政セクターや民間企業セクターだけでは地域社会の再生が難しく，「私たちの暮らしを支える『元気な地域づくり』ができるのは，その地域に住んでいる住民自身だ」と述べるのである（細内，1999，14-15）[8]。

　細内の議論の特徴は，地域コミュニティの活動を「ビジネス」として捉えていくというところにあり，そのうえで，雇用を生み出すという観点を提示しているところにある。1995年1月17日に起きた阪神・淡路大震災からの復旧復興に向けては，各種のボランティアが活躍し，1995年は「ボランティア元年」と位置づけられた。その流れを受け，またそれ以前からの民間で公益の非営利活動の潮流とも結びつき，1998年には特定非営利活動促進法が成立した。そのようななか，地域コミュニティに根ざした活動を，NPO法人による活動やボランティア活動という観点から把握し，その意義を強調する議論は多かった。

　だが，NPO法人や市民活動団体のとりくみにおけるボランティア的な面を強調するのではなく，地域での様々な活動をビジネスと位置づけ，雇用という観点をくみこんだかたちでコミュニティ・ビジネスという概念を提示したところに，細内の議論の特徴が見出せる。例えば，兵庫県の施策においても，震災復興の初期の段階ではボランティア活動が重視されていたが，復興のとりくみが展開される過程で地域経済の底上げの必要性が認識されるようになり，コミュニティ・ビジネスを促進するための施策が提示されていく。NPO法人の活動が，地域での「仕事」を増やす存在として理解されるようになり，地域社会における様々な課題の解決に向けての営みが，地域社会における働く場の確保という問題と結びつけられて捉えられていくようになる。

　また，細内の議論は，社会的に排除された人々に着目し，それらの人々が地域に存在しないようにするという観点を提起しているところにも，その特徴がある（細内，1999，16-17）。細内は，失業によって社会参加ができなくなり，社会的に排除されてしまう人々の存在を問題視する。そして，失業率が高まっている状況を踏まえたうえで，「地域コミュニティのなかで，"なりわい"が成り立つということが，今の日本社会では必要なことなのではないか」と述べるの

第6章　コミュニティ・ビジネス論の展開とその問題

である（細内, 1999, 23）。このように，地域のなかで，新たな「仕事」をつくり出すことが，細内のコミュニティ・ビジネス論では念頭におかれている。

　コミュニティ・ビジネスに早くから着目した論者としては，加藤もその代表的な存在である。加藤は，英国の事例に基づきながらコミュニティ・ビジネスが持つ意義について説明しており，また阪神・淡路大震災の復興との関わりからコミュニティ・ビジネスに関する具体的な施策についての検討を加えている。阪神・淡路大震災の被害が甚大であった神戸市は，他の都市部と同様に，産業構造転換の遅れとそれに伴う都市内部における経済的衰退問題に直面しつつあった。その問題は，大震災以前に顕在化していたものばかりではなかった。しかし，1995年の阪神・淡路大震災によるダメージにより，産業経済が抱える構造的な問題が一気に露わになった。実のところ，都市部における経済的衰退問題は，被災した神戸だけの問題ではない。インナーシティ問題は，日本においても遅くとも1980年代から指摘されてきたことであり，「神戸において現在顕在化している経済的問題は，近い将来いずれの都市においても多かれ少なかれ対応が求められる性格のもの」であった。加藤は，「『ブランチ経済』が，グローバリゼーション・情報化社会への移行のなかで再編に直面している」ということと，「ボランティア・NPOに象徴される新しい社会・経済セクターの出現」に着目し，「阪神・淡路大震災における大きな教訓と成果は，ボランティア，NPOなど新たな社会・経済セクターの出現とその役割の大きさの認識」を迫るものであったとする。そして，そのうえで，「自律型経済への移行と新たな社会・経済セクター出現の接点において，地域固有の雇用のあり方をきめ細かに点検することが現下の政策課題」であり，英国の都市政策として出発した「コミュニティ・ビジネス」に着目する。なお，加藤によると，コミュニティ・ビジネスとは，「コミュニティを主体とする地域経済のあり方を提案するもので，従来の民間―公共という2分法とは異なる新しい働き方を提示する可能性」が重視されるものである（加藤, 1999, 58-60）。インナーシティの失業対策の必要性はボランタリー・セクターの拡大期に対応しており，きめ細かな地域サービスの欠落や高い失業率は多くのコミュニティ内部において自律的活動を行う契機となったという（加藤, 1999, 66）。

また，加藤は，コミュニティ・ビジネスを説明するなかで，「プロシューマー」という概念を提示する。「プロシューマーとは，自分の好みの財・サービスを自ら創出し消費する主体と定義することができる」（加藤，1999，64）。これは，経済が成熟化するなかで，提供される財やサービスの性質によっては，消費者と生産者が融合する方が効率的であることを意味するといえよう。そして，消費者と生産者が融合するような領域において，コミュニティ・ビジネスという事業のスタイルが有効とみなされている。社会的企業論では，利用者が生産の過程に参加することの意義について論じられるが，ここでの議論もその一種とみなすことができる。

（3）コミュニティ・ビジネスの活動領域

　以上にみたように，コミュニティ・ビジネスは，様々な観点から捉えられるようになる。例えば，それらは「地域経済の活性化を重視する」立場，「NPOやコミュニティビジネスを新しいタイプの『働く場』として捉える」立場，「政府と市場の中間エリアである新しい『公』の担い手として捉える」立場といったように分類することも可能である（栗本，2006，153-154）。では，これらの様々な観点から特徴づけられるコミュニティ・ビジネスは，具体的にどのような活動領域で事業を行っているのだろうか。以下，具体的にコミュニティ・ビジネスの活動分野がどのように示されるのかを整理しておく。

　例えば，細内は，コミュニティ・ビジネスの事業分野として，福祉，環境，情報，観光・交流，食品加工，まちづくり，商店街の活性化，伝統工芸，その他，をあげている（細内，1999，152）。また，コミュニティ・ビジネスの事業分類を指し示す際にしばしばとりあげられる今瀬政司の分類によれば，コミュニティ・ビジネスの活動領域は表6-1のように提示される。この表にみられるとおり，コミュニティ・ビジネスの活動領域は非常に多岐にわたる。だが，コミュニティ・ビジネスと称されている事業の具体的事例をみると，コミュニティ・ビジネスの有効性が認められている領域はいくつかの分野に限定される。代表的な活動事例に基づきコミュニティ・ビジネスの事業が活発な領域を整理すると，コミュニティ・ビジネスと称される事業の主要領域はおおむね以

第6章 コミュニティ・ビジネス論の展開とその問題

表6-1 コミュニティ・ビジネスの活動領域

類　型	事　業　(例)
福祉・医療活動型	高齢者向け総合サービス，高齢者のための給食サービス，障害者向け総合サービス，在宅サービス，福祉タクシー，高齢者・障害者のための住宅改造，訪問看護ステーション，医療関連の消費者支援，地域在住の外国人に対するサービス，床屋さんの出張サービス，福祉・医療機器関連サービス
健康促進型	安全な食材を使ったレストラン，安全な食材を使ったパン屋さん
教育・子育て支援型	駅型保育所，保育ステーション，不登校児童・学生のためのスクール，青少年向けの野外教室
雇用創出・就労促進型	女性・障害者・高齢者等の雇用創出，障害者の在宅勤務支援，高齢者の社会活動促進
環境保全型	環境保全活動，家庭廃食油リサイクル，地域廃油リサイクル，家庭医療廃棄物の回収サービス，廃家電・パソコンリサイクル，環境設備・機器関連サービス
地域産業活性化型	商店街活性化等，伝統技術・技能の継承，異業種交流活動，地域独自製品関連サービス，観光資源の発掘・活用事業
地域づくり型	歴史的資源を活かした地域づくり，住民と企業・行政の仲介による地域づくり，まちづくり会社，地域づくりコンサルティング，古い建物の修理・修復，特殊技能を持つ大工とお客の仲介・相談事業，密集市街地の整備，低所得者・ホームレス・高齢者・障害者・外国人等のための住宅確保サービス
芸術文化振興型	市民図書館の開設・運営，伝統行事やお祭り等のサポート事業
情報サービス型	地域情報誌の発行，地域文化資源の電子データ化とその販売，地域FM放送サービス，商店街のためのバーチャルビジネス，地域に根ざしたインターネットプロバイダー・パソコン通信会社
施設支援型	高齢者（障害者）共同住宅・グループホーム・福祉医療施設等の経営，お風呂屋さんの再生・復活，民営のコミュニティセンター・公民館の設立・運営
交流支援型	都市と農村の交流サービス
コミュニティ・ビジネス支援型	市民事業の起業支援，市民事業のマッチングサービス

出所：今瀬（1998）13頁。

下の4点に整理することができよう。

　第1は，中心市街地の活性化，商店街活性化に関わるものである[9]。郊外への大型店舗の立地などの影響を受けた中心市街地の衰退を背景として，中心市街地活性化対策が盛んに議論されている。中心市街地活性化法において，商業等の活性化を具体化する事業は，TMO（Town Management Organization）によって事業の企画・運営が進められるようになった[10]。そのようななか，コミュニティ・ビジネスというかたちで中心市街地を活性化させる方法についても模索されるようになってきた。TMOの事業は，従来の商店街組織の枠組みを超えて，地域の他のアクターとの関わりを促すという特徴があり，ここに今日の中心市街地活性化の議論とコミュニティ・ビジネスとの接点を見出す論者もいる。例えば，川名和美は，地域再活性化の代表事例の共通点について「まちの『商店街組織』という枠組みを超えて，市民，行政，NPO等外部組織との連携による中心市街地活性化が結果的に商店街の再活性化に結実しているという点である」と指摘し，「その際のキーワードとなるのは，地域が抱える問題解決にビジネスチャンスを見つけ，実践をしてきたという『コミュニティ・ビジネス』の視点にある。いいかえれば，商店街振興組合や協同組合組織の理念にある『組合員の相互扶助』，そしてそのための『補助金への依存』という体質を見直し，地域市民が本当に必要とするものの提供という直接的な事業と，地域に人が集まることで結果的に地域に利益をもたらすものという間接的な事業を市民自らの力で得ようとする姿勢あってこその帰結なのである」と述べる（川名，2005，52-53）。

　また，地方自治体が行うコミュニティ・ビジネス支援施策についても，中心市街地活性化に主眼がおかれているものが多い。中心市街地活性化，商店街の振興という観点は地域の諸課題と密接な関わりがあり，単なる収益目的ではなく，地域活性化にも寄与する側面があり，コミュニティ・ビジネス論と重なり合う部分が多い[11]。

　第2に，環境コミュニティ・ビジネスがあげられる。経済産業省は，2003年度から2005年度にかけて「環境コミュニティ・ビジネスモデル事業（企業・市民等連携環境配慮活動活性化モデル事業）」を実施した[12]。「地域における事業者，

NPO，市民等が連携した環境に配慮したまちづくりに資する『環境コミュニティ・ビジネス』を発掘し，その展開を支援することを通じて，持続的かつ効率的な環境負荷の低減を図ることを目的」としている。ここでは，事業活動のなかに，環境という社会的な要素をくみこんでいる点が「コミュニティ・ビジネスらしさ」の源となっていると考えられる。また，中心市街地活性化の例と同様に，事業者，NPO，市民の連携という観点が提示されていることも注目される。コミュニティ・ビジネス論では，様々な主体が関わっているということ，そして各主体間の連携が重視されていることがわかる。

　第3に，農村地域におけるコミュニティ・ビジネスがあげられる。農村における地域振興策については，長年，様々な観点から議論がなされてきた。[13] 地域おこしは，コミュニティぐるみで事業を行うという側面が強く，コミュニティ・ビジネスの典型的な事例の一形態となる。これまで，地域おこしのとりくみとしてあげられてきた事例の多くは，コミュニティ・ビジネスとしてもとりあげられるようになる。その代表例としてよくとりあげられるのが，「株式会社小川の庄」[14]である。同社は，お年寄りのパワーをいかした村づくりを「おやき」の製造と販売で進めており，村おこしの代表事例としてもよくとりあげられる。「一集落一品づくり」，「60歳入社，定年なし」，「若者に夢のある職場づくり」，「製造・販売の直売方式」，「明るく楽しく元気良く」という5つの目標を掲げて事業を進めている。

　環境コミュニティ・ビジネス，農村地域におけるコミュニティ・ビジネスの双方とも，観光による地域おこしとリンクしたかたちをとることもある。例えば，グリーンツーリズムの試みは，環境問題の啓発，農山村の地域おこし，観光という要素がくみあわされており，それらのくみあわせが事業活動として成立すればコミュニティ・ビジネスの事例として位置づけられる。

　第4に，地域福祉の領域における社会参加や就労支援などを促すコミュニティ・ビジネスがあげられる。例えば，障害者の社会参加や就労支援という観点からいえば，従来，作業所や授産施設でとりくまれてきた活動のなかから事業性があるものを見出し，それらをコミュニティ・ビジネスとして捉える例がみられるようになった。地域社会のなかで社会参加や就労支援を行うとりくみ

のなかにビジネス的要素を見出すという点が，社会福祉領域の事業をコミュニティ・ビジネスとして把握することの理由となっている。また，社会福祉領域におけるコミュニティ・ビジネスについては，介護保険事業の影響も大きい。市民活動団体やボランティア団体がルーツのNPO法人などでは，介護保険事業を行うとともに，事業と並行して地域住民のニーズに応じたサービス提供をボランティア活動として行っている例もある。事業とともに，地域社会が抱える様々なニーズを満たす活動を行っている点が，コミュニティ・ビジネスとしての特徴があると判断される理由となっている[15]。

　以上に，コミュニティ・ビジネスの代表的な4つの活動領域をあげたが，現実のコミュニティ・ビジネスの活動は，上記4つのいくつかを複合したかたちで実施されているケースも多い。また，従来から各領域で行われてきた活動や営みに対して，「コミュニティ・ビジネス」というラベルが後付け的に貼られるというケースも多い。もちろん，コミュニティ・ビジネスという概念が次第に広まるなか，意識的にコミュニティ・ビジネスとして事業を立ち上げるケースも出てきているであろうが，実際には個々の活動領域における従前からの活動がコミュニティ・ビジネスとして捉えられる場合も多い。政策立案の過程において新たな産業や経済の担い手，「新しい公共」の担い手が求められるという現状などを背景として，コミュニティ・ビジネスという概念の範疇に入る事例への注目が高まり，それらの事例に依拠しつつ，コミュニティ・ビジネスは国や自治体での政策のなかでも具体的に扱われる存在になってきた。しかし，以上にみたように，コミュニティ・ビジネスの概念については様々な理解があり，活動領域についても多岐にわたっており，国や自治体における政策が前提としている中身については相違がある。したがって，あらためてコミュニティ・ビジネスの概念をめぐる議論を再整理しておくことが求められる。

（4）コミュニティ・ビジネスの概念をめぐる議論

　コミュニティ・ビジネス論の出発点は，そもそもは地域経済の衰退とそれに伴う失業を中心とした雇用問題の克服，社会的排除の解消という点にあった。このような問題に最も近いという意味において，先にあげた社会福祉の領域に

第6章 コミュニティ・ビジネス論の展開とその問題

おけるコミュニティ・ビジネスの実態をあらためて検討することの重要性は大きい。だが，すでにみたように，コミュニティ・ビジネスについては，地域社会に関わる事業活動を幅広くコミュニティ・ビジネスと捉える傾向が生じている。このことは，コミュニティ・ビジネスに関する議論が拡散していくという問題点もはらみながら，他方ではコミュニティ・ビジネスという概念が広まること，コミュニティ・ビジネスに対する期待を高めることに寄与するものと捉えられている。どちらかというと，日本における議論では，コミュニティ・ビジネスの概念を敢えて厳密に捉えないことにより，コミュニティ・ビジネスという考え方を普及させるところに積極性を見出す論調が多い。だが，はたしてそれでよいのだろうか。

コミュニティ・ビジネス論の現状が抱える問題を検討するうえでは，日本におけるコミュニティ・ビジネス支援政策の現状について論じている小林伸生の議論が参考となる。小林は，日本の地方自治体におけるコミュニティ・ビジネス支援施策の特徴と傾向を「地方圏よりも都市部で支援政策展開が活発」，「雇用創出の観点は欧米諸国と比較して相対的に希薄」，「支援対象や内容面での地域毎の差異は小さい」（小林，2006，34-38）とする。そして，現状の政策の問題点の1つとして「地域間の格差拡大の可能性」をあげている。具体的には，「現状での日本国内におけるコミュニティ・ビジネス支援施策は，地方圏と大都市圏の格差是正という側面よりも，大都市におけるインナーシティ問題の解決という側面が色濃い。このことは，海外におけるコミュニティ・ビジネスの主要な政策目的が，衰退地域と都市部の格差是正や不利な立場におかれた人のための雇用機会の創出等を主な目的としているのと比較すると対照的である」と述べ，「日本におけるコミュニティ・ビジネスの振興の現状は，ともすれば地域間・個人間の格差をより一層拡大する可能性があるのに対して，欧米諸国，特にヨーロッパ諸国における支援は，市場競争原理の中では十分に供給されない生活支援サービスの提供や，雇用機会の是正等を実現する方向に機能している点で，市場経済を補完するものとなりえている」というのである（小林，2006，38-39）。

ここでの小林の議論は，日本のコミュニティ・ビジネス施策の展開が，そも

そもコミュニティ・ビジネス論で念頭におかれていた雇用問題や社会的排除の克服という観点が明確に打ち出されていないという点とも関わる。そして，小林は自治体の支援策が中心市街地活性化，商店街振興にとりくむコミュニティ・ビジネスに対するものが中心になっていると認識し，さらに，小林は，日本のコミュニティ・ビジネス支援が，「一種の流行としての『薄く・浅い』支援」であると指摘する（小林，2006，39）。

ただし，ヨーロッパ諸国におけるコミュニティ・ビジネスへの着目は，小林が述べるような地域間格差の解消という観点以外からも説明する必要があろう。ヨーロッパ諸国では，都市と地方の格差だけでなく，都市内部の特定地域における地域衰退も問題視されている。すなわち，都市と地方の格差是正という観点だけでなく，都市自体の衰退に対する都市再生の方策が論じられており，都市の衰退から都市再生へ，という文脈からもコミュニティ・ビジネスが捉えられる必要がある。欧米諸国においても都市衰退やインナーシティ問題への対応は迫られており，都市再生問題が提起した課題に即してコミュニティ・ビジネス論が提起している論点を検討する必要がある。その際には，議論の対象となる地域ターゲットを明確にし，地域の特色に即した地域の産業政策と雇用政策が，地域の生活支援サービスの提供と結びついたかたちで展開できるかがカギとなってこよう。

また，コミュニティ・ビジネスを論じるうえでは，「コミュニティ」の概念が指し示す内容についての検討が迫られる。例えば，加藤は，「従来の地縁を軸としてイメージされたいわゆる『コミュニティ』」に加えて，「嗜好や機能をベースに関係が形成されるコミュニティの存在に着目する必要がある」と述べている（加藤，1999，67）。金子郁容は，生活地域を共有する「ローカル・コミュニティ」と，関心や想いを共有する「テーマ・コミュニティ」の両方が，コミュニティ・ビジネスの「コミュニティ」には含まれるとする（金子，2003，16）。だが，コミュニティ・ビジネスにおける「コミュニティ」が，「ローカル・コミュニティ」と「テーマ・コミュニティ」の双方を含むとしても，「コミュニティ」の含意についてはさらなる検討が必要となる。例えば，「コミュニティ」とは，どのような地域やテーマのことを指しているか，また，地域や

第6章 コミュニティ・ビジネス論の展開とその問題

テーマのなかからどのような課題をそこに見出すかを明らかにすることが重要となる。だが，コミュニティ・ビジネス論の現況をみると，何らかのかたちで地域やテーマとの関わりを持つものすべてを，コミュニティ・ビジネスの範疇に入れようとする傾向がある。また，敢えて「コミュニティ」の概念を曖昧に規定し，できるだけ様々なとりくみをコミュニティ・ビジネスとして捉えることにより，その概念の適用範囲を広げることを意図している例もみられる。

　だが，そもそも事業活動の営みの多くは，何らかのかたちで特定の地域や特定のテーマと関わりを持つのが一般的であり，コミュニティ・ビジネスという用語が，どのような独自の意味づけをされているのかをはっきりとさせない限り，コミュニティ・ビジネスという用語を使用する積極的な意義は見出しがたい。地域やテーマで特徴づけられる「コミュニティ」の含意の次元や範囲が明確にされず，広く「コミュニティ」に関わっている事業体をコミュニティ・ビジネスと称して議論するのでは，個々の地域やテーマが抱えるそれぞれの問題やそれに対する有効な解決策を提示するうえで有益ではない。コミュニティが指し示す範囲の次元と，その各範囲の各次元においてどのような固有の課題が生じやすく，それに対して，どのような事業活動が課題への対応として効果的かが明らかにされることのほうが重要である。この点を曖昧化する危険が，コミュニティ・ビジネス論には常に伴う。

　そして，コミュニティ・ビジネスを論じるうえでは，実際には，何らかのコミュニティとの関わりを持つ事業活動のすべてをコミュニティ・ビジネスと称するのではなく，コミュニティという観点以外の別の意味合いも重要視して議論する傾向がある。例えば，神戸都市問題研究所は，コミュニティ・ビジネスを操作可能な概念として定義づけようと試みた。その定義では，①事業性（自立性を持つ活動），②地域性（一定の地域を対象とする活動），③変革性（地域社会問題解決のための活動），④市民性（地域社会主導型の活動），⑤地域貢献性（実績のある活動）の5つの構成要素から成る「社会的・経済的活動」を，コミュニティ・ビジネスとし「社会的認知・支援の対象となる明確な定義」としている（神戸都市問題研究所，2002, 34）。また，金子は，コミュニティ・ビジネスの組織の特徴として，①「ミッション性」，②「非営利追求性」，③「継続的成果」を

あげ，それに参加する個人の特徴として，④「自発的参加」，⑤「非経済的動機による参加」をあげる（金子，2003，23）。すなわち，社会的な要素の重視や，市民性，自発性などの特徴が，コミュニティ・ビジネスであることの要件として提示されている。なお，ここで提示されている特徴は，本書が用いる枠組みからみれば，事業組織の提供する財やサービスの特徴（素材面）と指導原理の特徴が混在して論じられていることには注意しておく必要がある。

　以上から，コミュニティ・ビジネス論の多くは，敢えてコミュニティという概念を用いる必要性がないものとみなせる。その意味では，コミュニティ・ビジネスという用語を使わずとも，コミュニティ・ビジネス論が企図する論点を扱うことは可能である。例えば，事業活動のなかにいかに社会性をくみこんでいくかという観点を説明しようとしている社会的企業論の枠組みは，コミュニティ・ビジネスと称されている事業活動の特色をおおむねカバーしている。

　また，コミュニティ・ビジネス論においては，事業活動を通じて提供される財・サービスの特質に焦点があてられていることがわかる。ある特定の地域やテーマが抱える課題に即して財やサービスを供給する際には，その財やサービスの特質によってそれぞれにふさわしい事業形態が必要とされる。そして，その担い手のあり方として，コミュニティ・ビジネス，社会的企業などの事業諸形態が提起されている。したがって，コミュニティ・ビジネス論から導き出される重要な論点の1つとしては，財やサービスのそれぞれの特質に応じた事業形態について検討することがあげられる。いいかえれば，コミュニティ・ビジネス論では，事業活動の内容や特徴（素材面）に焦点がおかれ，地域社会で求められている財やサービスの特徴を示すことに力が注がれている。そして，ある特定の財やサービスを供給するのにふさわしい事業組織のあり方が模索されている。すなわち，地域社会の維持・発展のために必要な財やサービスを供給する主体が求められているのである。だが，コミュニティ・ビジネス論においては，供給される財やサービスの特徴（素材面）に焦点がおかれがちであるが，他方ではコミュニティ・ビジネスを担う主体のあり方を考察することが欠かせず，そのうえでは一般的な営利企業とは異なる指導原理に基づく事業組織の構想が求められる。そして，この点にこそ，コミュニティ・ビジネス論と非

第6章 コミュニティ・ビジネス論の展開とその問題

営利組織研究を接合することの意味も見出すことができよう。

3　コミュニティ・ビジネスをめぐる政策の動向

(1) 自治体によるコミュニティ・ビジネスへの支援

　コミュニティ・ビジネスに関する政策は，自治体レベルでは，それぞれの地域の実情に即して独自性が打ち出されて展開されてきた。例えば，阪神・淡路大震災の復興過程において，兵庫県ではコミュニティ・ビジネスの支援施策が先駆的に進められ，震災後まもなくは震災復興のための基金を活用した事業が行われた。具体的には，1999年度から「コミュニティ・ビジネス等支援事業」が実施されており，コミュニティ・ビジネスの事業立ち上げに対する支援策等が行われた[17]。例えば，「被災地コミュニティ・ビジネス離陸応援事業」「コミュニティ・ビジネス離陸応援事業」などの事業では，公開審査により対象事業が決定され，コミュニティ・ビジネスの事業立ち上げのための経費が補助されている。また，2000年度から「コミュニティ・ビジネス等総合支援事業（生きがいしごとサポートセンター事業）」が実施されており，NPO法人に委託されるかたちで，「生きがいしごとサポートセンター」が設置されている[18]。この事業は，「生きがいしごとをコミュニティ・ビジネスとして定着させ，地域社会に貢献することを目的とした，起業支援ゼミナールや無料職業紹介事業などを実施する」[19]という趣旨で行われている。様々な就業機会に関する情報を発信していること，コミュニティ・ビジネス等の起業やNPO法人等への就職，ボランティア就労など様々なかたちの就労を幅広く「生きがいしごと」と位置づけていること，無料職業紹介事業をNPO法人が委託を受けて実施していること，などの特徴がある。この事業の試みは，雇用に限定されない「仕事」に着目し，新しい「仕事」のあり方を模索するかたちの施策展開であるという意味で注目される。後に触れる国の雇用創出企画会議が論点とした課題に対応した施策が，比較的早い段階から展開されているという点で，兵庫県のとりくみは特徴的なものである。大震災からの復興という課題を抱えていること，また，震災復興支援に際して先駆的なNPO法人が兵庫県内に多く存在したことが，こ

のような施策展開を促したとみることができる。

　関西圏の自治体におけるコミュニティ・ビジネス支援のとりくみとしては，大阪府による試みも注目される。大阪府では，産業や雇用という観点から商工労働部の施策が，社会福祉の観点から健康福祉部の施策が，それぞれ展開されてきた。大阪府商工労働部では，2002年度からコミュニティ・ビジネスの支援に関する事業を本格的にスタートさせた。2002年度から2004年度までは「コミュニティ・ビジネス創出支援事業」が実施された。同事業は，資金面（事業化奨励金，雇用奨励金の交付），経営面（アドバイザーの派遣）からコミュニティ・ビジネスの事業化をサポートするというものである。2005年度以降は，「地域創造ビジネスモデル構築事業」（事業化促進補助金と経営サポート支援）というかたちで事業が引き続き行われた。

　また，大阪府では，健康福祉部によって社会起業家の育成という観点からの事業が進められてきた。2003年度と2004年度には，「社会起業家育成支援プロジェクト」として，「地域福祉課題解決型コミュニティ・ビジネスなどを行う人々に対して様々な支援を行う『中間支援組織』を提案公募により選定し，その中間支援組織に対して助成などを行うモデル事業」が実施され，2005年度からは，「社会起業家育成支援基盤づくり事業」として，地域の福祉課題をビジネス的手法で解決にとりくむ「社会起業家」の活動に対し，技術的・実践的に支援する機能を強化するため，提案公募により中間支援組織を選定している。健康福祉部によるコミュニティ・ビジネスの支援は，中間支援組織を通じたかたちをとっており，「地域福祉の構築にはNPOなどの市民活動や地域のネットワークと行政との連携が必要であるという認識の下に行政との公私協働関係が重視されている」という特徴がある[20]。

　なお，健康福祉部による社会起業家育成は，後で触れる国による地域福祉の推進の動き，とりわけ都道府県地域福祉支援計画，市町村地域福祉計画の策定との関わりから展開されてきた。大阪府は地域福祉の基本方針として2003年に「大阪府地域福祉支援計画」を，健康福祉政策再構築の方針として2004年に「大阪府健康福祉アクションプログラム」を作成した。大阪府における地域福祉の展開は，ソーシャル・インクルージョン（social inclusion）と社会起業の役

割に焦点があてられて進められるという特徴があった。ソーシャル・インクルージョンとは，貧困や失業，その他様々な要因によって社会的に排除された状態におかれた人々が，再び社会的なつながりを持つことができるようにしていく営みと位置づけられ，今日の地域福祉，さらには社会福祉全般の政策展開とも密接に関わる概念である。地域福祉とコミュニティ・ビジネスの関わりは，ソーシャル・インクルージョンの議論とも結びつきながら，さらには労働と福祉との関係を再構築する動きとして把握できる。また，英国などで論じられている「福祉から就労へ」という考え方とも関わりを持っており，新たな社会福祉や地域福祉のあり方を模索する動きとも関わっている。この点については，後に国の政策を検討する際にあらためてとりあげる。

さて，自治体によって展開されているコミュニティ・ビジネスの支援はどのように評価できるであろうか。コミュニティ・ビジネスという概念が普及するにつれ，多くの自治体においてコミュニティ・ビジネスの事業立ち上げのための資金面の補助や，経営面のサポートなどが，自治体において様々なかたちで展開されていく。[21] だが，その施策の意図するところは多種多様であり，定まった共通の理解があるとはいえず，「自治体として取り組んでいるという『姿勢』を示すための，小規模なフラッグシップとしての政策」（小林，2006，39）といった評価を受ける状況にある。

そのようななか，兵庫県のコミュニティ・ビジネス支援は，震災復興の過程で，NPO 法人や市民活動団体におけるボランティア活動の重要性を認識するにとどまらず，地域のなかで雇用・就労の場を増やしていくことの必要性が認識され，コミュニティ・ビジネスの立ち上げや事業支援が試みられた先駆的なとりくみと位置づけられる。だが，コミュニティ・ビジネスや NPO 法人を通じた仕事の場の創出の試みが一過性のものでなく，継続的に地域のなかに雇用・就労の場をつくりだせるようなかたちになっているかどうかを注意深く検証することが必要である。東日本大震災の復旧復興に際しても，緊急雇用対策の枠組みにおいて仕事の場をつくる試みがなされているが，その試みにおいても，一過性の施策ではなく，継続的に雇用・就労の場を創出し維持する施策のあり方が問われている。

他方，大阪府のとりくみは，以下にとりあげる国のコミュニティ・ビジネス支援と同様に，産業や雇用の観点からの支援と，福祉の観点からの支援について，その両者の試みがなされているという点が注目される。コミュニティ・ビジネスは地域に根ざした事業活動であることから，その支援施策はそれぞれの自治体が独自性を発揮するかたちで展開される。すなわち，地域の実情を踏まえたうえで，地域が抱える課題に即した支援が求められる。その際に，日本の多くの地域では，産業振興や雇用・就労の場の創出という観点と，地域福祉の機能を強めるという観点の双方が必要とされている実情がある。都市と農村ではその機能の発揮のされ方に違いがあろうが，いずれの場合にも，産業・雇用面からのアプローチと，福祉の側面からのアプローチの双方が求められており，両者を結びつけたかたちの政策立案の必要性が認識されるようになってきた。

　また，コミュニティ・ビジネスへの支援のあり方は，コンペによる競争的資金の交付というかたちが多いという特徴がある。国や自治体によるNPO法人やコミュニティ・ビジネス，社会的企業等への支援施策の多くは，コンペを通じた補助金獲得競争を伴う。従来は自治体が担ってきた業務を民間の事業者に任せる際に，事業者間の競争によってコスト面やサービスの質の向上が図られようとする。コミュニティ・ビジネス論や社会的企業論の台頭の背景には，競争を通じて「効率性」を高めることの意義がこれまで以上に重視されている。そのような状況に即してマネジメントやビジネス的手法の活用が目指される傾向がみられる。資源の動員（寄付・ボランティア・助成金等の獲得）を図ることが目指され，マーケティングやプレゼンテーションの手法を駆使することが重視される。資源動員面における競争が，供給されるサービスの質を高めたり，新たなサービスの供給手法を生み出すという積極面を引き出すこともあろう。だが，その試みは，当事者のニーズへの対応よりも，資源を提供する支援者側への訴えかけのほうに力が入れられる傾向を引き起こすという危うさがある。社会的企業論で強調されるソーシャル・イノベーションについても，提供されるサービスや手法が「新しい」という積極面はあるが，他方では「新しさ」を表現することに重きがおかれると，本来業務（ニーズ対応）とは異なる面で労力

第6章　コミュニティ・ビジネス論の展開とその問題

を費やさざるをえない状況に陥りかねない。

　コミュニティ・ビジネスの支援施策の成果については個々の事例を検証するなかから評価しなければならないが，事業性をその特徴とするコミュニティ・ビジネスを評価する際には，そのとりくみが一過性のものでなく，継続的に運営できるものであることが求められる。また，各自治体がそれぞれの地域特性を把握し，地域が抱える課題に即した事業のあり方をみつけ，政策立案していくことが求められよう。

（2）産業政策・雇用政策とコミュニティ・ビジネス

　2000年代に入る頃から，コミュニティ・ビジネスは，国の政策文書のなかでもとりあげられるようになる。ここでは，政府関連の会議やそれに基づく文書でどのようにコミュニティ・ビジネスがとりあげられてきたかをみておく。コミュニティ・ビジネスは，地域再生や地域社会の活性化の手段として認識され，経済財政諮問会議の政策，地域再生本部のとりくみでもとりあげられるようになる。そのようななか，経済産業省産業構造審議会に設けられたNPO部会において，コミュニティ・ビジネスの役割に触れられていることが注目される。

　委員2名・臨時委員19名で構成された産業構造審議会NPO部会は，経済産業大臣の諮問機関として2001年8月29日に設置されたもので，その目的は，「経済社会におけるNPOの役割とその発展がもたらす影響について分析するとともに，NPOが経済社会主体として健全に発展する上で隘路となっている課題を明らかにし，その解決のために必要な措置について提言を行う」というものである。[22] 同部会では，2002年5月14日に，「産業構造審議会NPO部会中間とりまとめ『新しい公益』の実現に向けて」（以下，「中間とりまとめ」と表記）をまとめている。そのなかでは，[23] NPOが経済面で果たす役割についても触れられており，さらには，NPOの活動との関わりのなかで，コミュニティ・ビジネスについて論及されている。同部会の「中間とりまとめ」におけるNPOおよびコミュニティ・ビジネスの位置づけについては，次のような特徴がある。第1にNPOが経済面で果たす役割に着目していること，第2に「新しい

公益」の担い手として NPO が位置づけられていること，第3に，NPO の役割と関連づけられてコミュニティ・ビジネスについて言及されていること，があげられる。

　第1の点について，「中間とりまとめ」は，「経済社会に貢献する個人間のネットワーク活動を幅広く NPO と位置づけることとしたい」と述べる。そのうえで，「新たな NPO（特定非営利活動促進法の認証を受けた NPO 法人と任意団体）が，個人，企業，行政，経済社会にもたらす波及効果を分析することとし，新たな NPO の発展拡大のための課題と促進策について検討を行い，中間報告にとりまとめることとした」とその目的を述べている（産業構造審議会 NPO 部会，2002, 2-3）。

　第2に，「新しい公益」という観点については，経済の成熟化，価値観の多様化を背景として，「何が公益であるかを判断し，公益の具体的内容を確定することが難しくなっている」という現状が指摘され，そのうえで，「行政が一元的に公益を判断し，実施するものでなくなり，行政，企業，NPO や個人が対等な立場に立って，それぞれの多様な価値観をベースとして，多元的に公益を企画立案・実施する時代に入っていると考えられる」と述べられ，「このような公益実現の手法を『新しい公益』の多元的な提供として捉えることとしたい」と説明する（産業構造審議会 NPO 部会，2002, 6）。そのうえで，従来の公と民の関係が見直され，公共サービスが行政から民間に委ねられていくなかで，NPO は行政や企業と競合するかたちを取ることが指摘される。そして，NPO はその組織特徴の強みを発揮することにより，「新しい公益」を実現する担い手としてみなされることになる。「中間とりまとめ」は，この点について，「今後，官民の役割分担の見直しにより，公共サービスが行政から民間に委ねられていく過程で，行政，企業と NPO は，『新たな公益』の担い手として競合関係に立つこととなる」と述べる。そして，「多彩な人材のネットワーク」，「個人の自発性と自己実現性」，「利用者の視点に立脚」，「地域に根ざした信頼関係」，「中立性に基づく調整・連携促進」などの特徴を持つ NPO は，コミュニケーションの双方向化，サービス経済化が進行するなかで，行政や企業よりも優位性を発揮できる可能性があるとするのである（産業構造審議会 NPO 部会，

2002, 7-8)。

　第3の点については,「中間とりまとめ」における「NPOの発展拡大とその経済効果」を論じた章において,NPOとコミュニティ・ビジネスに関する言及が見出せる。「NPOの発展拡大は,NPOが持つ特性と相まって他セクターとの間に相互作用をもたらし,経済システムに広範な影響を及ぼすものと考えられる」と述べられ,「新成長分野における財・サービスの供給主体」としてNPOが位置づけられる。そこでの新成長分野とは,①医療・福祉分野,②まちづくり分野,③環境・リサイクル分野,④コミュニティ・ビジネス分野・中小企業との連携分野,の4つからなる。そして,コミュニティ・ビジネス分野・中小企業との連携分野では,「コミュニティビジネス,中小企業との連携が求められる分野は,NPOがこれら活動・連携の中心として活躍することが期待される」と位置づけられ,「コミュニティビジネスの総合事務局の役割をNPOが担う」こと,また,「NPOが商工会,商工会議所,TMO (Town Management Organization) 等と連携して,まちづくり,商店街振興,地域通貨等の活動を進める」こと,「地域の中堅・中小企業が異業種ネットワークを形成してNPOを設立。地域・おこしの新企画を地域社会や行政に提案する」ことが期待されるというのである (産業構造審議会NPO部会, 2002, 52-54)。

　以上にみるように,「中間とりまとめ」においては,NPOおよびコミュニティ・ビジネスについて総花的にその役割が並べられている。そして,ここでの論調から導き出されたコミュニティ・ビジネス支援は,「薄く・浅い」というかたちの施策として展開された。経済産業省の地方部局では,コミュニティ・ビジネスの支援策を検討した報告書の作成や,支援策の具体化が進められていくが,そのとりくみは広範にわたるものとなっている。

　他方,雇用の観点からみても,NPO法人の形態をとる事業組織を中心としたコミュニティ・ビジネスへの期待は大きい。厚生労働省政策統括官 (労働担当) が主宰する雇用創出企画会議は,雇用創出に向けた労働政策上の課題について検討するため2002年4月から開かれ,2003年5月21日に第一次報告書を,2004年6月18日に第二次報告書をとりまとめた。第一次報告書では,雇用創出の可能性が高い分野として, (1)コミュニティ・ビジネス, (2)環境技術関連, (3)

情報通信関連，(4)住宅関連などの分野がとりあげられている。同報告書では，「4分野において新産業創出の取り組みと労働政策としての対応を一体的に取り組んだ場合の雇用創出効果」について検討が加えられ，その雇用創出効果については，「創出される雇用の規模は4分野の総計で157万人程度」，「この拡大に対し代替的に負の影響を有する分野の雇用の削減規模は70万人程度」（雇用創出企画会議，2003，61）と説明される。そのうえで，「多様で柔軟な雇用機会づくりに向けた検討の強化」が必要であるとし，「雇用創出のためには，従来の『雇用』の枠組みにとらわれない新しい『働き方』を支える仕組みを創出する必要があり，そこに向けての検討を強化する必要がある。今後，コミュニティ・ビジネスの分野において，複数の事業のもとでの共同雇用や自立性の高い就労者が増加していく場合に，これらの人たちに対する使用者責任のあり方について検討するとともに社会保険や労働保険など働くことにかかわる社会制度全般について検討を深める必要がある」（雇用創出企画会議，2003，63）と述べるのである。ここでは，使用者の責任や，社会保険，労働保険などの負担が重荷となって，コミュニティ・ビジネスの事業立ち上げが阻害されているという認識がなされ，起業を容易にすることによって雇用の量を増やすことが必要であるとされる。端的にいえば，雇用条件を緩和することが，雇用機会を増やすことにつながるという認識がなされている。この認識はコミュニティ・ビジネスを通じた雇用創出策の大きな特色の1つであるが，雇用条件の悪化に結びつくという問題を抱えており，その問題点を認識しておかなければならない。

　第一次報告書のとりまとめ以降，雇用創出企画会議では，コミュニティ・ビジネスの成長促進に焦点があてられ，それを踏まえて第二次報告書がまとめられている。第二次報告書は，「コミュニティ・ビジネスの多様な展開を通じた地域社会の再生に向けて」と題されており，コミュニティ・ビジネスが雇用創出のみならず，地域社会の課題を解決するうえでも有効であることが述べられる。とりわけ，若年者，在職者，高齢者，障害者，専業主婦といった属性別にそれぞれの抱える課題と解決策が論じられ，そのなかでコミュニティ・ビジネスが果たす意義が述べられる。同報告書の概要では，「福祉，教育，環境保護など社会需要を満たす分野で，多様で柔軟なサービスを提供する地域密着型の

第6章　コミュニティ・ビジネス論の展開とその問題

スモールビジネスであるコミュニティ・ビジネスの果たす機能は，雇用創出にとどまらず，若年者や高齢者などの社会参加・自己実現の場の提供など多岐にわたり，様々な問題を抱える地域社会の再生の担い手として期待を集めている」(雇用創出企画会議，2004，1)と位置づけられる。

ここで注目されることは，雇用創出企画会議においては，コミュニティ・ビジネスを雇用創出という観点だけでなく，生きがいづくりや社会参加という観点からも位置づけているという点にある。とりわけ，若年者や障害者などの場合には，本格的な雇用に至るための前段階として，「まずは仕事に就く」ことが役立つという考え方がみてとれる。そしてその「仕事」を提供する場としてコミュニティ・ビジネスに対する期待があることがわかる。ここでは，従来の雇用の枠組みを越えて，ボランティア的な労働も含む様々な「仕事」を積極的に捉えていこうという観点が打ち出されている。この観点は，雇用の範疇として認められるための労働基準に達していない「仕事」に対して積極的な評価を行うという点で，労働基準のなし崩しという危うさを抱えているのだが，それよりも，「まずは仕事に就く」ということが勤労観・職業観の醸成に役立つとみなされているのである。特に，若年者の場合には，フリーターやいわゆる「ニート」問題として様々な方面から仕事をめぐる問題が論じられており，なかには若年者の職業観の醸成が急務であるという論調もみられる状況がある。そのような現状を背景として，コミュニティ・ビジネスにおける就労やボランティア体験の重要性が論じられるようになってきている。

コミュニティ・ビジネスを通じた「仕事」のあり方に対しては，第一次報告書は次のように積極的な評価を与えている。すなわち，「実際，地域社会では従来の『雇用』の枠組みにとらわれない就労機会が広がっている。そうした就労の一つ一つは，現状では労働時間も短く収入も少ない『細切れ雇用』であるが，これらを組み合わせることにより，新たな『雇用機会』とすることが期待できる。今後は，このような雇用機会を拡大させていくため，地域のビジネスチャンスをとらえた起業の支援や，新しい雇用機会づくりに向けた支援策などについて検討を強化することが求められる」(雇用創出企画会議，2003，8)と述べるのである。ここでは，労働条件の不安定さを象徴するような「細切れ雇

用」が是認されているが,不安定な雇用形態の広がりが問題視されている現状のなか,はたしてこのような捉え方が妥当性を有しているのか,慎重に吟味する必要がある。[24)]

なお,コミュニティ・ビジネスを中心とした新しい「仕事」のあり方を担う主体としては,NPO（民間非営利組織）があげられている。第一次報告書では,「雇用創出は,従来の企業セクターばかりでなく,NPO（民間非営利組織）の増加などにもみられるように,非企業・非営利セクターにもある。働き方の多様化が一層進行していることを踏まえながら,雇用創出の実情をとらえていく必要がある」（雇用創出企画会議,2003,8）とするのである。

ボランティアを通じた職業体験が職業観醸成につながるという観点は,英国における若年者の失業者対策においてもくみこまれている考え方である。英国の若年者失業対策は,若者に対するニューディール政策（New Deal for Young People）として知られているが,その政策においてはボランティア団体での就労が制度にくみこまれており,ボランティアを通じた職業観醸成が意図されているように見受けられる。だが,英国における政策との比較から若年者の就労支援を考える際には,少なくとも英国において若年者のボランティアを通じた職業体験がどのような効果を上げているのかの検証が必要であろう。また,若年者に対する政策のメニューがどのようなものかを総合的に捉えて評価することも欠かせない。英国の若年者に対する失業対策は,個人アドバイザーによるカウンセリング,国家認定職業資格（National Vocational Qualifications）の取得と結びついたかたちの教育・職業訓練など,重層的なかたちをとっているので,ある一部分だけの政策を検討するのではなく,トータルとして政策がどのように機能しているのかをみておくことが必要となる。[25)]

また障害者の就労については,今日,「仕事」をめぐる考え方が大きな論点となりつつあり,コミュニティ・ビジネスを通じた就労の意義という観点を打ち出している第二次報告書における議論をあらためて検討することが必要となろう。第二次報告書においては,障害者福祉および社会福祉全般との関わりのもとで,「仕事」をどのように位置づけるかという観点がクリアに提示されているわけではないが,2006年に障害者自立支援法,改正障害者雇用促進法が施

行され，障害者の「仕事」をめぐる状況が変化しつつある現状を認識しておかなければならない。なかでも，障害者自立支援法においては，「自立」の中味についてどのように理解するかは重要な論点となる。障害者自立支援法をめぐっては，「自立」の指し示す中味は必ずしも就労を通じた自立に限定されないといわれるものの，他方で，就労移行支援，就労継続支援などの訓練給付が制度としてくみこまれており，就労を通じた「自立」を促す側面が強い。このような制度下，コミュニティ・ビジネスによる障害者の就労促進の動きが，障害者の社会的自立の側面を軽視し，仕事を通じた経済的自立に傾斜することにならないように注意しなければならない。

雇用創出企画会議が提案するコミュニティ・ビジネス支援については，具体的にはコミュニティ・ビジネスの支援組織に委託するかたちで，コミュニティ・ビジネスの相談や情報提供を行うワンストップ窓口のとりくみが実験的に進められ，その経験をもとに，各地域においてコミュニティ・ビジネスの相談窓口を設立することが推進されてきた。また，国や自治体が遊休公共施設の貸与や創業費用の支援を行うことも検討課題としてあげられている（雇用創出企画会議，2004，3）。その事業の効果が中長期的にみてどのような効果をあげてきたかを検証していくことが求められる。[26]

（3）社会福祉政策とコミュニティ・ビジネス

社会福祉基礎構造改革，社会福祉事業法から社会福祉法への改正など社会福祉全般のあり方は見直しが進められてきており，そのなかで，非営利組織や営利企業など民間事業者が社会福祉領域において果たす役割に注目が集まるようになってきた。地域福祉の担い手の1つとしてコミュニティ・ビジネスを位置づけるという考え方も，社会福祉全般の見直しの文脈のなかに位置づけられる。

今日，社会福祉の担い手を考察するうえでは，第1に，地域住民による活動や非営利組織の活動など多様な主体に対する期待，第2に，ソーシャル・インクルージョンという概念のもとでの地域社会における「つながり」の必要性への注目，第3に，新しい「公」という概念のもとでの地域社会における様々な

組織間の連携の重視,という論点があげられる。これら3点は関連づけられて,とりわけ地域福祉の促進の文脈のなかで論じられている。

第1の点については,例えば,中央社会福祉審議会社会福祉構造改革分科会による「社会福祉基礎構造改革について（中間まとめ）」（1998年6月17日）において,地域住民の参加による活動が全国的に広がりをみせていること,そして特定非営利活動促進法の成立により,地域住民が参加する活動の基盤整備が進められていることが指摘される。これらの状況を踏まえて,同文書では「地域福祉計画においても,地域住民を施策の対象としてのみとらえるのではなく,地域福祉の担い手として位置付けるとともに,住民の自主的な活動と公的なサービスとの連携を図っていくことが重要である」と述べられ,地域住民を福祉の受給者としてだけでなく,福祉の担い手として位置づけることが提唱されるのである（中央社会福祉審議会社会福祉構造改革分科会,1998）。

第2にあげたソーシャル・インクルージョンについては,当時の厚生省社会・援護局による「社会的な援護を要する人々に対する社会福祉のあり方に関する検討会」報告書（2000年10月8日）においてとりあげられている。同報告書では,社会福祉が社会連帯によって支えられるとともに,社会における人々の「つながり」が社会福祉によってつくり出されると述べられ,地域福祉の推進のためには地域社会における「つながり」の再構築が必要との認識がなされている。そして,「今日的な『つながり』の再構築を図り,全ての人々を孤独や孤立,排除や摩擦から援護し,健康で文化的な生活の実現につなげるよう,社会の構成員として包み支え合う（ソーシャル・インクルージョン）ための社会福祉を模索する必要がある」とされる。また,ソーシャル・インクルージョンを実現するためには,「公的制度の柔軟な対応」や「地域社会での自発的支援の再構築」が必要とされ,「社会福祉法に基づく地域福祉計画の策定,運用に向けて,住民の幅広い参画を得て『支え合う社会』の実現を図ることが求められる」とされる。そしてその実現にあたっては,社会福祉協議会や自治会,NPO[27],生協・農協,ボランティアなど,地域における様々な団体の連携・つながりの構築が求められており,これらの様々な団体の連携を通じて,第3にあげた新しい「公」を創造することが望まれているとされる（厚生省社会・援護

第6章 コミュニティ・ビジネス論の展開とその問題

局，2000）。

　これらの地域福祉の担い手をめぐる新たな考え方を背景として，地域福祉の領域においてもコミュニティ・ビジネスへの期待が生じてくる。社会保障審議会福祉部会による「市町村福祉計画および都道府県地域福祉支援計画策定指針の在り方について（一人ひとりの地域住民への訴え）」（2002年1月28日）では，「地域福祉においては，差異や多様性を認め合う地域住民相互の連帯，心のつながりとそのために必要なシステムが不可欠であり，例えば，貧困や失業に陥った人々，障害を有する人々，ホームレスの状態にある人々等を社会的に排除するのではなく，地域社会への参加と参画を促し社会に統合する『共に生きる社会づくり（ソーシャル・インクルージョン）』という視点が重要である」とする。また，「地域福祉の範囲として，福祉・保健・医療の一体的な運営はもとより，教育，就労，住宅，交通，環境，まちづくりなどの生活関連分野との連携が必要」という認識がなされ，そのうえで，「地域起こしに結びつくような福祉関連産業，健康関連産業，環境関連産業などの領域で，地域密着型コミュニティビジネスあるいはNPOなどを創出していくこと（社会的起業）が考えられる」と述べられる。ここでは，コミュニティ・ビジネスが，ソーシャル・インクルージョンと結びつけられて論じられている。すなわち，「地域密着型コミュニティビジネスや地域通貨（エコマネー等）制度は，地域住民の生活課題に柔軟に対応したもので，今後，地域福祉活動の中でソーシャル・インクルージョンの手段としても注目されるところである」というのである（社会保障審議会福祉部会，2002）。

　このように，地域福祉の領域では，従来，福祉の受給者であったものが，地域社会の諸課題を担う主体として社会に関わることが重視され，その実現のために，地域に存在する様々な組織の連携が求められるようになってきている。そのなかで，コミュニティ・ビジネスはその主体の1つとして位置づけられているのである。ところで，社会福祉の領域では「自立」を促すことの重要性が盛んに議論されるようになってきた。先に障害者自立支援法の例をあげて触れたが，「自立」には，生活支援を通じた生活の自立を支えるという側面から説明されるだけでなく，就労支援に基づく就労による「自立」を促す動きもあ

る。そのなかで，コミュニティ・ビジネスは，社会参加と就労支援の両側面を実現する主体として位置づけられるようになる。事業活動を通じて，福祉の受給者が社会参加し，さらには就労による「自立」を実現することがコミュニティ・ビジネスのとりくみにおいても求められる場合があり，なかには就労支援を一番の目的として活動を行うコミュニティ・ビジネスもみられるようになってくる。

　社会福祉領域におけるコミュニティ・ビジネスのとりくみは，地域の諸課題を解決する営みが新たなかたちの「仕事」として位置づけられ，さらには，地域社会への参加を促すという効果が期待されている。この考え方は，労働と福祉のあり方を再検討する動きとも考えられ，いわゆる「福祉から就労へ」という概念の実践とも捉えることができ，その効果について分析することが重要となる。特に，コミュニティ・ビジネスという概念を用いる際には，継続的に事業を営むことが重視されるべきであるが，事業として継続するための収入を得ようとすれば，社会的な要素を重視する活動を行うことが困難なケースがでてくる可能性がある。これまで行われてきた社会福祉の活動のなかから，事業ベースにのる部分のみをビジネスとして位置づけてコミュニティ・ビジネスとして実施し，事業ベースにのらない部分と区別することは，福祉における普遍主義をないがしろにし，選別を強める危険性がある。したがって，現在進められているコミュニティ・ビジネス支援施策が，そのような問題を生じさせていないかどうかについては十分に検証しておく必要があろう。また，「自立」を促すコミュニティ・ビジネスの試みが就労を通じた「自立」に限定されて，就労が困難な人々を排除する結果に陥らないかどうかを検証することも必要となろう。先述した大阪府健康福祉部による社会起業家支援のとりくみにおいても，地域課題の解決とともに，地域で福祉の対象となっている人々が地域社会に参加する試みの1つとしてコミュニティ・ビジネスが位置づけられているが，その試みが，真の意味で地域福祉の推進に資するものであるかどうか，地域のなかで新たな排除を生み出すような問題を抱えていないかどうか，実態分析を進めるなかでの検証が必要である。

4　小　括

　コミュニティ・ビジネス論について，その議論の推移と問題点，また国や自治体の施策においてどのような位置づけがなされているかをみてきた。導き出された点を再整理し，そのうえでコミュニティ・ビジネス論が提起している問題を示すことによって，本章のまとめとしたい。
　まず，コミュニティ・ビジネスという用語は，多種多様な捉え方がなされており，その議論の対象がどこにあるのかを明確化することの必要性が明らかになった。また，コミュニティ・ビジネス論は，地域の諸課題を解決する営みを新たな「仕事」として位置づけるという特徴があり，地域のなかに存在する「仕事」をあらためて発掘する試みとして捉えられることがわかった。コミュニティ・ビジネス論の出発点である英国においても，日本での当初の議論においても，社会的排除の解消，雇用の増進という観点が重視されていたのである。したがって，コミュニティ・ビジネス論の特徴の1つは，地域課題の解消や地域活性化の営みを，雇用・就労の増進を図る動きと結びつけて論じるところにある。だが，日本におけるコミュニティ・ビジネス論は，地域における多種多様な課題にとりくむ事業活動を幅広くコミュニティ・ビジネスと位置づける傾向があるということも明らかになった。経済の成熟化や価値観の多様化に伴い，地域コミュニティにおいても，特定のテーマ（いわゆる「テーマ・コミュニティ」）においても，様々なかたちの新たな課題が生じている。その現状のなかで，コミュニティ・ビジネスは地域の課題を複合的に解決する手段としても機能しうるとみなされている。地域の衰退は，社会的排除を増幅させる要因にもなりうるため，地域の諸課題に対して様々な角度から解決の糸口を探ることが求められている。そのようななか，コミュニティ・ビジネスが地域の諸問題を複合的な観点から解決していくことができるならば，その役割は積極的に評価されよう。
　だが，他方，コミュニティ・ビジネスという用語が指す内容が定まっておらず，コミュニティ・ビジネス支援の施策についても，その目的が曖昧であると

いうケースもみられた。そのような現状に対しては，それぞれの地域の実情に即し，ターゲットを明確にした施策を展開していくことが必要とされている。また，その施策の展開においては，自治体の役割，国の役割について，その役割分担も含め再検討することが必要とされる。さらには，コミュニティ・ビジネスの活動は，民間の中間支援団体による支援が重要なカギとなっており，中間支援団体の存在意義の検証が必要となってくる。

　最後に，コミュニティ・ビジネス論が提起している重要な論点について触れておきたい。それは，コミュニティ・ビジネスの特徴としてあげられる社会的な要素や市民性などの側面の実現と，継続的な事業運営のための剰余（利益）の追求，というこの両者をどのようにすれば並行して実現することが可能かという問題である。実のところ，この問題は，事業組織が抱える本質的な矛盾にも関わってくる。いいかえれば，コミュニティ・ビジネス論は，事業組織全般が抱える矛盾を浮き彫りにするという側面があり，そのような論点を提示しうるところに，コミュニティ・ビジネス論の意義を見出せる。

　コミュニティ・ビジネスには，「コミュニティ」という言葉に代表される社会的な要素の追求の側面と，「ビジネス」という言葉に代表される事業活動を通じた剰余（利益）の追求の側面があり，この両者の関係をどのように理解すべきか，という問題がある。この問題を考察するうえでは，社会福祉の領域におけるコミュニティ・ビジネスの例をとりあげ，その意義と問題点について検討を深めることが有効である。従来，社会福祉領域において事業活動を行う組織ではマネジメント的な側面は見過ごされがちであった。だが，コミュニティ・ビジネス論は，ビジネスという観点が加わってくるため，マネジメント的な側面を検討する必要に迫られる。コミュニティ・ビジネスという概念の使用は，社会福祉領域の事業組織における資源の効率的な活用を促進するというところに利点がある。コミュニティ・ビジネス論が，社会福祉領域の事業組織における効率性の向上に寄与できれば，その点はコミュニティ・ビジネス論の積極面として評価できよう。様々な資源を有効に活用するための方策を導き出すことは，社会福祉領域の事業組織においてもきわめて重要である。従事者の「思い」や「使命感」に依存しがちな社会福祉領域の事業活動においては，と

第6章 コミュニティ・ビジネス論の展開とその問題

りわけ事業組織が持つ資源を有効に活用するとりくみがなされているかどうかが重要となる。

だが，他方，社会福祉領域における事業活動を，採算ベースに合うか合わないかという観点からのみ評価するようなことになれば，それは本末転倒である。事業活動に伴う収支の観点から採算が合わないということ自体が問題視されてはならない。事業活動の性質によっては，単純に貨幣換算上，費用と収入が見合わない場合があるのは当然であり，そのこと自体が問題視されてはならないのである。この点は，たとえ寄付やボランティア活動という要素を費用と収入の算出の際にくみこんだとしても，同様である。昨今，寄付収入やボランティアの動員の面でも競い合うことが必要だという観点からの議論がみられる。だが，個々の事業組織が自らの活動の実態や財政状況を開示することが求められるとしても，寄付やボランティアを惹きつける競争に勝ち残れるか否かは，社会的に存在意義があるかどうかとは単純に関連づけられるべきでない。例えば，マイノリティに資する活動は，寄付収入やボランティアの動員という次元においても不利な立場にあり，事業組織の資源動員面について一律に競争の観点から議論することは誤りである。

社会福祉領域における事業活動のマネジメントという観点から問題視されるべきなのは，まず事業活動を通じて達成すべきことは何かという点を明確にしたうえで，その実現に向けての営みのなかで利用可能な資源を効率的に用いるということにある。そしてその過程においては，働く人々の条件を整えるという点も前提とされなければならない。すなわち，事業活動の効率性を問う際には，その前提となる条件が整っておかなければならないのである。働く人々の条件の整備は，その条件をどのように設定するかについて議論の余地があるにせよ，すべての事業活動に共通する前提となる。また，とりわけコミュニティ・ビジネスのように社会的な要素に重きがおかれる事業活動の場合には，事業活動によって生み出される財やサービスの水準（質と量の両面）についても，効率性を問う前提として明確化される必要がある。そして，社会福祉領域における財やサービスの水準は，働く人々の条件と関係がある。

生み出される財やサービスの有用性を高めていくということと，継続的に事

業活動を行うためにできるだけ多くの剰余を生み出していくということは，両立が困難である。この両立を目指さなければならないということは，すべての事業組織に共通して起こらざるをえない矛盾である。だが，財やサービスの有用性と事業活動に伴う剰余の追求に関して，その前提となる基準をどのように設定するかについては，事業活動の各領域において定めることは可能であろう。また，生み出される財やサービスの有用性は，質的にも量的にも問われるが，その望ましい水準については，提供される財やサービスの特質（素材面）に依拠する部分が大きい。この点を踏まえたうえで，社会的な要素に重きをおきながら事業活動として継続的な運営を進めるための仕組みや，その仕組みにふさわしい事業組織形態を考察していくことが必要となる。そして以上の点が実現可能かどうかを考察する際に，コミュニティ・ビジネスの実践の分析が意味を持つことになる。

1）非営利組織の事業化について論じたものとしては，例えば，谷本・田尾（2002）を参照されたい。
2）この点については，さしあたり，橋本（2006）を参照されたい。
3）この点について論じたものとしては，社会政策学会（2006）を参照されたい。
4）英国におけるコミュニティ・ビジネスに関する動きとしては，さらに，産業共同所有運動（Industrial Common Ownership Movement: ICOM）やコミュニティ協同組合の動きにさかのぼることができる。その展開については，中川（1996）を参照されたい。
5）都市の衰退とその再生を論じたものとしては，例えば，サステイナブルシティという観点から論じた岡部（2003）や，コンパクトシティという観点を提示した海道（2001）などを参照されたい。また，グローバル時代のなかでの都市再生を，都市政策や都市政治の観点から論じたものとして，加茂（2005）を参照されたい。
6）この点については，橋本（2004）を参照されたい。
7）「福祉から就労へ」（from welfare to work）政策においても，社会的企業は重要な位置を占めるものとみなせる。この点について労働者協同組合との関連から論じたものとして，さしあたり橋本（2007）を参照されたい。また，「福祉から就労へ」政策について分析するうえでは，ワークフェア（workfare）に関する議論を検討することも必要となる。ワークフェアの概念と実践については，国立社会保障・人口問題研究所（2004），埋橋（2007）を参照されたい。
8）石川両一は，コミュニティ・ビジネスの端緒とその後の展開について，コミュニティ・ビジネスの発祥の地としてスコットランドの例をあげているが，日本におけるコミュニティ・ビジネスの流れは，英国のコミュニティ・ビジネスの流れとは関係なく，「1994年

第6章　コミュニティ・ビジネス論の展開とその問題

に細内信孝氏らが『コミュニティを元気にすることを目的とした地域密着型のスモールビジネス』『生活ビジネス』を指す和製英語としてCBを使用したことに端を発している」と述べている（石川, 2004, 59）。

9) 商店街活性化の領域におけるコミュニティ・ビジネスの代表例としてしばしばとりあげられるものとしては, 株式会社アモールトーワの試みがあげられる。同社は, 東和銀座商店街振興組合（東京都足立区）の有志が立ち上げた会社で, 病院レストラン・売店経営, 学校給食事業, 高齢者への弁当宅配事業, ビルの清掃事業などを行うほか, 閉店を余儀なくされる状態にあったパン屋, 鮮魚屋, 漬け物屋などを商店街に開いておくために経営している。この事例では商店街の活性化もさることながら, 地域の様々な資源を活用し, 地域の諸課題を総合的に解決していく試みが注目を集める要因となっている。他の採算の合う事業と組み合わせるかたちで, 現状では採算の合わないパン屋や鮮魚屋などを地域に欠かせないものとして事業継続している点が, 「コミュニティ・ビジネスらしさ」の格好の事例としてとりあげられる要因となっている。同社のとりくみについては, 金子（2003, 2-14）を参照。

10) 中心市街地活性化法, 大規模小売店舗立地法, 改正都市計画法のいわゆる「まちづくり三法」がスタートするなか, TMO事業の位置づけは変化している。TMOの動向については石原（2006）を参照されたい。

11) 商店街の活性化とコミュニティ・ビジネスについて論じたものとしては, 渦原（2004）も参照されたい。

12) 同事業についての詳細は, 経済産業省環境政策課環境調和産業推進室（2004）を参照されたい。なお, 環境省は, 2003年度から2007年度にかけて「環境コミュニティ・ビジネス事業（中小企業等環境配慮活動活性化促進事業）」を実施しているほか,「持続可能な社会づくりを担う事業型環境NPO・社会的企業支援活動実証事業」（2009年度〜2011年度），「環境NPO等ビジネスモデル策定事業」（2012年度）などの諸事業を実施している。

13) 例えば, 一村一品運動はその典型例である。また, 農山村の振興のあり方については保母武彦が内発的発展論の観点から論じており, 地域における主体形成についても触れられている。その詳細は保母（1996）を参照されたい。

14) 株式会社小川の庄については, http://www.ogawanosho.com/ を参照。

15) 1章でとりあげた特定非営利活動法人フェリスモンテはコミュニティ・ビジネスの先駆的事例としてとりあげられることもある。

16) さらに, 金子は,「コミュニティ・ソリューション」という概念を提示し, コミュニティという概念の意義について説明を試みる。金子（2002）を参照。ただし, 金子の議論が, 現実の地域やテーマに即して適用できるかどうかは, 慎重に検討する必要があろう。

17) 兵庫県におけるコミュニティ・ビジネス支援のとりくみについては, 加藤（2004b）を参照。

18) 2012年度現在では, 6つのNPO法人が同センターの事業を行っている。

19) http://web.pref.hyogo.jp/ac02/policies_h18_30057.html を参照。

20) 大阪府におけるコミュニティ・ビジネスをめぐる動向については, 橋本ほか（2005；2006）を参照。また, 大阪府健康福祉部の施策におけるコミュニティ・ビジネスの位置づけについては, 炭谷ほか（2004）を参照されたい。

21）経済産業省商務情報政策局サービス産業課（2003）においては，コミュニティ・ビジネスに関する自治体の施策や経済団体のとりくみがまとめられている。
22）同部会は，2001年9月27日から2003年7月7日まで合計9回開催された。部会の設置の経緯は，以下のように説明される。「政府の『産業構造改革・雇用対策本部』において，『新たな経済主体（NPO）の育成』という項目が設けられ，『経済社会におけるNPOの役割とその発展がもたらす影響を具体的に分析し，健全な発展に向けた課題と解決策について提言する』ことが決定された。この決定を受け，昨年（2001年）8月，経済産業省の産業構造審議会にNPO部会が設けられることとなった」（産業構造審議会NPO部会，2002，70）。なお，同部会に関わっている識者がそれぞれの視点からコミュニティ・ビジネスを分析したものとして，本間ほか（2003）がある。
23）産業構造審議会NPO部会の「中間まとめ」に言及する際には，「中間まとめ」の文書にならって，NPOという言葉を用いる。ここでNPOという言葉は，後に本文中の引用部分で記されているように，NPO法人と任意団体のことを指す。
24）雇用創出企画会議第二次報告書では，労働条件の配慮の必要性について叙述されている。「CBに就労する目的は単に報酬を得るのみではなく，自己実現とする者も多い。しかしながら，CBで『有償ボランティア』と称していても，法令上労働者と認められる場合は，最低賃金額以上の額を支払う，労働安全上労働者と認められる場合は，最低賃金額以上の額を支払う，労働安全衛生法令上の措置等を講ずるとともに，労働者である旨を明確にするなど，サービス提供者の処遇の明確化を図ることが望ましい」（雇用創出企画会議，2004，2）。ただし，労働条件を整備することが，「望ましい」という表現にとどまっていることには注意を要する。この点については，雇用創出企画会議（2004，14-15）も参照されたい。
25）英国のブレア政権時の失業者対策については，藤森（2002，200-220）を参照。
26）厚生労働省は「コミュニティ・ビジネス・ワンストップ窓口事業」，「コミュニティ・ビジネス支援集中モデル事業」を実施している。これらの事業については，同事業を受託したNPO法人からの聞き取り記録を含む橋本ほか（2006）を参照されたい。
27）「社会的な援護を要する人々に対する社会福祉のあり方に関する検討会」報告書では，NPOが指す内容について特段の説明がなされていないが，NPO法人のことを指すものと理解できよう。

第7章
社会的企業論の現状と課題

1　はじめに

　近年，社会的企業（social enterprise）という用語が広まりつつある。とりわけ，欧米諸国を中心に，社会的企業に関する研究が進められており，その影響を受けながらアジア諸国，日本においても，社会的企業に関する研究が徐々に進められている。また，これらの研究の進展とともに，社会的企業に類する法制度の整備が進められている国も現れている。社会的企業という用語をめぐっては，ソーシャル・アントレプレナー（social entrepreneur, social entrepreneurship）[1]やソーシャル・ビジネス（social business）などの用語を使用する論者もいる。だが，現時点では，必ずしもこれらの各概念の区別が明確になされているとはいえず，それぞれの用語について共通の理解が成立しているというわけではない。社会的企業をめぐっては様々な領域の研究者がそれぞれの立場から分析を試みており，各論者がどの語句を用いるかは各論者の立場が反映されているという状況にある。

　社会的企業論が扱う内容は非営利組織研究と重なりあう部分が多い。また，国際的に社会的企業論としてとり扱われている課題は，日本では，コミュニティ・ビジネスという用語のもとで議論されることも多い。前章でみたとおり，日本ではコミュニティ・ビジネスという用語が社会的企業と近い概念として使用されており，とりわけ現場レベルではその傾向が強い状況にあった。しかし，社会的企業に関する研究が進められるなか，研究と現場レベルの動きがリンクしながら，社会的企業やソーシャル・ビジネスという名のもとで活動を行う団体が現れている。ともあれ，社会的企業は非営利組織研究の文脈との関わりから論及されることも多く，非営利組織研究の延長線上に社会的企業を位

置づけることは1つの潮流となっている。

　他方，社会的企業論においては，企業の社会的責任や社会貢献，フィランソロピーなどを主要な論点としてとりあげる論者もいる。したがって，社会的企業論が，非営利組織やサード・セクターに属する組織のみを対象とする（つまり，一般の民間企業を対象としない）のか，営利企業も含むかたちで民間企業全般を対象とするのか，ということも論点となる。

　以上のように，社会的企業に関する研究は，広範な領域を包含したかたちで進められている。だが，今日の社会のなかで，社会的企業が実際のところどのような意義を持っているのか，その本質とは何なのかについてはいまだ十分な検討がなされてはいない。何よりも，その対象とする範囲の広範さが，社会的企業論の持つ本質や課題をみえにくくしている。このように，いまだ発展途上ともいえる社会的企業論に関して，本章では第1に，社会的企業という用語がどのように広がりをみせているのか，その国際的な動きにも触れながら明らかにする。その論点を踏まえて，第2に，社会的企業論の本質とは何なのか，社会的企業に関する研究から導き出される論点とは何かについて検討を加える。

2　社会的企業をめぐる研究の動向

（1）「社会的企業」概念の登場とその展開

　まずここでは，欧州において社会的企業の研究を牽引しているドゥフルニ（Defourny, J.）とニッセンズ（Nyssens, M.）の議論に従い，「社会的企業」概念の登場とその後の展開を概観する。ドゥフルニとニッセンズによれば，社会的企業という用語は，十数年前まではほとんど使用されていなかったが，近年，米国と欧州の双方で驚くほどの進展をみせているという。具体的には，米国では1993年にハーバード大学ビジネススクールでソーシャル・エンタープライズ・イニシアティヴ（Social Enterprise Initiative）が立ち上げられたことが大きな端緒となり，その後，他の主要な大学や財団もまた，社会的企業やソーシャル・アントレプレナーに関する教育訓練および支援プログラムを立ち上げるに至った（Defourny and Nyssens, 2006, 3-4）。

第7章 社会的企業論の現状と課題

　欧州においても，1990年代初頭に社会的企業の概念が現れ始めたとドゥフルニとニッセンズは述べる。なかでも注目される動きは，協同組合運動と密接に関わったものとしてイタリアで現れた。すなわち，イタリアにおいて1991年に「社会的協同組合（social co-operative）」の法人形態が登場したことが，欧州における「社会的企業」概念の端緒と位置づけられるのである。その後，他の欧州諸国における同様の動きや新たな法人形態の出現をうけ，社会的企業について研究するネットワークが1996年に形成された。すなわち，EU15カ国をカバーする研究ネットワークである EMES European Research Network が形成されるに至るのである（Defourny and Nyssens, 2006, 3-4）。[2]

　このようななか，2002年に英国において社会的企業に関する議論が大きく前進する動きが生じた。当時の英国ブレア政権がソーシャル・エンタープライズ・ユニット（Social Enterprise Unit）を立ち上げ，国をあげて社会的企業の発展を促していく姿勢を打ち出したのである（Defourny and Nyssens, 2006, 4）。この枠組みのもと，貿易産業省（Department of Trade and Industry: DTI）は「社会的企業―成功に向けての戦略（Social Enterprise: a strategy for success）」（Department of Trade and Industry, 2002）において社会的企業の概念の定義を試みている。それによると社会的企業は「社会的な目的を伴ったビジネスであり，生み出された剰余が，株主の利益最大化を満たすためではなく，もっぱらコミュニティに資する活動に再投資される事業体」と位置づけられている。ここでの社会的企業の定義は，非常に広範なものを含むものと指摘できる。だが，社会的企業の概念を広範な対象を指し示すものと定義づけたとしても，現実に実態把握を行う段階では具体的に対象を限定する必要に迫られる。[3]社会的企業をどのように操作可能な概念として定めるかについては各論者によってその方法が異なり，現状では様々な定義が試みられている段階にある。すなわち，一般的に社会的企業論の対象とは何かを示すことが困難な状態となっているのである。なお，その後，英国では2004年にコミュニティ利益会社（Community Interest Company: CIC）という新しい法人形態が制定されるに至っている。[4]

　以上にみたように，社会的企業論は共通した定義が定まらないという根本的な課題を抱えている状況にある。そのようななか，民間の社会的企業支援団体

193

であるソーシャル・エンタープライズ・ロンドン（Social Enterprise London: SEL）が刊行したリーフレットは，社会的企業と称される事業形態について網羅的に説明している。同書は早い段階で邦訳されており，日本の社会的企業論を考察するうえで1つの手がかりになるものと位置づけられる。同書では，社会的企業の形態として，具体的には「協同組合」，「ソーシャル・ファーム」，「従業員共同所有」，「クレジット・ユニオン」，「開発トラスト」，「媒介的労働市場会社」，「ソーシャル・ビジネス」，「コミュニティ・ビジネス」をとりあげて，それぞれの事業形態の特徴や事例紹介を行っている（Social Enterprise London, 2001）。

（2）多様な社会的企業論の諸相――米国と欧州の比較

　社会的企業は米国と欧州の双方で注目を集めているが，注目されているポイントには違いもみられる。先にとりあげたドゥフルニとニッセンズによれば，米国における社会的企業の概念はかなり広く曖昧なものであるという。2人は，米国のソーシャル・アントレプレナー研究の第一人者であるディーズ（Dees, J. G.）の研究に依拠して，米国における社会的企業という用語が，社会的な目標（social goal）に携わる市場志向型の経済活動（market-oriented economic activities）を指すものとして使用されていると述べる。すなわち，米国では社会的企業という用語は，非営利組織の財政問題（民間の寄付や政府の補助金の低下）に対するイノベーティブな反応から，企業フィランソロピーや使命に支えられ商業活動に従事する非営利組織までをも含む幅広い概念として用いられているというのである（Defourny and Nyssens, 2006, 3-4）[5]。

　他方，欧州における社会的企業の概念も様々である。ドゥフルニとニッセンズによれば，欧州の社会的企業論としては，第1に，ソーシャル・アントレプレナーの動きに着目し，ビジネスで成功した個人が社会のニーズに挑戦する際のイノベーティブなアプローチに焦点をあてるものがあげられる。この立場によれば，その対象は非営利組織のみならず営利セクターも含まれ，企業の社会的責任（corporate social responsibility: CSR）の議論と重なる部分もでてくる。第2に，社会的企業の概念をサード・セクターに属する組織のみに限定するも

表7-1　米国と欧州の社会的企業論

	米　国	欧　州
強調点	収入を生みだすこと	社会的便益
一般的な組織形態	内国歳入法501条(C)(3)団体	アソシエーション，協同組合
焦　点	すべての非営利活動	対人サービス
社会的企業の形態	多　様	少　数
受益者参加	限定的	一般的
戦略的な機関	財　団	政府，EU
大学研究	ビジネススクール，社会科学	社会科学
文　脈	市場経済	社会的経済
法的枠組み	な　し	不十分だが改良中

出所：Kerlin（2006）p. 259.

のがあげられる。この立場によれば，具体的な対象は主として非営利組織および協同組合となる。先にあげた研究ネットワークの EMES は後者の立場をとっており，その研究ネットワークのメンバーであるドゥフルニとニッセンズも後者の立場から社会的企業にアプローチしている（Defourny and Nyssens, 2006, 4-5）。後者の立場は，欧州において古くから議論が続けられている社会的経済（économie sociale）に関する議論との関わりが強いことも指摘できる。なお，EMES の議論は社会的企業論で重要な位置を占めるものであるため，その特徴については次項であらためて触れる。

　このように，米国と欧州では，社会的企業に対するアプローチに違いがみられる。また，欧州各国の詳細をみれば，欧州諸国の間でもその焦点のあて方は異なってくることに留意しておく必要がある。米国と欧州の社会的企業論の焦点の違いについて，カーリン（Kerlin, J.）が表7-1のような整理を行っている。より詳細に分析すれば，カーリンの分類が必ずしもあてはまらない場合もあろうが，米国と欧州の双方の動きを概観するうえではさしあたり有益なものと考えられよう。

　また，日本の研究者による米国と欧州の比較においては，米国の議論が主としてソーシャル・アントレプレナー個人の社会的使命に焦点をあてるアプローチをとるのに対して，欧州の議論が主として社会的企業の組織構造や社会政策との関わりに焦点をあてるアプローチをとるという捉え方がなされることもあ

⁶⁾る。なお,この分類においても,欧州における研究の特徴はEMESの研究内容に基づいたものとなっている。米国と欧州の社会的企業論は,それぞれ日本へ紹介されており,日本の社会的企業論を考察するうえでも両者の違いを認識しておくことは重要となる。しかし,既述のとおり米国でも欧州でも社会的企業論の定義は論者によって様々であり,上記の分類にあてはまらない場合があることは付記しておく必要があろう。

(3) 欧州の社会的企業論の特徴——EMES研究ネットワークの議論から

続いて,欧州の社会的企業論の特徴について,その代表的な役割を担っているEMESによる研究をとりあげてみていく。ここでも,ドゥフルニとニッセンズの議論に沿ってその特徴をみていこう[7]。

まず,社会的企業の概念は,非営利組織と協同組合を橋渡しするものだとされる。公共セクターでも民間営利セクターでもないサード・セクターについては,国際的に2つの流れがある。すなわち,非営利組織のみに着目するグループと,協同組合や共済組合,アソシエーションなどに焦点をあてた社会的経済に着目するグループである。社会的企業の概念は,現存のこれらにとって代わるものではなく,両者を包含するサード・セクターの発展に焦点をあて,サード・セクターという概念を豊富化することを意図しているという。すなわち,サード・セクターは,市場と非市場という異なる要素を含んでおり,具体的には,協同組合とアソシエーションの双方を含む。また,サード・セクターは,共益と公益という異なる要素も含んでいる。社会的企業の概念はこれらのサード・セクターにおける異なった要素を統一する概念として位置づけられている(Defourny and Nyssens, 2006, 7)。

では,社会的企業論は,従来のサード・セクターに属する組織と何が異なるのであろうか。ドゥフルニとニッセンズによれば,社会的企業は,伝統的なアソシエーションと比較すると,生産活動を伴い経済的なリスクを負ってより大きな価値を生み出そうとする特徴がある。また,社会的企業は,多くの伝統的な協同組合と比べると,コミュニティ一般の利益や公益に資する活動を志向するという特徴がある。さらには,伝統的な協同組合が一般に単一のステイクホ

ルダー(組合員)を有するのに対し,社会的企業は多様なステイクホルダーを有するという特徴がある。なお,多くの社会的企業は協同組合やアソシエーションの形態をとるが,どの法人形態を有しているかについてはこだわらないこともその特徴としてあげられる (Defourny and Nyssens, 2006, 8-9)。

また,サード・セクターの存在意義としては,以下の4つのイノベーティブなポイントがあげられる。第1に,社会的企業には,多次元なガバナンスの形態があるとされる。すなわち,社会的企業論では,非営利組織研究が重視する利益非分配よりも,組織がどのようにガバナンスされるかを重視する。第2に,社会的企業は,経済取引を通じた事業の継続性を達成すべき存在ではない,と述べられる。つまり,経済的活動によって得られる資源が重要であることは強調されるが,それによって得られる剰余のみによって事業を持続させなければならないとは考えられていないのである。社会的企業の資源は,取引活動,公的補助,ボランタリー・セクターから得られるものであって,多様な資源の源泉があることこそがその特徴と考えられている。第3に,財とサービスの生産は社会的使命のためになされるべきであるとされる。経済的活動が社会的使命と関連していることが求められるのである。第4に,事業組織と公共政策の相互作用についてのフレームワークがイノベーティブであるとされる。そして,社会的企業は,外部の環境によってかたちづけられる部分があるというのである。社会的企業は,市場と公共政策と市民社会の中間領域に位置するものと考えられている (Defourny and Nyssens, 2006, 7)。

また,EMES による研究のなかからとりあげるべき特徴的な点がある。それは,「労働統合を目的とした社会的企業 (work integration social enterprise: WISE)[8]」に焦点をあてた研究が進められているということである。WISE という形態に注目が集まる背景には,欧州諸国における社会的排除の深刻化があげられる。構造的失業を主要因とした長期失業者の増加に直面するなか,WISE と称される事業形態が注目を集めている。EMES のもとでは,EU 各国における WISE のとりくみについての調査や国際比較が試みられている。

（4）日本における社会的企業論の現況

　では，日本における社会的企業論はどのような展開をみせているのであろうか。第1に，社会的企業論との関わりで注目すべきなのが，非営利組織研究である。日本における社会的企業の研究の多くは，非営利組織研究の系譜に位置づけられる。先述のとおり，欧州においては，社会的企業論の対象をサード・セクターに限定するグループが大きな影響力を持っているが，日本においてもサード・セクター[9]に属する組織のみを社会的企業論の対象とみなす例は多い。そして，日本でサード・セクターの担い手として第1にあげられるのが非営利組織である。

　非営利組織という用語の含意は本来必ずしも特定非営利活動法人（いわゆるNPO法人）に限定されるわけではないが，3章でみたとおり，世間一般においてはNPO法人がその代表的な存在とみなされることがよくある。NPO法人の活動分野は多岐にわたるため，すべてのNPO法人が事業化しているとはいえない。だが，例えば，社会福祉領域で活動するNPO法人，なかでもサービス供給を中心とした活動を展開している事業主体は，継続的に事業活動を展開していくことが常態となっている。とりわけ，公的介護保険制度のスキームでサービスを供給するNPO法人においては，継続的に一定の収入を確保するとともに，有給職員を雇い入れることが一般的であり，継続的な事業体として活動することが常態となっている。このようなNPO法人は，社会的な使命や目標を掲げるとともに，事業収入に依拠して活動を進めるという事業組織とみなせる。このように事業化が進んだNPO法人は，社会的企業論の対象と位置づけられよう。

　第2に，サード・セクターの担い手としては，協同組合の存在に目を向けることが必要である。5章でみたとおり，協同組合の存在自体が，非営利組織研究の勃興とともに問い直されるようになり，「非営利・協同組織」という概念が提起されることもあった。協同組合については，従来からの生協や農協などに加え，社会サービスを供給することを目的とした協同組合の出現，労働者協同組合による福祉分野での活動の興隆など，新たな展開が注目されており，それらの動きは社会的企業論の論点と重なりあっている。また，何よりも，民主

第7章 社会的企業論の現状と課題

的な意思決定の仕組みに代表される協同組合に特徴的な事業組織の構造は，社会的企業論の重要な論点となる。すなわち，社会的企業論における「社会的（social）」という用語の持つ意義を問い直すうえでも，民主的な特徴を有することによって社会性の体現が図られる協同組合は社会的企業論の格好の対象となる。もちろん，社会的企業論の文脈からも協同組合の理念が実質的に機能しているかどうかについては慎重な吟味が必要であることはいうまでもない。なお，既述のとおり，欧州のサード・セクターの論議のなかでは協同組合を重視する議論が多く，その意味においても，日本において協同組合を社会的企業論にどのように位置づけるべきかは重要な論点となる[10]。

第3に，コミュニティ・ビジネスと称される事業組織の諸活動は社会的企業論の対象となる。前章でみたとおり，そもそも，コミュニティ・ビジネスという概念は，英国のとりくみから学ぶかたちで社会的排除の克服という文脈から理解されていたが，日本では2000年代前半頃から多様な分野の諸活動に対してコミュニティ・ビジネスという用語があてはめられる状況が生じた。また，国や自治体がコミュニティ・ビジネスという用語に着目して支援策を講じていることもあり，新たな事業組織形態として期待を集めている。コミュニティ・ビジネスの名のもとで行われている活動は，前章で整理したように，具体的には，中心市街地活性化（とりわけ商店街振興），中山間地域の振興，環境コミュニティ・ビジネス，社会的排除の克服（福祉サービスの供給や就労支援）に大別できよう。国や自治体による支援策もこれらの諸活動に対して広範に実施されている。日本においては，社会的企業論の対象となる事業組織の多くはコミュニティ・ビジネスとして扱われてきた。非営利組織研究が主としてNPO法人に注目する傾向があるのに対し，コミュニティ・ビジネス論は法人形態にこだわらない立場をとるため，NPO法人だけでなく株式会社や合同会社などもその対象となる。事業組織の法人形態にこだわらない点においても，コミュニティ・ビジネス論は社会的企業論と同じ特徴を持つ。なお，先にとりあげた英国のSELの分類に従えば，コミュニティ・ビジネスは社会的企業の下位概念に位置づけられている（Social Enterprise London, 2001）。

第4に，企業の社会的責任（corporate social responsibility: CSR）の観点と社

会的企業論との関わりがあげられる。企業の社会的責任については，その略称であるCSRという言葉が頻繁に使用されるようになったのは2000年代に入る頃からと思われるが，議論そのものの歴史は古い。企業が社会に与える影響という観点は，株式会社が大規模化するに従って問題とされてきたことであり，経営者支配論やコーポレート・ガバナンス論における多様な論点を含むものである。高度経済成長期以降に限定しても，1970年代前半には公害問題や価格操作などの企業の反社会的な活動や不祥事，企業犯罪への対応にも迫られるなか，企業の社会的責任論が大いに議論されたことに留意すべきである。

　1990年代前半には企業の社会貢献が盛んに論じられるようになる。企業活動の海外展開が広まるなか，「企業市民[11]」といった考え方の必要性の認識が高まり，バブル経済の余波も受けながら，企業の社会貢献の必要性や企業メセナ，企業フィランソロピーの意義を説く議論が増える。1990年代後半には，非営利組織研究の進展と呼応するかたちで，非営利組織と民間企業のパートナーシップの重要性が説かれるようになる。ここでは，民間企業と非営利セクターの諸組織を区別して，セクター間のパートナーシップの重要性を説くことに主眼がおかれている。2000年代に入ってからは，相変わらず頻発する企業不祥事への対応に迫られるなか，企業の社会的責任論があらためてクローズアップされ，略称であるCSRという用語が普及するに至る。さらに，社会的企業やソーシャル・アントレプレナーといった用語の普及とともに，企業の社会貢献活動に焦点をあてた研究が進められるようになる。社会的企業論という枠組みにおいて，NPO法人だけでなく，株式会社の社会貢献活動も対象とした議論がなされるようになるのである。欧米の動向を述べるときにも触れたが，現在の社会的企業論においては，NPO法人や協同組合などいわゆるサード・セクターに属する組織のみを対象とするのか，営利企業も含んだかたちで民間企業全般を対象とするのか，論者によって見解が異なる状況がある。CSRや企業の社会貢献を扱う社会的企業論は後者の見解に従うものである。

　最後に，社会的企業という用語そのものへの注目について触れておく。日本における社会的企業論は欧米の動きを紹介するかたちで進展してきた。したがって，その議論自体，欧州の流れに沿った議論と米国の流れに沿った議論に

大別できる。欧州の議論によったものとしては，EMES に関わる研究者による著作や先述した SEL によるリーフレットの邦訳が刊行されているほか[12]，欧州の事例について扱った著作の刊行がみられる[13]。他方，米国の議論に沿ったものとしては，ソーシャル・アントレプレナーの事例を扱った著作が刊行されており[14]，営利企業も含んだかたちで民間企業全般を視野に入れた議論，企業の社会貢献に着目したものがみられる。また，従来から経済産業省では，コミュニティ・ビジネス支援の施策を展開してきたが，その系譜を受けて，「ソーシャルビジネス研究会」を2007年に立ち上げ，さらには「平成22年度　地域新成長産業創出促進事業（ソーシャルビジネス／コミュニティビジネス連携強化事業）」の一環として，「ソーシャルビジネス推進研究会」を設置するなど，ソーシャル・ビジネスに関する論点についての検討が進められており，その成果を踏まえつつ，先進事例の収集・紹介やソーシャル・ビジネス推進にとりくむ状況に至っている。

3　社会的企業論の本質と課題

（1）社会的企業論の課題

　これまで，社会的企業論に関する先行研究を概観してきた。そこからみてとれることはどのようなことであろうか。まず注目すべきことは，社会的企業論の対象は論者によって多種多様であり，その指し示す内容が広範であるということである。つまり，社会的企業論においてはそもそもどのような事業組織を対象とするのかということ自体が重要な論点となる。また，社会的企業に関する様々な国際比較が試みられているが，その際にもいかなる組織を研究対象とするかは議論の的となる。各国の制度や歴史的な背景によって研究対象が国ごとに異なるため，国際比較には困難さが伴ってくる。もちろん，ある一国内においても論者によって見解が異なることがあるため，社会的企業論においては定義の段階で議論がかみ合わない状態が生じる可能性が常につきまとっている。

　そして，社会的企業をどのような概念として扱うかは，各論者の社会的企業

へのアプローチの仕方と密接に関わっている。また，それに付随する課題として，社会的企業にまつわる法人形態をめぐる問題が論点として浮上する。

先述のとおり，社会的企業論は，米国と欧州の主要な議論のもとで，研究の対象を「ソーシャル・アントレプレナー個人の社会的使命に焦点をあてるアプローチ」と，「社会的企業の組織構造や社会政策との関わりに焦点あてるアプローチ」に大別される。上記の分類に基づけば，前者は，ソーシャル・アントレプレナーのイノベーションに焦点があてられ，後者の立場に比して組織構造への関心は低く，対象となる事業組織はサード・セクター組織のみに限定されず，一般の民間企業も含む傾向が強い。そして，一般の民間企業を対象とするため，企業の社会的責任や社会貢献についても，その研究対象としてとりあげられる場合が多くなる。

他方，後者の立場によれば，EMESの研究に代表されるように，サード・セクター組織に対象が限定される。そして，その組織構造に焦点があてられ，多様な目標やステイクホルダーなどの存在に着目したガバナンス構造の分析がなされたり，社会的企業におけるソーシャル・キャピタルの意義とは何かといったことが論点としてとりあげられる。

後者の立場による研究では，ある特定の１つの法人形態だけを対象とするわけではないが，社会的企業の活動を支える制度的な基盤が議論の対象となり，どのような法人形態が社会的企業の発展にふさわしいかが議論される。また，社会的企業の研究が具体的な政策形成や制度設計とリンクしながら進められている状況がある。研究の進展が社会的企業に関する法的枠組みの形成に影響を与える一方，社会的企業に関する法的枠組みの形成によって社会的企業という概念が一般に認知されていく状況もみられる。このような状況は，後にも触れるが，社会的企業という概念自体が，その概念の拡大を意図的に進める動きを含みながら生み出されてきたという事情に起因している。

また，欧州の研究では，先述のとおり，社会的排除への対応や雇用政策との関わりからの議論がみられ，労働統合を目的とした社会的企業（WISE）が主要な研究対象の１つとなっていることに注目する必要がある。社会政策との関わりから社会的企業を位置づけるという視点は欧州の社会的企業論の特色の１

つとなっている。

　以上を踏まえると，社会的企業の先行研究からみえてくることは，社会的企業をどのような概念として扱うかは，各論者のアプローチの仕方と密接に関連しているということである。ただし，研究対象の設定が自らの立場を反映していることについて必ずしも各論者が明示的であるわけではない。また，上記の２分類の境界に位置するような事業活動についてはその位置づけが定まらないまま社会的企業の研究対象としてとりあげられることが多い。すなわち，社会的意義が認められる事業活動は社会的企業論の対象として包括される状況にある。例えば，途上国の支援や経済開発に携わる事業活動は，上記の双方の立場から研究対象としてとりあげられる。具体的には，マイクロ・ファイナンスやフェアトレードの促進などのとりくみは，サード・セクターに属する組織のみならず，民間企業の活動として行われる場合もあるが，欧州の社会的企業論においても研究対象となりやすいトピックスとなっている。すなわち，事業組織の指導原理に焦点があてられる欧州型の社会的企業論においても，その指導原理のあり方がどのようなものであるかにかかわらず，素材面に社会的な特徴が見出される場合にはその供給主体が議論の対象とされる。他方，米国の社会的企業論では，そもそも素材面を重視した議論の展開がなされており，提供される財やサービスに社会的な要素が見出される場合には，その供給主体の形態に頓着せず議論の対象とされる。米国の社会的企業論の多くでは事業組織の指導原理にそれほど注意が払われていないとみなせよう。

　それでは，米国型の議論と欧州型の議論の両者に共通する特徴はあるのであろうか。強いてあげれば，ソーシャル・イノベーションという概念を重視するという点が双方に共通する特徴であると指摘できよう。しかし，これはそもそもEMESの研究が，非営利組織の概念に代えて，非営利組織研究と協同組合研究の双方を含む概念を編み出そうと意図した結果の反映であるともいえよう。先述したとおり，EMESの研究は非営利組織と協同組合を橋渡しする概念として社会的企業を位置づけた。米国を出自とする非営利組織研究は一般に協同組合を含まないという特徴があるため，協同組合の活動が活発な欧州における議論を展開するためには，サード・セクターに属する組織を分析する概念

として，非営利組織に代わる新たな概念を打ち立てる必要に迫られていたのである。そこで，欧州で歴史的に研究の蓄積がある社会的経済という文脈を踏まえつつ，非営利組織と協同組合の両者をつなぐキーワードとしてソーシャル・イノベーションの概念を用いることにより，両者を包含する社会的企業という概念が構築されていった。その意味において，EMESにおける社会的企業という用語は，非営利組織研究において先導的な役割を担っている米国のJHCNSPが提起した非営利組織の概念に対峙することを意図して，欧州の文脈に基づいたサード・セクターに属する組織を指す言葉として活用されている。すなわち，社会的企業という概念自体が，欧州の現状に即してサード・セクターに属する組織を包含することを意図した結果として生み出されたとみなせるのである。そのような状況のもと，社会的企業という概念は普及し，各国の政府やOECD, EUなどの国際的な機関によっても注目され，時にはそれらの政策形成に影響を与えるほどの概念として広まるに至っている。

　日本における社会的企業論は，米国と欧州の双方の議論の影響のもとで展開されているため，米国と欧州のそれぞれの研究の特徴を反映するかたちで，各論者の立場に応じて米国型の議論と欧州型の議論が紹介される状況がみられる。日本に限らず，他のアジア諸国においても，現実面では各国それぞれの背景に規定されながらも，欧米の研究の影響下にある点では社会的企業論の展開は似たかたちの道筋をたどっている。

　いうなれば，社会的企業という概念自体がその概念の拡大を意図的に進める動きを内包するかたちで使用されている。そして，その概念が指し示す内容の広範さが，社会的企業という概念の普及に一役買っているという状況がある。社会的企業論の研究対象については，営利企業や政府の活動との関わりから様々な捉え方があり，各論者がそれぞれの立場から議論を展開することが可能であり，その概念の緩やかさが多くの研究者や実践者を社会的企業論に惹きつけている。

　だが，上記のような状況は社会的企業論だけにみられることではない。EMESによる社会的企業論が乗り越えようと試みた非営利組織研究においても，その定義が曖昧であるがゆえに，かえって多くの研究者や実践者にとって

第7章　社会的企業論の現状と課題

使い勝手の良い用語として活用され，急速に概念が広まった。

　実際のところ，研究対象となる事業組織や事業活動そのものは，非営利組織や社会的企業という概念が現れる以前から存在している場合が多い。もちろん，非営利組織や社会的企業の議論が進められていく流れに棹さして，現場の活動が進展する場合もあろう。だが，非営利組織や社会的企業といった概念が従前から存在していた事業組織や事業活動に後付け的にラベリングされるケースがあるということは認識しておくべきである。もちろん，非営利組織や社会的企業といった概念を用いることによって，現場の活動の発展が促されるのであればそれは一般に望ましいことである。他方で，それぞれの現場に固有の個々のとりくみが，非営利組織や社会的企業というかたちで包括されることによる弊害が生じているとしたら，その弊害を認識して克服することが必要となる。

　非営利組織研究においても社会的企業論においても，その定義が広範であることによって，活動の領域や形態が異なる多種多様な事業組織の営みがひとくくりにされて扱われてしまうことがあるが，そのような状況下では個々の領域におけるそれぞれに固有の課題が覆い隠されてしまう危険性があることには注意すべきである。多種多様な組織を一括して非営利組織や社会的企業と称することの意義があるのかどうかについては検討を要する。社会的企業の概念は，多様性やダイナミクスといった特徴を強調することによって，一方では事業収入やビジネスの視点を有しながら，他方で社会的な目標や使命の追求を目指す様々な営みを分析対象としようとして生み出されてきた。いわば，捉えがたいものを捉えようとして生み出された概念である。操作可能な概念を構築して，捉えがたいものを捉えようとする試みがなされること自体は必要なことである。だが，非営利組織研究においても，社会的企業論においても，各論者の立場や価値判断が明確にされないまま，曖昧な定義のもとでこれらの概念が使用される例が多く，そのような積み重ねが非営利組織研究や社会的企業論の議論の混乱に拍車をかける状況をもたらしている。

　また非営利組織や社会的企業，ソーシャル・アントレプレナーといった新たに生み出された概念については，どの概念が最もふさわしいかは一概に判断が

できるものではない。つまるところ，どの概念を用いるのが望ましいのかということは各論者の価値判断に基づく。また，これらの概念がどのような事業組織や事業活動を含むものであるかについても明確な答えがあるわけではない。どのような立場からどのような接近をするかによって，最もふさわしい概念や最もふさわしい研究対象は異なってくる。したがって，当然のことではあるが，少なくとも各論者はどのような課題をどのような論点から解き明かそうとしているかを明確にして，その分析を進めていくことが求められる。

　日本において社会的企業論を考察する際には，日本の現状を踏まえたうえで，はたして社会的企業という単語を用いることが有効なのか，これらの概念を用いることの意義はどこにあるのか，という基本的な点から議論がなされることが必要となる。米国や欧州とは異なる制度や文化的背景のもと，日本社会の現状に即して，社会的企業という概念がはたしてどのような意味合いを有するのかが検討されなければならない。

（2）社会政策における民営化と社会的企業

　これまでにみてきた社会的企業論の課題を踏まえて，以下では，社会的企業論という概念を用いることの意義と課題を明らかにする手がかりを探る。この項では，社会政策の観点との関わりから社会的企業論の検討を試みる。社会的企業という概念の興隆は，社会政策上の課題への対応と密接な関わりを持っている。特に，先述の欧州型の社会的企業論の立場によれば，社会的企業は社会政策の課題にとりくむ事業組織としての側面がクローズアップされることになる。社会政策領域の事業組織として社会的企業という概念に注目が集まる背景には，社会政策における民営化の進行がある。だが，はたして社会的企業という概念は，社会政策という観点からみて有効な概念として位置づけられるであろうか。社会政策という観点との関わりからいえば，社会的企業の具体的な事業領域としては，第1に社会サービスの供給，第2に社会的に排除されるリスクが高い人々を労働市場に統合する諸事業があげられる。ここでは，第1の点をとりあげて検討しよう。

　社会サービス供給の担い手としては，非営利組織研究と社会的企業論は同様

の特徴を有している。そもそも非営利組織に関する議論が広まる主な要因の1つは，政府の役割や機能に対する疑問が生じたことにあった。財政危機や官僚制の逆機能の深刻化など，政府による関与の負の側面が顕著になるにつれ，新たな事業形態を模索する動きが起こり，非営利組織に期待が集まるようになった。非営利組織や社会的企業の諸活動には様々なものが含まれるが，その役割として最も期待されていることの1つが福祉国家の危機への対応にある。

　社会サービスの供給において政府の役割を後退させる動きが生じ，それと軌を一にして民間の事業主体によるサービス供給の模索が始まった。具体的には，一般の民間企業もその担い手として期待されるとともに，新たな事業活動の担い手として非営利組織がクローズアップされ，さらには今日では社会的企業という事業形態に注目が集まるようになってきている。日本では，1990年代に「社会福祉基礎構造改革」という名のもとで多様な事業主体による社会サービス供給の意義が提唱されるようになったが，この動きは，社会政策の民営化の流れのなかに位置づけられる[15]。なかでも2000年に導入された公的介護保険制度が，そのサービス供給の量的な大きさや社会的インパクトからいって最も注目される動きである。同制度の導入によって，従来，国や自治体およびその厳しい監督下にある社会福祉法人，医療法人など限られた事業主体によってのみ供給されていたサービスが，株式会社やNPO法人によっても供給されるようになった。財やサービスの供給と事業継続に必要な収入の確保は，それらが目的であるか手段であるかはともかく，あらゆる事業組織においてとりくまれる。だが，供給される財やサービスが社会性を伴ったものであること，収入の確保が単に財やサービスの利用者の利用料だけでなく公的な制度に裏づけられた財源やボランタリーな資源にも依拠していることという2つの側面が，非営利組織や社会的企業といった新たな呼び名で包含される概念の登場を促している。

　社会政策の観点から社会的企業という概念によるアプローチをとる際にはいくつかの大きな課題に直面することになる。まず，非営利組織や社会的企業という概念を用いた社会課題への接近は，社会に存在する課題を解決するうえでは必ずしも有効ではないのではないかという疑問である。社会政策の観点にた

ては，社会に存在する個々の固有の社会問題（素材面）についてその実態を明らかにし，その原因を分析することから出発するほうが望ましいと考えられるからである。具体的なレベルで社会政策上の課題として存在することは何かを明らかにしなければ，その対応策を見出すことは困難であり，非営利組織や社会的企業の事業を振興するという視点のみによっては，それらの活動によってカバーしきれない問題が残されてしまう場合が生じる。もちろん，非営利組織や社会的企業による事業活動によって便益を受ける者がおり，社会政策上の課題に対して有効に機能している例は少なくはないであろう。その意味では非営利組織や社会的企業の諸活動は社会的に意義があるものと指摘できる。しかし，非営利組織や社会的企業という事業主体のレベルからその事業活動を分析するだけでは，社会政策上の課題を十分に明らかにすることはできない。これは，社会政策の民営化それ自体が抱える問題と密接に関連している。社会政策の民営化は政府の責任の範囲を狭めることを意味するが，それに際して政府が担っていた責任・役割のすべてを民間の事業組織が負うことができるのかどうかという問題が生じるからである。だが，少なくとも，現時点で，民間の事業組織は，従来，政府が果たしてきた責任のすべてを負わなければならない根拠はない。

　非営利組織や社会的企業の経営者は，その立場上，その事業主体が定めた社会的な目的の達成と事業継続のための収入の確保がその役割となる。だが，当然ながら，事業主体の経営者は自らの職責のなかにすべての社会問題への対処が含まれるわけではない。社会的企業の経営者としてはその職責は限定されている。すなわち，事業主体の経営者は，自らの有する経営資源のなかで，社会的な目標の追求と継続的な事業に必要な収入の確保を達成するために意思決定することが責任の範囲となる。事業主体レベルでの意思決定は，あくまでも当該の事業組織によってできる範囲においてなされることになる。

　社会政策の民営化は，社会政策における政府の役割の後退を意味する。だが，事業主体レベルでは，それぞれの組織の経営者は自らの責任の範囲で責任を負うしかない。民営化の進行は，政府の責任の範囲が変化することを意味しているので，あらためて，社会政策上の課題における政府の責任とは何か，ま

た，社会問題に対して社会全体としてどう対処するのかということについて，価値判断のもとで優先順位をつける必要に迫られる。

　福祉国家のあり方自体が各国によって異なるので，非営利組織や社会的企業に求められる役割やその事業活動の有効性についても，各国のおかれている状況によって異なる。既述のとおり，社会政策という観点に関しては，社会的企業論は欧州諸国の動向を色濃く反映するかたちで展開してきた。だが，日本における福祉国家のあり方は，全般的に欧州各国に比して政府の役割が小さい状況下にある。さらには，非営利組織や社会的企業の存立に欠かせない市民参加型の福祉社会が構築されているとはいいがたい状況がある。政府からの補助が得られないうえに，ボランタリーな市民参加による資源動員も困難な状況のもとでは，非営利組織や社会的企業を継続的な事業体としてたちゆかせることは難しい。たとえ，社会的企業の特徴が，事業収入，公的補助，ボランタリーな資源の確保といったかたちで活用できる資源が多様性を有している点にあったとしても，それらの資源の源泉が不十分であるならば，その活動が広がりをみせることは困難となる。

　財政危機への対応というかたちで，非営利組織や社会的企業の諸活動への期待が高まる現状が続いている。しかし，社会的企業による事業活動が，政府による財やサービスの供給よりもパフォーマンスが高いのかどうかについては必ずしも明確になっているとはいえない。そもそも，非営利組織や社会的企業が，まったく独立に事業性を得て，継続的な事業体としてたちゆくことができるという想定は非現実的である。非営利組織や社会的企業が，もし事業性のより高いところに事業活動を特化すれば，事業性の低い分野は放置されざるをえない。ここに，社会的企業の有効性の過度の強調が社会政策における普遍主義的対応から選別主義的対応への転換を伴うという危うさがある。

　それでは，社会政策の観点からみた場合の社会的企業論の意義はどのような点にあるだろうか。この課題を考察するうえでは，社会問題の解決に向けて，政府の存在および関与がかえって問題をこじらせるような場合とは何なのかの分析が必要となる。その際にも，社会問題そのものに対する分析とその対処という観点から議論をスタートさせる必要がある。官僚制の逆機能が個々の具体

的な局面でどのように生じているかを分析するなかから，民間の事業組織の有効性を提起していくことこそが求められる。そのうえでは，事業組織が供給する財やサービスの特質（素材面）の分析が必要となる。すなわち，供給される財やサービスの性質上，政府よりも民間の事業主体の諸活動が望ましい場合があると考えられるのであり，それがどのような場合かを明らかにするためにも，社会政策上の課題における政府の責任とは何かを明らかにすることが必要となる。

（3）企業論による社会的企業への接近

　続いてここでは，企業論の観点から社会的企業論の意義と課題を考察する。はたして，企業論は新たに登場した社会的企業論をどのように把握することができるのであろうか。社会的企業論はどのようなインパクトを企業論に与えるのであろうか。

　企業論の観点から社会的企業論について考察するうえでも，社会的企業論の対象をサード・セクター組織のみとするのか，一般の民間企業の諸活動，とりわけ企業の社会的責任（CSR）をも含むのか，ということは興味深い論点となる。先に述べたように，社会的企業論においてどのような事業組織を対象とするかは，各論者のアプローチの仕方を反映する。ここであらためて，日本の論者によるそれぞれの立場の議論を示し，そのうえで企業論という観点から社会的企業論の課題に接近していく手がかりを探ることにしよう。

　例えば，藤井敦史は以下のように，企業の社会的責任（CSR）を社会的企業論の対象とすることの問題点を指摘する。藤井は「社会的企業が，企業の社会的責任（CSR）との連続線上で捉えられると同時に，社会的起業家個人の自由な発想を基盤とした組織，また，一般市場で自立して継続的に経営可能な組織といったイメージで紹介されてきた」ことには問題があるとし，その理由については「社会的企業を，CSRとの連続線上で捉えることは，社会的企業が対峙している社会的排除というイッシューそのものを曖昧化させてしまうし，社会的企業という言葉を，小規模な事業型NPOから大規模企業までを含み込む極めて漠然とした概念にしてしまう」ということや，「一般市場からの事業収

第7章　社会的企業論の現状と課題

入のみで経営的に成り立つ組織であるといったイメージも，通常，困難な生産要素や購買力の乏しい地域市場を抱えた社会的企業を想定した時，無理がある」ということから説明する（藤井，2007，86-87）。この藤井の立場は，EMES による研究の展開を受けて，社会的企業という概念を社会的排除という問題への対応という観点から位置づけているものとみなせる。

　さらに，藤井は別の論稿において，「社会的企業における社会的目的を特定化し，あくまでも営利企業ではなくサード・セクターを中心に据えた議論を展開すべきだ」と述べ，「社会的排除という極めて現代的な社会問題の解決を志向するサード・セクター組織に照準を合わせ，社会的企業を支える多様な制度的・社会的基盤を重視する欧州の社会的企業論の方が，企業サイドからのアプローチに対して，明らかに理論的な優位性を持っている」という（藤井，2010c，145）。

　他方，谷本寛治は，「ソーシャル・エンタープライズとは，非営利形態であれ，営利形態であれ，社会的事業に取り組み，社会的課題の解決に向けて新しい商品，サービスやその提供の仕組みなど，ソーシャル・イノベーションを生み出す事業体である」と述べており，さらには従来の企業の社会的責任（CSR）の概念を超えるかたちで，「CSR は，コンプライアンス，リスク管理という受け身的なレベルにとどまらず，社会的課題の解決に向けて企業が積極的に取り組んでいくことも求められており，それこそが新しい企業市民（Corporate Citizenship）の姿である」と述べ，「一般企業による社会的事業（CSR）」を社会的企業論のなかに位置づけて議論を展開している（谷本，2006，13）。また，EMES の研究グループに依拠した日本の議論に対しては，「『社会的企業』をヨーロッパの社会的経済の土壌におけるものとしてだけ捉える論者も見うけられる。そこでは社会的課題に取り組むソーシャル・エンタープライズの多様な可能性を構想し，広げていくという理解が欠けている。ヨーロッパの動向を紹介するにとどまらず，ローカル／グローバル・コミュニティにおいて社会的企業（家）が多様なスタイルで活動している現実を分析し考察していくことが重要である」（谷本，2006，44）と批判的に述べるのである。このような谷本の立場は，社会的企業を「社会的課題の解決に様々なスタイルで取り組む事業

211

体」として位置づけ，その特徴を「社会性」，「事業性」，「革新性」を伴った事業組織として分析するアプローチ（谷本，2006，3-4）を反映しているものと考えられる。

　以上のように，日本の社会的企業論の現状は，欧州と米国における様々な社会的企業論の影響のもと，各論者のアプローチを反映した議論が展開されている状況にある。だが，先述のとおり，どのようなアプローチが優れているかは一概に判断できるものではない。社会的企業論において何を明らかにしようとするかという価値判断のもとで，分析方法の優先順位が設定されることが必要となる。

　両者の主張を踏まえて，日本における社会的企業論のあり方を考察するに際して，企業論の観点からはどのような接近が可能かを以下に整理しよう。まず，第一段階としては，藤井が指摘するように，社会的排除という課題にとりくむ組織として社会的企業という事業形態の特徴を分析していくことが求められる。そもそも非営利組織や社会的企業という事業組織が着目される背景には，政府による社会サービスの供給にとって代わる新たな事業形態の模索という点が最も重要なポイントと考えられるからである。そして，非営利組織や社会的企業によって担われる社会サービスの供給は，一般市場によるサービス供給ではニーズが満たされない状況が生じる領域においてなされる。もし，市場によるサービス供給で十分にニーズが満たされるのであれば，政府やサード・セクターの諸組織が出る幕はほとんどないからである。社会的企業という概念を使わざるをえない状況が生じる主な理由は，事業組織自らによる努力や工夫だけで市場のなかで生き抜けず，政府の補助やボランタリーな資源の動員を必要とした事業形態の存在に着目せざるをえない状況があるからである。したがって，企業論の観点においても，社会的排除への克服という点を軸に，政府からの補助やボランタリーな資源の動員をその特徴として内包している事業組織の構造の分析をなすことは重要な課題となる。その際には，一般の民間企業とサード・セクター組織のあり方を比較することが有効となる。ただし，サード・セクター組織のみを社会的企業と呼ぶべきかどうかは依然として判断しがたい問題として残らざるをえない。しかし，少なくとも，社会的排除という観

第7章　社会的企業論の現状と課題

点からサード・セクター組織を分析するという視点は，社会的企業論において重要な位置を占めることは変わりない。

　ところで，ここで注意すべきことは，既存の企業論の枠組みからの接近によっては，にわかに明らかにならない重要な点があるということである。それは，前項で述べたことに関わるが，社会政策上の課題を考察するうえでは，何よりも社会に存在する個々の固有の社会問題についてその実態を明らかすることが求められるからである。社会課題の解決に向けては，社会政策研究の視点が欠かせない。そして，もしその視点を企業論の枠組みにくみこむことができれば，企業論の立場から社会サービスの供給に携わる事業組織の分析が積極的意義を持つことが可能となろう。[17]　しかし，現時点では，企業という概念を用いること自体が，独立採算で継続的な事業組織が想起されやすい状況がある。社会的企業という用語もその呪縛から逃れられるわけではない。先述のように，日本の現状では，社会政策領域における社会的企業論は，単に歳出削減だけを狙った皮相的な社会政策の民営化を促す危うさを伴うものであることを銘記しておかなければならない。

　それでは，社会的企業論においては，企業の社会的責任（CSR）を含むかたちの議論の展開はふさわしくないのであろうか。だが，そもそも企業の社会的責任という課題は，企業論が主要な対象とすべき事項である。したがって，企業論という観点にたてば，企業の社会的責任を分析の射程に入れたかたちの社会的企業論を構想することは可能である。しかし，企業の社会的責任を考察するうえでは，谷本がいうように，企業の社会的責任の概念に企業市民的な活動をも包含するべきかどうかは検討を要する。少なくとも，社会問題と企業との関わりに関しては，以下の2つの視点を区別すべきである。第1が，企業が引き起こす社会問題を軽減・解消させていく方向性の議論である。これは，従来型の企業の社会的責任論の範囲であり，企業活動によって引き起こされる諸問題（例えば，公害問題や環境問題など）や，事業活動上の犯罪行為（例えば，商品の偽装表示や価格操作，粉飾決算など），労働にまつわる諸問題（例えば，サービス残業や不当雇用など）をどのように防ぐかが論点となる。第2が，何らかの社会問題に対して，事業活動を通じてその解決を図ろうとする場合である。具体的

213

には，供給される財・サービスの特質が社会性を意識したものである場合（例えば，環境問題に配慮した商品開発，社会サービスの供給など）や，社会問題に配慮した雇用のとりくみ（例えば，障害者雇用への積極的なとりくみや育児休業制度の積極的活用の推進など）があげられる。社会的企業論において企業の社会的責任がとりあげられる場合には，主として後者に焦点があてられることが多い。ソーシャル・イノベーションという観点からいえば，ネガティブな側面の是正よりも，むしろポジティブな面の促進に焦点があてられる傾向がある。他方，前者に関する言及は，社会的企業論の文脈においては社会的責任投資という観点からとりあげられ，反社会的な企業が資金調達しがたい環境をつくるといった観点からとりあげられる場合があるものの，企業活動の負の側面の是正が社会的企業論のなかで中心的に位置づけられる例は少ない。また，企業の社会的責任に関連しては，本業である事業活動とは別に，社会貢献活動にとりくむ事例（例えば，従業員のボランティア活動支援，地域行事への参加など）にも着目する必要があるが，これらのとりくみも論者によっては社会的企業論の対象としてとりあげられる状況がある。

　もちろん，企業の社会的責任に関する上記の分類は，社会環境のあり方やその変化によって異なったものとなる。すなわち，社会による企業への要請は地域や時代によって異なる。例えば，障害者雇用や育児休業制度に関する法律を遵守することは前者に位置づけられるが，法律で定められた基準に上乗せするかたちで，企業が独自に積極的に障害者雇用にとりくんだり，育児期に就業しやすい環境整備にとりくんだりする場合は後者に位置づけられる。だが，社会環境の変化によっては，後者に位置づけられていた事柄も，企業が当然なすべきことと受けとめられる場合もでてくる。この状況は，企業の社会性をどのように位置づけるかという問題と関連する。

　社会的企業論が抱える大きな問題点の1つは，「社会的 (social)」とは何かという問題がはっきりしないことにある。社会的企業論に企業の社会的責任 (CSR) を含むにせよ含まないにせよ，企業の「社会性」とは何かが不明では，社会的企業論が明らかにすべきことが定まらない。その意味において，社会的企業論を社会的排除の克服という観点から接近することは，「社会性」が

指し示す内容を明確化しているというわかりやすさがある。他方，社会的課題にとりくむ事業体を広く社会的企業論の対象とした場合には，個々の事業組織がとりあげたイシューのみが社会課題としてとりあげられることになり，あくまでも事業組織の起業家や経営者の観点による社会課題が対象となる。つまり，起業家や経営者によってはとりあげられない（もしくはとりあげにくい）課題には到達できないことになる。そして，事業性の低い課題だけが社会のなかにとり残されることになる。

　上記の点に関連しては，社会的企業という用語自体が奇妙であるということも指摘できる。すなわち，社会的企業という用語を眼前にすると，はたして非社会的な（社会的でない）企業の存在が許されるのかという疑問が生じる。もちろん，「社会的」であるか「非社会的」であるかは，価値判断を伴う。だが，法令遵守などのきわめて基本的なレベルを社会的であるかどうかの基準と設定したとしても，現実に，「社会的な企業」と「社会的でない企業」は存在する。では，「社会的ではない企業」の存在が許されるかといえばそうではないであろう。本来，すべての企業は「社会的」でなければならないはずである。もしそうであるとしたら，なぜ敢えて，社会的企業という用語を用いた議論をしなければならないのかという根本的な課題に直面せざるをえない。このように考えると，社会的企業論における「社会的」という言葉には，何らかの具体的な社会的課題を念頭においた分析をせざるをえないことがわかる。その意味において，社会的排除という明確な課題を設定するやり方のほうが，現代社会における社会的企業への注目の根拠を提示しやすい。

　他方，社会的企業論における「社会性」の内実を具体的な課題に限定せずに一般化したとしたら，それはもはや社会的企業だけではなく企業全般に関わる問題として把握するほうがふさわしいことになる。すべての企業は本来，社会的でなければならないとすれば，企業論の観点において企業の「社会性」とは何かという問題を考察することが欠かせなくなる。

　ところで，企業論という立場から企業の社会性を論ずるうえでは，注意すべき点が残されている。それは，既存の企業のあり方を批判的に分析する視点が必要であるということである。例えば，企業の社会的責任を包括した社会的企

業論においてその対象となる事業活動は，企業の社会貢献的な側面における「社会性」に着目しがちである。しかし，実際のところは，企業の「社会性」に関連して企業のネガティブな側面（より端的にいえば，企業による犯罪行為・不正行為）が相次いで露呈している現状がある。企業の社会的責任（CSR）についての議論は長らく続けられているものの，企業が引き起こす社会課題をどのように解消していくかということについての効果的な提起はいまだ十分になされているわけではない。現行の企業システムを再考するという視点が欠落しているならば，企業の「社会性」という問題への接近は不十分なものとならざるをえない。

4 小　括

上記の論点を踏まえて，社会的企業論の今日的課題について2つの観点から述べておく。

第1は，「労働統合を目的とした社会的企業（work integration social enterprise: WISE）」に関する分析を進めることである。先に述べたとおり，社会的に排除されるリスクが高い人々を労働市場に統合することに重点をおいた社会的企業は，社会サービス供給と並んで欧州の研究で重点がおかれている項目の1つである。この分野の社会的企業の役割は，社会的に排除された人々を雇い入れる側面としての機能と，そのような人々に対して生活支援や職業訓練を含めた広い意味での就労支援のサービスを供給する機能という2つの側面から捉えられる。もちろん，現実には，この2つの役割を兼ね備えたかたちで事業が展開される場合もよくみられる。

長期失業者の増大に代表される構造的失業問題の深化を背景としながら，日本においてもワークフェア的な政策の模索がなされるようになってきた。現段階では，日本においてワークフェア的な政策が必ずしも明確に打ち出されているとはいえないだろうが，社会福祉分野で多用されるようになった「自立」という概念は，その含意が就労自立のみならず生活自立という広い意味を指す言葉であるにせよ，これまで以上に就労支援のとりくみに力点がおかれている。

その施策は主として地方自治体レベルで打ち出されるであろうが，その具体的な担い手（仕事を提供する主体）として社会的企業の存在に注目が集まる状況が生じている。前章でみたように，日本ではコミュニティ・ビジネスと称される事業組織においても，仕事の場の創出を主目的とするものがみられる。そのような状況のもと，欧州におけるWISEの動向を踏まえ，日本におけるWISEのあり方の検討がなされる必要がある。もちろん，欧州の動向を参考とする際には，福祉国家のあり方や文化的背景の違いなどに配慮し，日本の現状に即した事業形態とその支援施策のあり方を検討することが必要となる。また，社会的に排除されやすい人々は地域の産業や雇用環境の影響を受けるため，地域の状況に応じた政策形成が求められる。その意味において，地方自治体が果たす役割が重要となる。

　第2は，企業論の観点から社会的企業論に接近する際の課題であるが，既存の企業論の枠組みの再考が必要である。[18]この点で，社会的企業論は従来の企業論にインパクトを与える。社会的企業論の論点は，企業論における重要なテーマである企業の指導原理（営利原則）の再検討を促す。企業の指導原理（営利原則）については，企業の目的とは何かという点との関わりから，企業論の重要な課題の1つであり続けている。社会的企業論を考察するうえで直面する企業の「社会性」とは何かという問題は，企業目的を考察するに際して利潤極大化という観点と社会的使命の追求という観点の双方がどのように統合されるか，どのようなかたちであれば双方の観点を企業の仕組みにとり入れられるかの再検討を促す。また，利潤極大化という語句の含意についても検討を要する。さらには，そもそも，あらゆる企業は社会的な側面を持っていると考えられるが，そのような「社会性」が体現されやすい企業の仕組みとは何かが問われるのである。逆にいえば，反社会的な企業行動を起こしやすい企業構造の分析が必要とされていることになる。現行の企業システムの改編にまで踏み込んだ分析によってこそ，企業の「社会性」とは何かという問題に有効な視点を示すことが可能となろう。

　1）ディーズ（Dees, J. G.）は，セイ（Say, B.），シュンペーター（Schumpeter, J.），ド

ラッカー（Drucker, P. F.）の議論を踏まえて，entrepreneur とは何かの説明を試みている。ディーズは，entrepreneur の本質は，新しい組織を起こすことにあるのではなく，価値の創造の「機会（opportunity）」に焦点をあてることにあるという。変化をみつけ，それに対応し，変化を機会として活用するのが，entrepreneurship だというのである（Dees, 2001, 2）。また，谷本寛治は，entrepreneur という単語は，事業を起こす場合だけでなく，既存の組織で新しい事業にとりくんだり新しい仕組みを導入する場合もあることから，「組織を立ち上げる『起こす』局面のみならず，ビジネスモデルを『企てる』局面を重視し，『社会的企業家』と表現することにする」と述べる（谷本, 2006, 27）。なお，現段階では，日本の各論者は entrepreneur という用語について「起業家」「企業者」「企業家」など様々な訳語を用いている状況にあるため，本書では，引用箇所をのぞき，social entrepreneur を「ソーシャル・アントレプレナー」と表記している。

2）EMES 研究グループによる最初のまとまったかたちでの著作が Borzaga and Defourny (2001) である。なお，本章でしばしばとりあげるドゥフルニとニッセンズの 2 人は，EMES の中心的なメンバーとして位置づけられる。

3）例えば，英国の貿易産業省に設置されていたスモール・ビジネス・サービス（Small Business Service: SBS）は，社会的企業の実態把握のための調査を試みているが，その調査対象は，有限責任保証会社（Companies Limited by Guarantee: CLG）および産業節約組合（Industrial Provident Societies: IPS）として登録されている団体から抽出されている（IFF, 2005）。社会的企業論は研究対象を定める際に特定の法人形態にとらわれないという特徴を持つが，実態把握のための調査の際には法人形態による分類が分析の出発点となることが多い。法人形態に基づく分類が最も正確に統計が整っているからであると考えられる。英国における社会的企業の定義や実態調査の試みについては，Lyon and Sepulveda (2008) および山口 (2007) も参照されたい。

4）http://www.cicregulator.gov.uk/ を参照。CIC に関する制度およびその制定過程については，柳澤 (2007) を参照されたい。

5）なお，前掲注 1 でも述べたように，ディーズは，ソーシャル・アントレプレナーの意味について，先行の「アントレプレナー（entrepreneurship）」研究を踏まえてこの用語の持つ意義の検討を行い，そのうえで，ソーシャル・アントレプレナーとは何かの説明を試みている（Dees, 2001）。また，ディーズとアンダーソン（Anderson, B. B.）はソーシャル・アントレプレナーという概念の理論的枠組みをつくることの必要性を述べ，既存のソーシャル・アントレプレナーの研究を社会的企業学派（Social Enterprise School）とソーシャル・イノベーション学派（Social Innovation School）に分類したうえで，新たな概念として，エンタープライジング・ソーシャル・イノベーション（enterprising social innovation）という概念に焦点をあげることの重要性を述べる（Dees and Anderson, 2006, 39-40）。

6）この点については，北島ほか (2005) を参照。米国では「社会的企業は，基本的に NPO の商業化という文脈において語られてきた」のに対し，EU では，「社会的企業が，協同組合的な色彩の強い社会的経済や連帯経済の流れの中から登場してきている」と述べられている。また，英国の社会的企業については，米国と欧州の双方の流れの中間にあると位置づけられている。「イギリスの社会的企業は，EU とアメリカの狭間にあって，双

第 7 章　社会的企業論の現状と課題

方における社会的企業の流れが，複雑に入り込んでいるように思われる」（北島ほか，2005，63-64）。なお，米国と欧州の社会的企業論の比較については，藤井によっても論じられている（藤井，2007，87-93）。ここでも，米国の代表的な論者としてディーズ，欧州の研究としては EMES がとりあげられている。

7）EMES のプロジェクトのもとで，ドゥフルニは，社会的企業の経済的・アントレプレナー的な次元の基準として，①財・サービスの供給および販売を継続的に行っていること，②高度の自律性を有していること，③経済的なリスクを負った活動を行っていること，④最限限の有償労働を伴うこと，の4点をあげている。また，社会的な次元の基準として，①コミュニティの利益になるという明確な目的があること，②市民グループによって立ち上げられたものであること，③資本所有に基づかない意思決定がなされるということ，④活動によって影響を受ける人々が参加できるという特徴があること，⑤利益の分配が制限されていること，の5点をあげている（Defourny, 2001, 16-18）。

8）ドゥフルニとニッセンズによれば，work integration social enterprise は，「労働市場から排除され続けるリスクのある不利な条件に置かれた失業者を労働市場に統合することを目的」とした事業組織である（Defourny and Nyssens, 2006, 13）。労働統合を目的とした社会的企業に着目したものとしては，Spear et all（2001），Spear and Bidet（2005）および Nyssens（2006）を参照。これらの研究では，EU 諸国を主要な対象として各国の実態把握と比較分析が試みられている。関連の文献として，橋本（2009；2011）を参照されたい。また，日本の事例研究としては，松本ほか（2010），米澤（2011）などがある。

9）既述のとおり，日本では自治体と民間企業の双方が出資した会社のことを「第3セクター」と呼ぶ場合がよくみられる。だが，ここではサード・セクター（the third sector）という語句を国際的な用法に依拠して用いている。すなわち，政府セクターにも民間企業セクターにも属さない第3番目のセクターという意味で，サード・セクターという用語を使用している。「第3セクター」とサード・セクターの用法については，2章注12）を参照されたい。

10）中川（2007）は，英国の社会的企業を協同組合研究の文脈から論じている。

11）企業市民については，松岡（1992）を参照されたい。

12）EMES 研究グループによる著作のうち，Borzaga and Defourny（2001）および Evers and Laville（2004）については邦訳書が刊行されている。また，先にも触れたが，SEL が発行しているリーフレットのなかで邦訳されているものとして，Social Enterprise London（2001）がある。

13）例えば，英国の事例を扱ったものとして，中川（2007），塚本・山岸（2008）などがある。

14）その先駆的な著作として，斎藤（2004）がある。

15）多様な民営化の概念の詳細については，濱川（1991）を参照されたい。

16）谷本は次のようにも述べている。「ヨーロッパにおけるソーシャル・エンタープライズの多くの議論では，組織の『社会的所有・管理』（従業員や地域社会によって所有され民主的に管理されていること，1人1票）をソーシャル・エンタープライズの基本的な要件とする考え方がある」が，谷本の立場は「このヨーロッパにおける協同組合的発想，あるいはイギリスのコミュニティ・ビジネスにおける社会的管理の概念に限定するものではな

い。問題はローカル，グローバルな社会的課題にどう取り組むかにあって，その取り組み方は多様であると考えられる」というのである（谷本，2006，4-5）。
17) 例えば，社会合理性の枠内で経済合理性を追求するような企業システムのあり方を構想する経営学の構想が提起されている（重本，2012，176-178）。ただし，その実現可能性を担保する仕組みの提起も併せてなされなければ，その構想は画餅に帰するであろう。この課題は，非営利組織についてもあてはまる。非営利組織に期待を抱くにとどまらず，非営利組織が期待される理由に即して，その指導原理のあり方が追究されなければならない。
18) その試みの一端は，9章で述べる。

第8章

社会福祉の経営学
――経営学の応用可能性とその矛盾――

1 はじめに

　前章では，社会的企業論が2つのアプローチに大別できることを確認し，それぞれの意義と問題点を確認した。1つは，「営利企業の諸活動を対象とする社会的企業論」であり，もう1つは「サード・セクターに限定する社会的企業論」である。前者は，主として米国での議論を踏まえて，企業の社会的責任（CSR）や社会貢献などを議論の対象とする。後者は，主に欧州の社会的企業論に依拠し，社会的排除の克服という点に社会的企業の「社会性」を見出すものであり，原則として営利企業を社会的企業論の対象とせず，協同組合や非営利組織などサード・セクターに属する事業組織のみを対象とする。2つのアプローチの違いは，社会的企業の「社会性」をどのように理解するか，また，社会的企業論の今日的意義をどこに見出すかと関わる。本章では，社会的企業の「社会性」とは何かについて考察し，社会的企業論の今日的意義に迫るうえでどのように社会的企業論の対象を規定すればよいのかを検討する。そのうえでは，企業論を軸とした経営学の枠組みから社会的企業を捉えることにより，社会的企業論の今日的意義を明らかにすることに努める。その試みは，そもそも「企業とは何か」という経営学の基本的な課題との関わりから，社会的企業とはどのような事業組織のことを指すのか，また，なぜ社会的企業論が現代社会において注目される概念としてとりあげられるようになったか，という諸点に接近するものである。その試みを通じて，社会的企業を，現代社会における福祉のあり方の変容との関わりから理解することの重要性が指摘される。社会的企業論が対象とする諸事業組織の営みを，既存の経営学や企業論の枠組みとの

関わりからどのように把握できるかを示し，社会的企業論の意義と今後の発展の方向性を明らかにすることが，本章の目的である。

2 社会的企業の「社会性」とは何か

(1) 対人社会サービスと労働統合——欧州の議論に依拠した場合

　社会的企業の「社会性」の捉え方は論者によって様々である。だが，ほとんどの社会的企業論が，供給される財やサービスの特徴から社会的企業の「社会性」を見出そうとするという共通点がある。社会的企業論の多くが，財・サービスの特徴，すなわち素材面から社会的企業の「社会性」を導き出そうとしていることは確認されるべきであろう。しかし，社会的企業論では，素材面だけでなく，他のいくつかの「社会的」な特徴にも着目して社会的企業の「社会性」の特徴を導き出そうとしていることに注意しておく必要がある。

　まずここでは，「サード・セクターに限定する社会的企業論」において，社会的企業論の「社会性」がどのように把握されているかをみる。例えば，欧州の社会的企業論に依拠する立場では，社会的排除に対応することが社会的企業の「社会性」として捉えられる。欧州の社会的企業に関する研究グループEMESは，社会的企業の活動内容を社会的排除の克服に求め，その主要分野が，「対人社会サービス」と「労働統合」(work integration) の2つからなると説明する (Defourny, 2001, 18)。前者の対人社会サービスの供給については，例えば，社会的排除の状態にある人々に，ケアやカウンセリングなど何らかの「社会性」を有したサービスを供給するものとして説明できよう。すなわち，提供されるサービスの特質（素材面）に「社会性」を見出しているものと位置づけられる。

　他方，労働統合は，社会的排除の状態にあり就労阻害要因を抱えている人々に対して，仕事の場を提供し，社会への再統合を図るとりくみと説明できる。そのとりくみのなかでは，就労支援や職業訓練・実習などのサービスが提供される。労働統合は，社会的排除の状態にある人々に就労支援や職業訓練等のサービスを提供している点で，社会的排除の状態にある人々に対する「社会

的」なサービスを供給しているとみなせる。ここでも，提供されるサービスの特質から「社会性」が見出されている。

　だが，労働統合を目的とした社会的企業（work integration social enterprise：WISE）においては，就労支援や職業訓練等のサービスを社会的排除の状態にある人々に提供しながら，それと並行して消費者に何らかの財やサービスを提供するのが一般的である。例えば，障害者の就労の場をつくり出しているパン屋や，ホームレス状態にある人々の就労の場をつくり出す雑誌販売業などの事例について考えてみよう。[1]この場合，提供される財はパンや雑誌であり，とりたてて「社会的」な財というわけではなく，ごく一般的な企業によっても提供される財である。[2]そして，ごく一般的な企業によっても提供されるパンや雑誌を供給する過程において，就労阻害要因を有する人々の働く場も提供しているというところが，WISE の特色になる。ここでは，提供される財は，一般的な企業におけるものと大差がないため，人々の働く場の提供という側面が「社会的」であることのポイントとなっている。

　この点に関して，一般的な企業との比較から，「社会性」の中身をさらに検討しておこう。例えば，障害者雇用に積極的な企業は，上記の文脈に鑑みて，どのように位置づけられるであろうか。企業には障害者雇用の義務が課せられているが，その義務の範囲を超えて積極的に障害者を雇い入れる経営方針を持っている企業がある。そのような企業の場合，その企業の目的は消費者に何らかの財（例えば，パンや雑誌）を供給することにあるが，財やサービスの供給とは別次元で，障害者の働く場を増やすという「社会性」を発揮していることになる。社会的排除の状態にある人々の働く場の提供を第1の目的にするか，財やサービス（例えば，パンや雑誌）の供給を主とするかという点で，この両者は区別される。だが，障害者の働く場を生み出すという「社会的」機能は同様であるという意味では共通している。したがって，実際には両者の区別が判然としない場合もある。だが，欧州の社会的企業論に依拠する立場では，労働統合という範疇に入る事業組織は，就労の場をいかにつくるかを事業活動の出発点にしているところに，一般的な企業と異なる特徴を見出そうとする。就労の場をいかにつくるかという観点が先にたち，仕事をつくるための手段として財

やサービスの供給がなされるからである。

　以上を整理すると,「サード・セクターに限定する社会的企業論」においては,対人社会サービスや労働統合というかたちで,社会的排除の状態にある人々に対して種々のサービスを供給しているところに,社会的企業としての「社会性」を見出している。ただし,労働統合においては,職業訓練,実習,就労の場を創出することを目的としながらも,事業活動としては何らかの財やサービス（例えば,パンや雑誌）を供給することになるため,障害者の雇用や実習の受入等に積極的な一般企業と類似性が強いと指摘できる。

　本書の分析枠組みに照らし合わせると,ここでの社会的企業論における「社会性」は提供される財やサービスの特質（素材面）に求められる。しかし,労働統合の機能については,働く場の創出という点に独自の特徴がある。就労支援というサービスを提供しながら,一般的な企業によっても提供されるパンや雑誌などの財を同時に生産しているからである。

（2）多様な「社会性」への注目——営利企業の「社会性」をみる場合

　「営利企業の諸活動を対象とする社会的企業論」においても,主として社会的企業の「社会性」は,供給される財やサービスが「社会的」であることから説明される。だが,ここでの議論は,「社会的」な財やサービスの供給に限定されず,より広い範疇から社会的企業の「社会性」を導き出すという特徴がある。例えば,谷本寛治は,社会的企業の形態として,事業型NPO,社会指向型企業,中間形態の事業体,一般企業の社会的事業（CSR）の4つをあげる。そのうち,事業型NPO,社会指向型企業,中間形態の事業体の3つの類型については,それらの事業組織によって提供される財やサービスが「社会的」であることを根拠に社会的企業の「社会性」を説明している。また,一般企業の社会的事業（CSR）については,「1）経営活動のあり方—経営活動のプロセスに社会的公正性・倫理性,環境などへの配慮を組み込むこと」,「2）社会的事業への取り組み—社会的商品・サービス,社会的事業の開発」,「3）社会貢献活動—企業の経営資源を活用したコミュニティへの支援活動」の3つの次元から説明される（谷本,2006,14）。ここでも,「2）社会的事業への取り組み」に

関しては，財やサービスの特徴が「社会的」であることに着目している。

　だが，「1）経営活動のあり方」に関しては，具体的には「環境対策，採用や昇進上の公平性，人権対策，製品の品質や安全性，途上国での労働環境，人権問題，情報公開，など」とされており，事業活動の遂行過程で「社会性」にまつわる事柄に配慮することが，社会的企業であることのポイントとなっている。先にあげた障害者雇用に積極的な企業の事例はこの範疇にあてはまる。また，「3）社会貢献活動」については，具体的には「金銭的寄付」，「施設・人材などを活用した非金銭的支援」，「本来業務・技術などを活用した社会貢献活動」として説明され，本業以外の部分で何らかの社会貢献活動にとりくむ企業が，社会的企業として位置づけられている。これらの企業の「社会的」な側面は，従来から企業の社会的責任論や企業の社会貢献論として論じられてきたことと基本的に変わりはなく，谷本がそれらを社会的企業という概念で包括しようとしていることがわかる。特に，企業の「社会性」にまつわる事柄を社会的企業という概念を用いて，経営者のポジションから捉え直すことに主眼がおかれた議論と位置づけられよう。なお，従来から企業の社会的責任の課題としてあげられる事柄については，公害や人権侵害，労働法規の違反など企業が社会にもたらすネガティブな側面に目を向けることも重要な課題であるが，ここでは，社会的公正・倫理性の発揮や地球環境への配慮などが「企業価値を創造する積極的取り組み」（谷本，2006，14）として捉えられており，企業の社会的責任を企業経営のポジティブ面として把握することが重視されている。

　以上を整理すると，「営利企業の諸活動を対象とする社会的企業論」においては，多様な角度から企業の「社会性」が捉えられるが，その内容は，①「社会的」な財やサービスの供給，②経営活動を進めるうえで「社会的」な課題にとりくむこと，③本業以外での社会貢献，の3つに大別できる。そして，これらの多様な「社会性」に注目することと，社会的企業論の対象をサード・セクターに属する組織に限定せず営利企業の形態も含むこととは表裏一体の関係にある。「営利企業の諸活動を対象とする社会的企業論」では，企業の「社会性」に関わる事柄を全般的に扱うことから，営利企業であるか非営利組織であるかなどの事業形態にかかわらず，事業組織全般を広く研究の対象とすることが望

ましいとされるのである。

　したがって，「営利企業の諸活動を対象とする社会的企業論」の立場は，そもそも「企業とは何か」という経営学の基本的な課題を考察していることになる。つまり，「営利企業の諸活動を対象とする社会的企業論」の立場は，社会的企業論としての独自性を示せないならば，経営学の枠組みに即して議論すれば事足りることになり，社会的企業論の独自の存在意義が失われてしまうことを意味する。

　では，社会的企業論を検討する際に，そもそも「企業とは何か」という疑問にはどのように接近することが可能であろうか。ここで，「企業とは何か」という経営学における基本的な課題について全面的に論を展開することはできないが，さしあたり，企業は，「財・サービスの供給」（素材面）と「利益追求」の二面性を有している存在であると指摘できよう。そして，そもそも「企業とは何か」という課題に迫るうえでは，「財・サービスの供給」と「利益追求」の二面性の統合とその矛盾を明らかにすることが重要であると指摘できよう。さらには，社会的企業論の今日的意義とは何かを考察するうえでも，企業の基本的な性質である「財・サービスの供給」と「利益追求」の二面性について考察を加えることが必要となる。これまで，社会的企業論における「社会性」についてみてきたが，社会的企業論が「企業」を扱っていることを考えれば，その「社会性」だけに着目するのではなく，「利益追求」という側面からの検討が必要となる。すなわち，社会的企業論は，「社会性」という観点のみにその独自性があるのではなく，「利益追求」という側面にもその独自性を見出せるのではないかと考えられるのである。そこで，次なる課題として，社会的企業論を「財・サービスの供給」と「利益追求」の二面性から捉えることを試みたい。

（3）財やサービスの特徴と「社会性」ならびに「収益性」

　社会的企業の活動領域を考察する際に，「社会性」と「収益性」（市場性）という2つの概念を軸にしてその特徴の明確化が図られることはそれほどめずらしい試みではない。ここでは，それらのとりくみにならいながら，社会的企業

第 8 章　社会福祉の経営学

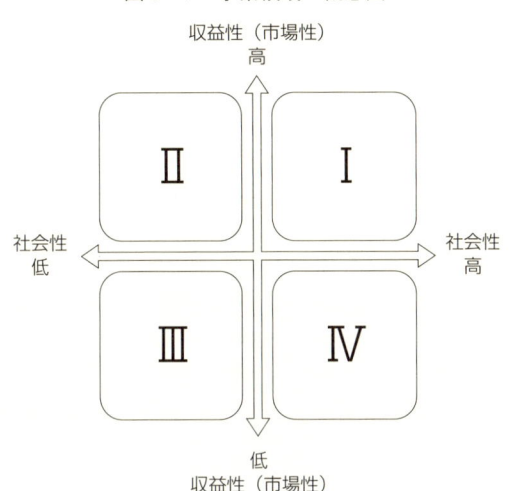

図 8-1　事業領域の概念図

```
            収益性（市場性）
                高
                ↑
        ┌─────┬─────┐
        │  Ⅱ  │  Ⅰ  │
        │     │     │
        ├─────┼─────┤
社会性 ←─┤     │     │─→ 社会性
 低     │  Ⅲ  │  Ⅳ  │   高
        └─────┴─────┘
                ↓
                低
            収益性（市場性）
```

出所：筆者作成。

とははたしてどのような事業を行う場合を指すかを考える。図 8-1 は，事業組織の特徴を単純化して「社会性」と「収益性」の2つの指標で示し，事業領域を4つの象限に分割したものである。社会的企業は第Ⅰ象限の領域で活動する事業組織として位置づけられることが多く，他方，一般の営利企業の活動領域は第Ⅱ象限，非営利組織の活動領域は主として第Ⅳ象限として説明されることが多い。すなわち，「社会性」と「収益性」の両者を同時に追求できる分野で活動するのが社会的企業，「社会性」は低いが「収益性」が高い領域で活動するのが一般の営利企業，「社会性」が高いが「収益性」が低い領域で活動するのが非営利組織とみなされている[3]。

しかし，はたして，社会的企業論は，うえのような説明のもとで展開されているのだろうか。この点を考察するうえでは，「社会性」および「収益性」とはそもそも何なのかという課題に直面せざるをえない。まず，「収益性」という観点から指摘できることとして，現実には，「社会性」が高かろうが低かろうが，「収益性」が高い場合にはその分野に営利企業が参入すると考えるのが妥当である。企業の目的を利益追求とみなした場合には，「社会性」追求の志

向の有無にかかわらず，「収益性」の高い事業に企業は参入するであろう。時には，「社会的」にみて問題があるような財やサービスについても，「収益性」があれば，それが倫理的に望ましいかどうかは別として，企業のなかには参入を試みるものがあるだろう。[4]

　したがって，第Ⅰ象限の領域には，社会的企業だけでなく，一般的な企業全般が参入してくると考えるべきである。先にみた「営利企業の諸活動を対象とする社会的企業論」の多くは，まさに第Ⅰ象限の領域における企業の諸活動を対象としたものにほかならない。つまり，事業組織における「社会性」を財やサービスの供給面に求めた場合，「社会性」と「収益性」の追求を統合的に図る事業組織の分析とは，財・サービスの供給と利益追求を統合的に図る事業組織，すなわち，企業全般を分析することを意味する。「社会性」と「収益性」の双方を追求するうえで生じる矛盾をどのように克服するかは，経営学の基本的な課題の1つである。「社会性」と「収益性」の追求，すなわち，財・サービスの供給と利益追求を統合的に図る事業組織を対象とした議論は，社会的企業論においてのみの課題ではなく，経営学が抱える基本的課題と位置づけられる。

　次に，もう1つの課題として，そもそも「社会性」とは何かという点に触れないわけにはいかない。企業の事業活動が「社会的」であるかどうか，その程度の高低はいったいどのように判別できるのであろうか。これまでみてきたように，社会的企業論の「社会性」で最も重視されるのは，供給される財やサービスが「社会的」であるということである。すなわち，素材面からみて「社会性」の度合いが考慮されているのである。しかし，供給される財やサービスが「社会的」であるかないかということの判断はどのようにされるべきであろうか。さらには，そもそも企業が供給する財やサービスに「社会性」を有さないものが認められるのであろうか。

　私たちが暮らしていくうえで必要な財やサービスは，その意味の内実は多様であろうが，基本的に「社会性」があるといえよう。だが，それらは「収益性」（市場性）のある財やサービスとして交換されるようなものとそうでないものがある。また，財やサービスには，より豊かに暮らすためのレベルのものか

ら，人々が最低限暮らしていくために必要な次元のものまで様々なものが含まれる。例えば，水や電気，ガスなど生活のインフラとなるような財は，もし供給がストップすればすぐに暮らしがたちゆかなくなるような財である。また，生活に不可欠な財やサービスは，時代背景や社会環境によって変化していく。そして，それらの基本的な財やサービスは，市場を通じて企業によって供給されるもの，何らかの公的な枠組みのもとで供給されるほうが望ましいもの，歴史的に地域や家族によって供給されてきたものなどに分けられる。ここでの課題は，例えば，公共財・準公共財・クラブ財などと称され，非排除性や非競合性などの特徴を用いて公共経済学が論じてきた議論と重なりあう問題でもある。すなわち，社会的企業論における財やサービスの「社会性」のレベルの高低は，「収益性」（市場性）の有無とセットで理解されるべきであり，「社会性」が高いにもかかわらず「収益性」が低いような財やサービスをいかに供給するかということが問われていると考えられるのである。「社会性」が高く，かつ「収益性」が高い場合には，それらの財やサービスは一般の営利企業によって供給されるので，むしろ，「社会性」は高いが「収益性」が低い場合にこそ，社会的企業の独自の存在意義がみられるといえよう。

　「社会性」が高いにもかかわらず「収益性」が低いということは一般の営利企業が参入しにくい領域であることを意味するが，そのような領域で供給されるものは「社会的」にみて「必要」とされる財やサービスであるため，何らかのかたちで供給を保障する仕組みを「社会的」につくり出さなければならない。すなわち，図8-1の第Ⅳ象限の領域における財やサービスの供給主体のあり方が問われることになる。そして，今日では，国や自治体，地域や家族などとは異なる主体として，非営利組織や社会的企業のような新たな主体がクローズアップされていることになる。非営利組織研究や社会的企業論においては，非営利組織や社会的企業が供給する財やサービスは，政府や市場を通じては供給できにくいものであるといった説明がよくなされる。だが，実際には，そのような説明とは逆方向に考えるほうがよい。つまり，国や自治体，地域社会や家族など既存の主体が機能しない状況が生じてきたからこそ，非営利組織や社会的企業という存在への注目が集まっている。したがって，問題の根幹

は,「必要」とされる財やサービスの供給が難しくなってきた現状にあり, その現状分析を出発点にしてこそ, 社会的企業論の今日的意義に接近できよう。

(4) 需要と必要——社会的企業が抱える矛盾

　企業活動において, 需要に対してどのように応えるかは重要な課題である。さらには, 現代企業では, いかに需要を生み出していくかという観点も重要となる。需要に応え, さらには, 自ら需要創出し, 財やサービスを供給することにより, 企業は利益を生み出していく。財・サービスの供給と利益追求の両者を統合的に図るためには, 需要をつくり, 需要に応えることが重要な手段となる。だが, うえにみたように非営利組織や社会的企業に求められている「社会的」な必要を満たすという営みは, 需要に応える営みとは異なる意味合いを持つ。

　需要と必要の違いについては, 武川正吾が以下のように説明している。「需要は, 個人や集団などの主体の選好に帰着するという意味で主観的である。これに対して, 必要は, 個人の恣意を超えた価値判断, あるいは規範に基づいているという意味で客観的である。また, 需要は人びとの欲望に基づいているのに対して, 必要は, そうした欲望を超えた何らかの道徳に基づいている。また, 需要は, その実現の有無が快・苦につながるという意味で, 利害と関連するのに対して, 必要は, その実現の有無が正・不正につながるという意味で, 善悪に関連している」(武川, 2001, 25-26)。つまり, 必要という概念は, 需要のように個人的なものではなく, 何らかの価値判断に基づき「社会的」に定まるものである。

　また, 武川は,「必要と需要は, まったく無関係に存在するわけではない。というのは, 必要は, 通常, 需要という形をつうじて表現される」と述べたうえで,「この必要が需要として表明されただけでは, この必要がみたされるとはかぎらない。この需要は, 貨幣による裏付けがなければならない。たんなる需要が, 購買力のある有効需要となったとき, 彼または彼女の需要と必要は, 市場をつうじて同時に充足されることになる」という (武川, 2001, 26-27)。そして,「必要が需要として表現され, それが市場をつうじてみたされているか

ぎり，社会政策は登場しない。ところが，必要と需要が一致しているにもかかわらず，この必要＝需要が市場をつうじて充足されず，未充足の状態となっているときには，社会政策が要請される」（武川，2001，28）と述べる。

　必要を満たすということを出発点とし，市場によってそれが充足されない場合に，社会政策が要請される。その際，従来，中心的な役割を果たしてきたのが，福祉国家政策をとる政府であった。もちろん，福祉国家といっても様々なかたちがあり，政府，市場，家族などがそれぞれうまく組み合わさって機能している限りにおいては，社会政策がその役割を果たしているとみなせよう。しかし，財政危機や官僚制の逆機能などによって政府の力が低下したり，地域社会や家族の機能が低下するなど，従来型の福祉国家は「曲がり角」にさしかかっており，既存の社会政策が機能しない状況がみられる。そのようななか，社会政策上の課題に関して社会的排除という概念を用いた議論が活発化し，それに応じる社会的企業という存在への注目が高まっている。欧州の社会的企業論に依拠する立場は，社会的企業の役割として社会的排除への対応をあげるが，このことは，「社会的」にみて「必要」とされる財やサービスを供給することが，社会的企業の役割として把握されていることを意味しよう。とりわけ，従来，必要を満たしてきた政府や地域社会・家族などの機能低下を背景に，新たな事業主体として，社会的企業という存在がクローズアップされてきたと考えられる。先にみた欧州の社会的企業論に依拠して，社会的企業の「社会性」を社会的排除の克服に求める「サード・セクターに限定する社会的企業論」は，以上のような状況に応じて展開されてきたものとみなせる。

　社会的排除の克服という点に社会的企業の「社会性」が絞られると，社会的企業の役割はクリアになるが，他方では，社会的企業がその役割をうまく果たすことができるのかどうかという課題が生じる。なかでも，社会的企業が「企業」として存在することの困難さに直面することが指摘できる。それは，必要という概念を出発点とするか，需要という概念を出発点とするかということにも関わる。一般的な企業では，利益追求のために，自らが需要をつくり出すことも重要な手段となる。だが，社会的企業が対応すべき「必要」は何らかの価値判断のもと「社会的」に認識されて存在するものである。したがって，「社

会的」に「必要」な財やサービスを供給することは，需要をつくり出して利益追求する営みとは趣を異にする。また，それらの財やサービスを必要としている人々は支払能力がないことが想定される。いいかえれば，社会的排除の克服にとりくむ社会的企業の事業領域は，主として図8-1の第Ⅳ象限に位置するものとみなせる。そのように考えると，社会的企業は「収益性」が低い領域において「企業」として存立しなければならないという矛盾を抱えることになる。

　社会的企業は，「企業」と称されるからには，財・サービスの供給と利益追求を統合的に目指すものとして理解されるべきであろう。企業の利益追求とは何を意味するかは様々な見解があるだろうが，さしあたり消極的な表現をとると，独立採算制であることや，事業継続のために必要な費用を事業活動によって自ら生み出せるという点に求められよう。だが，社会的排除の状態にある人々の必要を満たす事業活動を展開する限りでは，独立採算で事業を展開したり，事業活動から生じる収入のみによって事業継続に必要な費用を賄ったりすることは困難である。したがって，企業の存立に関わる「収益性」が確保されにくい領域にこそ，社会的企業の存在意義があるということになり，その意味において社会的企業はそもそも矛盾を抱えた存在ということになる。社会的排除の克服を目指すことを主眼にした立場は，「サード・セクターに限定する社会的企業論」として展開されてきたが，営利企業を含まないかたちで，社会的企業を論じるというかたちをとっているのは，「収益性」が低い事業領域で財やサービスを供給することが想定されているからともいえよう。

　だが，「サード・セクターに限定する社会的企業論」は，なぜ利益追求に制約が課せられている存在である非営利組織や協同組合をわざわざ「企業」という名のもとで論じようとするのであろうか。そもそも矛盾した存在である社会的企業ではあるが，それでもその存在がクローズアップされているのは，「社会的」に必要とされている財やサービスの供給を実現できる新たな事業組織のあり方を模索せざるをえない現状があるからといえよう。このことは，いいかえれば，福祉の分野において経営学の発想が必要となってきたことを意味しよう。擬似的なレベルとはいえ，独立採算的な事業組織として財やサービスの供

給を実現するあり方を分析することが目指されており，財・サービスの供給と利益追求の統合とその矛盾の克服にとりくむという経営学的な課題を福祉分野に適用する試みがなされているからである。自らの維持・存続のための費用を自らの事業活動によって賄うのが「企業」であるという考え方を福祉領域の事業活動にも援用する試みが，社会的企業論の眼目の1つとなっていると考えられよう。

社会福祉のあり方が変容を迫られるなか，新たな事業組織のあり方を模索するものとして社会的企業という概念を用いた分析が試みられている。ただし，単純に独立採算で成り立つような領域であるならば，わざわざ社会的企業といわずとも，単なる企業を分析対象と考えればよい。しかし，福祉という観点からいえば，必要から出発するのが原則となり，財やサービスの供給（素材面）からアプローチするのが基本であり，利益追求の側面との両立をどう図るかという矛盾に直面する。そのような矛盾を抱えながらも，企業として福祉領域の必要に応じて財やサービスの供給を図るあり方を模索するところに，社会的企業論の今日的意義がある。

また，労働統合のように，消費者への財やサービスの供給よりも，仕事の場をつくり出すことを主眼とする事業組織への注目がなされる点も，社会的企業論の特徴的な面と指摘できる。これは，従来型の福祉のあり方が変容を迫られ，福祉の受給者が就労を通じて「自立」を求められる状況が生じていることと軌を一にするものである。福祉と就労の関係の捉え直しが社会政策上の課題として浮上するなか，就労の場をつくり出す存在として社会的企業という概念への注目が高まっている。

ところで，福祉の分野においては，たとえ必要が需要というかたちを通じて表現されない場合にも，その必要に応えていくことが求められることには注意しなければならない。需要としては表現されない必要に対しても，社会的企業が応えられるような存在となりうるかどうかは，社会的企業論の次なる課題となる。福祉の領域におけるアウトリーチと，利益追求の側面から需要創出を目指すことは性格が異なる。アウトリーチは必要とされる財やサービスの供給（素材面）を満たすためのものであるのに対し，一般的な営利企業の需要創出は

利益追求の観点からなされるからである。

　だが，財やサービスの供給（素材面）と利益追求の二面性の統合を図ることの矛盾は，社会的企業に限定される話ではなく，実のところ一般的な企業においても生じる問題である。すなわち，財やサービスの供給と利益追求の二面性の統合は，企業経営の基本的矛盾として生じる課題である。したがって，社会的企業論は，企業経営の基本的課題を考察する手がかりをつかむうえで格好の論点を提供してくれるものと考えることもできる。企業の仕組みに関わって論じられている内容として，例えば，利益の分配のあり方，意思決定への従業員や生産者の参加などは企業の指導原理に関わる問題であり，今日的にはコーポレート・ガバナンス論としてとりあげられる課題でもあるが，それらの諸課題は社会的企業論においても重要な論点である。また，福祉における経営学の応用可能性を考察するうえでは，経営の実践に関わって管理・組織・戦略に関する経営学の研究蓄積を活かし，財・サービスの供給と利益追求の二面性の統合をいかに図るか，またその矛盾の克服の道筋とはどのようなものかが模索されなければならない。それらの試みがなされなければ，従来はサード・セクターというかたちで「非営利」と位置づけられている事業組織を，敢えて社会的企業論というかたちで「企業」として位置づけることの意味が見出せない。社会的企業論というかたちで「企業」として分析対象とするにあたっては，経営学の視点を導入することによる意義を活かして，その本質的な課題により接近することが求められる。新しい指導原理（営利原則）の提示を迫るものとして社会的企業論は把握されなければならない。

3　社会的企業論における「経営学」の視点

（1）社会的企業論における指導原理――ガバナンス構造の考察

　社会的企業論との関わりで，企業論を軸とした経営学の視点はどのように活かすことができるだろうか。ここでは，企業の指導原理に関わる論点をみていく。この論点は，今日的にはコーポレート・ガバナンス論において扱われる課題と重なる。

社会的企業の「社会性」を考察するうえで，ここでは，事業組織の所有（出資）─管理─分配という各局面において，事業の社会性を保証する仕組みがどのようにくみこまれているかをみることにしよう[5]。従来，企業の指導原理はその「所有」のあり方に由来するものと考えられてきた。だが，ここでは所有（出資）─管理─分配の3つの局面から，事業組織の指導原理を捉え直すことを試みる。その試みにおいては，その事業組織の出資持分を誰が「所有」しているか（出資持分がない場合には，どのように資源の動員が図られているか），また，事業活動の結果として生じる利益（剰余）をどのように「分配」するか，といった視点がポイントとなる。

ところで，経営学の一分野である企業形態論では，一般に「所有」の観点から企業概念を把握してきた。企業形態論は，単に事業組織の法的形態を説明するものとして受け取られがちであるが，本来は企業の経済的機能や資本集中の観点に着目した議論であることは念頭においておく必要がある。すなわち，企業概念については，一般には次のように指摘される。「企業は，何よりも『経済』活動を営むための組織として，限定的に規定されなければならない」（小松，2006，2）。そのうえで，広義の企業概念として「経済活動を営むための組織」，狭義の企業概念として「私企業」があげられ（小松，2006，3），その「営利」的性格と「所有」のあり方がとりあげられる。「私企業の営利性は，根本的に，その事業資金（資本）の私的性格に由来する」（小松，2006，5）とされ，他方，企業における「非営利」的な側面について，公企業の場合は「事業資金を公的資本とすること」から，協同組合の場合には「私的資本を擁しながらも，事業の経営に私企業とは異なる民主的原理を導入すること」から，その非営利性の貫徹が図られているという（小松，2006，5）。ところが，既存の非営利組織研究においては，従来の企業形態論の枠組みと異なり，「分配」面を重視した議論が展開されてきた。すなわち，くりかえし述べてきたように，既存の非営利組織研究では，「非営利」概念は「利益非分配」として理解されるのが一般的である。

これに対して，欧州の社会的企業論に依拠しながら，その対象を「サード・セクターに限定する社会的企業論」では，その特徴を「所有」「分配」の両面

からみる。例えば、藤井敦史は、「EMES ネットワークでは、残余請求権のレベルでの非営利性だけでなく、コントロール権のレベルでも、消費者、労働者、ボランティア、地域住民といったステークホルダーが、同じメンバーとして民主的に組織のガバナンスに参加し得る、共同所有構造が重視されている」（藤井, 2010b, 116）と述べ、「社会的使命が、社会問題を抱える当事者のニーズと明確に結び付き、組織内部で維持されていくためには、社会的起業家による経営独裁ではなく、やはり当事者や一般市民を巻き込んだガバナンスの仕組みが必要になるように思われる。すなわち、社会的目的を支える組織の所有形態について考えることが必要」（藤井, 2010c, 138）という。このように、従来の企業形態に関する分析では「所有」面、非営利組織研究では「分配」面に焦点があてられるのに対して、社会的企業論では、「所有」「分配」の双方から、事業の「社会性」を担保するための仕組みをつくり出すことが必要と指摘されるのである。ここでのポイントは、社会的企業の事業活動に関わる多様なステークホルダー（利害関係者）が、事業活動の意思決定過程や生産過程に参加できるような仕組みをとり入れることの意義が指摘されているところにある。すなわち、サービスを受ける当事者や地域住民、従業員、ボランティアなどの多様なステークホルダーの参加の重要性が問われている。

　ところで、このように当事者や地域住民などがサービス生産のあり方について意見表明できる必要性が強調される理由はどこにあるのであろうか。一般には、サービスの利用者が意思表示する方法は、他の事業者のサービスに乗り換えるか、クレームをつけるかなどによる。いわゆる、退出（exit）、発言（voice）の選択がなされる。だが、サービスを利用する当事者の支払能力や判断能力が十分でない場合、あるいは利用者の意思が十分に反映できないような場合には、利用者が自分の望むサービスを選択するのに任せるだけでは不十分である。また、利用者の必要とするサービス自体が、その地域や生活圏域には存在しないようなこともありえよう。当事者や地域住民などのステークホルダーの参加が意味を持つのは、必要とされているサービスを提供できるような事業組織とそれを支える仕組みをつくり出すことが求められる状況があるからである。そして、社会的企業において多様なステークホルダーの参加を促すよ

うな所有（出資）―管理―分配の仕組みが必要とされるのは，供給される財やサービスの特質，すなわち，素材面の特質によるといえよう。したがって，素材の特質に即して，多様なステイクホルダーの参加を促すような所有（出資）―管理―分配の仕組みを有した事業組織のあり方が検討される必要がある。事業組織の望ましい指導原理のあり方は，事業の規模，動員する資源の出所，政府（国・地方）の関与のあり方などによって異なり，そのあり方は基本的に素材面の特徴に従うと考えられるのである。

（2）社会的企業論とマネジメント

　社会的企業におけるマネジメントの特徴とはどのようなものであろうか。基本的には，社会的企業も「企業」である限り，企業を対象とした経営学の考え方があてはめられる。例えば，社会的企業論においては，ソーシャル・イノベーションという用語のもとでイノベーションの重要性が強調されたり，社会性という特色を活かした経営戦略やソーシャル・マーケティングの重要性が指摘されることがままある。これらの論点も，基本的には提供される財やサービスの特徴に由来するものであり，素材面に即した経営の実践について論じたものとして理解すればよい。とりわけ，「社会的」に「必要」とされる財やサービスを供給することに重きをおく場合には，素材面に即した事業組織のあり方の分析が必要となる。社会的企業におけるマネジメントを考察するうえでもその素材面に注目することが重要となる。

　だが，社会的企業は一般的な企業とは異なる特徴的な点があり，そのマネジメントのあり方にも影響を及ぼす。ここでは2つの点に絞って，社会的企業のマネジメントに関わる課題を論じておく。第1に，うえにみたガバナンス構造とも関わるが，社会的企業では「所有（出資）」や資源の動員面で特殊性があり，それに応じたマネジメントが必要となる。社会的企業においては，供給される財やサービスの特徴に独特な面がある。すなわち，社会的企業では，一般の企業が参入しないような「収益性」の低い領域であっても，「社会的」に「必要」とされる財やサービスの供給が試みられる。その際，利用者から代金を得られなければ，資金源を別途みつけなくてはならなくなる。社会的企業で

は，独立採算で，市場を通じた収入によって成り立つという「企業」の基本的な条件を満たせないことが起こりうる。その場合には，市場を通じた収入以外の資金源をみつけなくてはならない。政府との契約，政府からの補助，寄付やボランティアなど多様な資源の導入を図り，収入と支出の均衡を保つことにより，擬似的ではあるが「企業」として存立することが目指される。マネジメントのレベルでは収支均衡をいかに図るかが課題となるが，その際に収入源が一般的な営利企業とは異なるため，政府や地域社会との関係をいかに構築するかという課題に応じる必要がある。すなわち，多様な利害関係者との関係構築に配慮することの重要性が高いことが指摘できるのである。ただし，社会的企業だけではなく，一般の営利企業でも，政府の様々な支援施策や地域社会に支えられて事業活動がなされていることは見逃されてはならない。その意味において，多様なステイクホルダーに配慮する必要性の度合いは，一般的な企業と社会的企業の間で程度の問題があるにすぎない。

　第2に，労働統合を目的とした社会的企業（WISE）におけるマネジメントの独自性についてである。先にみたように，WISEにおいては，何らかの財やサービスを供給することを通じて，社会的排除の状態にある人々に仕事の場を供給することが目指される。利益追求という観点からいえば，従業員を必要以上に雇うことはコスト高を意味して避けられるが，労働統合にとりくむ企業の場合は，仕事の場を提供することが主目的であり，一般的な営利企業とは異なる行動パターンがとられる。労働統合にとりくむ企業の現場では，例えば，本来であれば1〜2名で済むような工程に10名程度の人員を配置し，できるだけ多くの人に仕事の経験を積ませるとりくみがなされることもある。だが，他方では，障害者の働く場を積極的につくり出している事業組織では，障害者の特性を活かしたかたちで職務分担を行ったり，体調面に配慮したシフトをくむなどの工夫をきめ細やかに行っている場合がある。そのようなとりくみは，適材適所やワークシェアなど，一般的な営利企業における経営管理と同様の工夫がなされているとみなせる。また，障害者が生産現場で働きやすくするための工夫（例えば，作業手順を明確に示したカードの掲示，異なる仕事内容を色で区別した表示など）は，すべての人にとって働きやすい現場をつくるとりくみになる。こ

のような生産現場のとりくみは，従来，経営学が労働の人間化として論じてきた課題や，最近ではダイバーシティ・マネジメントといった観点から論じられる問題と重なりあう部分も少なくない。人的資源や生産現場をどのように管理するかという経営学の知見を福祉領域の諸事業組織に応用することは，これまで以上に重要な課題となる。

また，就労阻害要因を有する人々の働く場を増やすためには，事業拡大が欠かせない[6]。その際に，どのような分野に事業を拡大するかという点においても，社会的企業の特色が発揮されることがある。例えば，リサイクル事業やコンポスト事業など環境問題に関わる事業に進出するような場合があげられる[7]。就労阻害要因を有する人々の仕事の場を増やしながら，地球環境問題への積極的対応を行い，社会的側面の「合わせ技」により，その事業組織の「社会性」の向上が図られるのである。どのように，自らの事業の社会的価値を高めるかという課題は，経営戦略という次元の問題として扱うことができる。

4　小　括

本章を締めくくるにあたり，試みに，経営学の視点から社会的企業を考察するうえで，「規模」「時間」「範囲」という3つの視点を提起しておく。第1の点は，企業の規模が企業の「社会性」に与える側面である。従来から企業論の主な対象は，大企業であった。企業が株式会社形態をとって大規模化するに従い，社会に対する影響力が大きくなり，企業の「社会性」という観点が必要となる流れである。だが，他方，社会的企業論の対象は小規模な事業組織が中心であることが多い。企業の規模と企業の「社会性」がどのような関係にあるかの分析を進める必要がある。第2の点は，意思決定が短期的視野によるものか，長期的視野によるものかという点である。一般的には長期的視野による意思決定ほど「社会性」に配慮した意思決定がなされると考えられる。だが，この問題を解くうえでは，第1にあげた点とも関わるが，小規模な事業組織においても意思決定という観点を一般化したかたちで分析可能かどうかという課題にもとりくむ必要がある。小規模な事業組織における意思決定は，現段階にお

いては必ずしも一般化された理論のもとでなされているとはいえないからである。第3の点は，企業の意思決定や事業活動の範囲に関わる問題である。企業の組織構造に社会的費用や社会的便益の観点をくみこんだ意思決定および事業活動の遂行の仕組みがつくりあげられるかどうかという点が課題となる。企業の意思決定や事業活動の遂行とその影響が及ぶ範囲についての検討が必要であり，企業活動の影響がどのような範囲にまで及ぶものかを踏まえて，企業の事業活動がどのように社会的な課題に配慮できるのかの検討が必要となる。

そして，これらの3つの観点を考えるうえでは素材的観点がカギとなってくる。供給される財やサービスの特質によって，企業の規模や意思決定の及ぶ時間や範囲が異なってくると考えられるからである。社会的企業論が投げかける最も重要な課題の1つは，素材的観点に基づき現代社会にふさわしい事業組織のあり方を探ることにある。だが，社会的企業を経営学の視点から接近するうえでは，素材面との関わりから矛盾が露わになる。社会的企業論の枠組みでは，「社会的」に「必要」とされる財やサービスとは何かが，社会的企業の経営者によって定められるという前提にたっている。もちろん，ガバナンスの仕組みに多様なステイクホルダーの参加をくみこむなどの工夫がなされるが，それだけでは「社会的」に「必要」な財やサービスの供給が保障されることにはならない。企業という用語を用いると，財・サービスの供給と利益追求の二面性の統合というスタンスからのアプローチがとられるが，そもそも必要とされている財・サービスは何かという素材面の分析がなければ，社会課題の克服はなしえない。したがって，「必要」とされている課題をみつけるという社会政策のアプローチが前提にあってこそ，「必要」とされる財やサービスをいかに供給するかという課題にとりくむ社会的企業論の意義を発揮しうるということは銘記されるべきであろう。

1）前者の代表的な例としては，スワンベーカリー，後者の代表的な例としては，ビッグイシューの事例があげられる。
2）ただし，はたして何が「社会的」な財やサービスなのかという問題にはここでは触れていない。この点は，本文中であらためて触れることにし，ここでは1つの事例を示すにとどめる。例えば，ホームレス状態にある人々に雑誌販売という仕事の場を提供し自立を促

す事業を行う有名な団体としてビッグイシューがある。ビッグイシューの雑誌記事は，社会問題をとりあげているという意味で「社会的」な記事が多い雑誌とみなせるが，少なくとも雑誌の内容が「社会的」であるというだけでは，ビッグイシューの事業が社会的企業と称されることの理由とはならない。社会問題をとりあげる編集方針の雑誌は多数存在するからである。ビッグイシューの独自性は，ホームレス状態にある人々の仕事の場をつくり出し，自立を応援するというところにあり，「社会性」が際立つ理由もここにある。

3) 例えば，谷本（2006）を参照。谷本は，市場性が高いか低いか，事業が社会的課題に関わる程度が高いか低いか，によって各事業体の位置づけを示している。NPO については，慈善型 NPO，監視・批判型 NPO，事業型 NPO に3分類し，慈善型 NPO の一部と，事業型 NPO を社会的企業とみなす。また，社会指向型企業や，一般企業のうち社会的に責任ある企業についても社会的企業とみなす（谷本，2006, 15）。藤原隆信は，「利益追求」と「ミッション追求」の2つの基準を用いて，「利益志向が強くてミッション志向が弱い組織（一般的な営利企業）と，ミッション志向が強くて利益志向が弱い組織（一般的な NPO）」に対し，「社会的企業は，営利企業と NPO の中間に位置づけられるのではなく，利益志向とミッション志向が両方とも強い組織として説明できる」という（藤原，2009, 40-41）。

4) 時には「社会的」に望ましくないだけではなく，法に触れるような事業に手を染めることが現実には起こる。これは，「収益性」を追い求めるばかりに，「社会性」を損なうような事業組織が現に存在するのが実情であるということである。したがって，企業の「社会性」を考察するうえでは，そのポジティブ面ばかりでなくネガティブ面に目をやることは重要な意味を持つ。

5) 橋本（2010），9章も参照されたい。

6) この点については，韓国の事例に限定されたものであるが，橋本（2013）を参照されたい。

7) 1章でとりあげた社会福祉法人くるみ会のとりくみは，その端的な例といえよう。

第9章
企業形態論による非営利組織への接近

1　はじめに

　企業形態論は，非営利組織の本質を探るうえで重要な役割を果たしうるはずである。近年，非営利組織が大いに脚光を集めている理由としては，非営利組織が新しい財・サービスの供給主体として重要な役割を担いうると期待されていることがあげられる。非営利組織は現代社会における新たな事業形態の1つとして注目を集めているのである。営利企業と非営利組織を区別しながらも相対化するという観点にたてば，非営利組織は企業形態論の研究対象の1つとして分析の射程に入れられてしかるべきである。だが，少なくとも既存の企業形態論においては，非営利組織に対して十分な分析が加えられてきたとはいえない。このことは，企業形態論が企業という概念をどのように把握してきたかという問題と関わっているが，その課題へのとりくみも含め，企業形態論の枠組み自体が今日「混迷」状況におかれていることと関連しているといえよう[1]。したがって，企業形態論の立場から非営利組織を分析する際には，企業形態論そのものが再構成されなければならない。

　だが，別のいい方をすれば，再構成された企業形態論は，非営利組織の本質を探るのに適しているともいいうる。例えば，浜川一憲は，企業形態論の再構成を必要ならしめる条件について「『企業社会』批判と現代株式会社制度の解明」，「『民営化』『規制緩和』と産業構造・企業戦略」，「『第3の道』議論の内包」「ME技術の進展とネットワーク」の4つの観点から説明している（浜川，1994，52-58）。ここでの「第3の道」とは，国家機関でも公企業でもない「第3の組織形態」の模索が世界各地で広がりつつあることを示しており，今日の非営利組織のとりくみがその具体的な内実の中心を占めている。このように，近

第9章　企業形態論による非営利組織への接近

年，非営利組織の活動自体が，新たな企業形態論をきりひらく重要なトピックスと認識されており，ここに非営利組織を企業形態論の立場から分析する意義をみることができよう。

　だが，それ以上に企業形態論から非営利組織を分析するうえで着目すべきなのが，「現代株式会社制度の解明」のとりくみである。そもそも企業形態論における最も重要な対象は，株式会社制度であるといっても過言ではない。様々な企業形態の分析を通じて，現代社会における代表的かつ支配的な企業形態である株式会社制度[2]の本質に迫るのが，企業形態論における最重要課題となる。とりわけ，現代の企業形態論においては，「株式会社を中心とする経済運営原理の再検討」，「現代株式会社の構造と論理の解明およびその未来像の解明」（浜川，1994，53）が必要とされており，株式会社制度とは何かをあらためて問い直す必要に迫られている。そして，株式会社制度とは何かという問題を扱っていることこそが，非営利組織を企業形態論から分析することの意義にも通ずる。前章まででくりかえし述べてきたように，非営利組織を分析する際に必要とされているのは，株式会社の存在を踏まえた議論を行うことである。非営利組織の「非営利」とは何かを明らかにするためには，「営利」とは何かということを考慮せざるをえない。つまり，非営利組織研究を進めるうえでは，現代社会における代表的な「営利」企業形態である株式会社のあり方を踏まえた議論が必要となるのである。このような観点に鑑みれば，株式会社の本質に迫ることを主目的とした企業形態論の立場は，非営利組織研究においても非常に重要な意義を持つことがわかる。

　うえにみたように，企業形態論は様々な課題を抱えており，再構成する必要に迫られている。そのようななか，非営利組織に対して分析を加えること自体が企業形態論の再構成に欠かせない作業である。例えば，企業組織の経済学を応用して展開されてきた非営利組織の理論分析の成果を踏まえることは，企業形態論をより豊富なものとすることにつながるであろう。また，企業形態論における重要な課題である「民営化」の問題についても，非営利組織研究と密接な関わりのあるトピックである。企業形態論の立場から非営利組織をとりあげることは，企業形態論そのものを再構成し発展させるうえで重要な意義を持

つ。本章は，企業形態論を用いて非営利組織の本質に迫ることを主目的としているが，同時に，非営利組織に関わる範囲に限定されるが，企業形態論の再構成を促すことを意図している。

以上の論点を踏まえて，本章では，第1に，企業形態論の観点から非営利組織に分析を加えることの意義を示す。そのうえでは，そもそも「企業」概念をどのように把握すべきであるかという課題に直面する。そこで，「企業」概念に関する学説を概観し，それらの学説を踏まえて，今日の非営利組織研究が企業形態論の文脈にどのように位置づくかを示す。第2に，企業形態論の分析枠組みから，非営利組織の本質に迫ることを試みる。あくまでも試論の域ではあるが，今日の非営利組織研究の論点を企業形態論の枠組みから捉え直す。最後に，企業形態論の枠組みから非営利組織研究に接近することによってみえてくる非営利組織研究の矛盾を示し，本書のまとめとする。

2　企業形態論の視点と非営利組織

(1) 企業形態論による分析の意図

ここでは，非営利組織を企業形態論の立場から分析する意図について述べる。その意図は，非営利組織という用語および概念との関わりから説明できる。これまでくりかえし強調してきたように，非営利組織研究においては，そもそも「非営利」とは何かということが最も重要な課題となるはずである。そして，「非営利」とは何かを明らかにするためには，「営利」とは何かについて分析することが必要となる。

非営利組織研究においては，企業における指導原理（営利原則）のあり方と比較するなかから，非営利組織における指導原理とは何かが追究されなければならない。非営利組織の指導原理は，企業の指導原理とは異なる独自性を持っており，いわば独自の指導原理に支えられた新しいタイプの事業組織を模索する試みが，非営利組織研究の問題意識の根幹にあるともいえよう。非営利組織の指導原理の独自性とは何かという問題を設定することによって，今日の非営利組織研究の意義と問題点がどこにあるのかを確認することが可能となる。そ

して，非営利組織の指導原理の独自性を踏まえて，非営利組織による事業活動の本質について理解を深めていくことが求められている。

ところで，既述のとおり，米国の論者の多くは，一般に非営利組織の「非営利」概念を「利益非分配」から説明する。また，非営利組織は，「営利を目的としない」組織であるという説明がなされることも多い。「営利を目的としない」組織であるという表現は協同組合を説明する際にも用いられる。だが，このような説明に対しては，少なくとも次のような疑問が生じる。第1に，何を根拠に，非営利組織は営利を目的としない組織であるといいうるのか。第2に，利益非分配である組織は，営利を目的としない組織ということになるのか。第3に，営利を目的としないならば，非営利組織は一体何を目的に活動しているのか。これらの疑問に答えるために，企業形態論を用いることが有効である。上記の3つの問題のうち，第1と第2の問題は非営利組織の指導原理とは何かを問うている。第3の問題は，素材面から非営利組織の事業活動のあり方を問うことを意味する。素材的な観点から事業組織の社会的な存在意義を問うことは非常に重要であるが，この論点は本章の後段であらためて触れることにし，ここでは第1と第2の問題を扱うことの意義を述べることにしよう。

ここで課題とされていることは，非営利組織の目的とは何かということである。事業組織の目的および指導原理の分析は，従来から企業形態論における重要な課題であった。なかでも，株式会社に代表される企業の目的とはそもそも何なのかについてはすでに多くの議論がなされてきている。この問いは，「企業」概念そのものを問うことにも等しい。したがって，非営利組織の指導原理のあり方を問うことは，現代企業の指導原理をあらためて問い直すこととも関わる。また，企業形態論の研究蓄積を活かして，現代社会における諸事業形態の指導原理について比較検討することは，現代企業のあり方や非営利組織研究の意義に接近することにつながる。非営利組織や協同組合と比較することにより，株式会社の企業目的に関する問題に接近でき，逆に，株式会社との対比によって，非営利組織の「非営利」という不明確な概念の内実に迫ることもできるからである。ここに，企業形態論による非営利組織分析の意義を見出すことができよう。

(2)「企業」概念と非営利組織
1）企業の目的とは何か

　ところで，非営利組織は企業形態論の対象として位置づけられるのであろうか。企業形態論の立場から非営利組織を分析する際には，この点を明らかにしておく必要がある。この課題は，協同組合が企業として位置づけられるかどうかという問題とも関わる。既存の企業形態論における協同組合への言及から，この課題に接近することにしよう[3]。

　そもそも企業とはどのような存在であり，企業の目的は何なのか。非営利組織研究や社会的企業論の多くは，一般的な企業は営利目的であるという前提にたつ[4]。また，企業を営利目的の事業組織と理解するのは一般的な考え方であるといえよう。だが，企業の目的は利益追求にあるという一般に流布されている考え方に対して，例えば，ドラッカー（Drucker, P. F.）は，企業の目的とは，利益を求めることではなく「顧客の創造」であると述べ，その目的を達成するためにマネジメントの概念の重要性や，マーケティングとイノベーションの意義を強調する（Drucker, 1954, 37 = [2006] 上 46-47）。経営学の先行研究においては，ドラッカーの主張のように，企業の目的をめぐって，利益追求であるという考え方と，そうではないという考え方がある。以下，先行研究のなかから各論者が「企業」概念をどのように定めてきたかを概観しよう。

　ここでは，協同組合が企業とみなされるかどうかという点を手がかりに，「企業」概念を検討する。協同組合を企業とみなす論者の多くは，企業の目的を利益追求であるとはみなさない。例えば，大島国雄は，協同組合を企業とみなしている。大島は，企業を「継続的商品生産の組織体」と規定することにより，協同組合を企業と位置づける。すなわち，協同組合は「継続的商品生産の組織体として企業であるとともに，協同的に所有された企業である」（大島，1976, 131）というのである[5]。また，藤田正一は「筆者は利益追求することを第一義とすることから企業を解放し，企業は継続的，合理的に商品生産を行なう意思統一体としての個別生産経済体であると規定し，企業の範疇を資本制私企業だけではなく，資本制公企業，資本制公私混合企業，資本制協同組合企業までふくめる立場をとっている」（藤田，1984, 86）と述べ，協同組合を企業とみ

なしている。

　他方，協同組合を企業とみなさない論者の多くは，企業の目的を利益追求にあるとする。例えば，国弘員人は，協同組合を企業とみなさない。国弘は企業を「増殖を目的として運用される資本体」と位置づける。そして，協同組合は投下された資本を増殖することを目的とするものではないとして，協同組合を企業とみなさない（国弘，1987，6-8）。また，小松章も協同組合を企業とみなしていない。小松によると，企業は私的出資と賃金労働の結合関係に基づく「営利」事業組織であり，協同組合は，私的資金を擁しながらも事業の運営に民主主義の原理を導入することによって，経営における非営利的性格の貫徹をはかっているため，企業ではなく非営利事業組織と位置づけられるというのである（小松，2006，5）。

　以上の言及によれば，協同組合を企業とみなすかどうかは，企業をどのように規定するかに関わる。協同組合を企業とみなさない理論では，企業を資本の増殖や営利を目的とする事業体と規定することがポイントとなっている。ここで，協同組合を企業とみなさない見解に対しては次のような疑問に答えることが求められる。それは，事業組織の目的をみるうえで，何を根拠に営利目的であるかどうかを判断するかということである。企業とされる事業体が営利を目的としていることの根拠，ならびに協同組合が営利を目的としないことの根拠を示すことが求められる。この点に関して，協同組合が営利を目的としないことの根拠については，小松がいうように，協同組合に民主主義の原理が導入されていることに目をやることが1つの手がかりとなる。つまり，協同組合には民主性という独自の指導原理がくみこまれており，この点が協同組合を「非営利」と称することの根拠となっている。だが，民主性という独自の指導原理がくみこまれることによって，事業組織の営利的な側面に「足かせ」がかせられることになるとはいうものの，事業組織の利益（剰余）追求の側面がまったく消え去るということにはならない。5章で論じたように，協同組合は，一方では民主性という独自性を持つとともに，他方では事業継続のために剰余を追求せざるをえないという現実に直面する。他の事業者と競争しながら継続的に商品生産を行えるだけの剰余を追求せざるをえないことから，協同組合は独自の

指導原理のもとで事業の遂行を行うものと理解されるものである。
　では，企業の目的が利益追求であることの根拠はどこに求められるのであろうか。その根拠は，小松の見解に従えば，私的出資と賃金労働の結合関係という点に求められる。企業の目的を利益追求とする考え方については，その見解を細かくみれば相違点はあるにしても，素材的・技術的視点（素材面）に基づく使用価値視点と資本関係を前提とした価値視点の二面から企業を把握するという共通性がみられる。日本の経営学の１つの流れを形成してきた「個別資本説」も同様の範疇に含むことができよう。[6]
　したがって，「企業」概念については以下の２つの観点に大別できる。企業を「継続的商品生産の組織体」という場合には，商品という概念をどのように理解するかという大きな論点が残されるものの，原則的には体制無関連な存在として企業を理解し，企業概念から利益追求の側面が排除される。それに対し，企業とは利益追求を目的とするものであると規定する考え方においては，資本主義体制が前提とされ，資本関係のなかに企業が位置づけられる。
　前者の見解については，商品という概念の検討をさしあたり留保したとしても，継続的な商品生産の組織体であるために必要となる事業活動のあり方をどのように理解するかという課題につきあたる。なぜなら，企業であろうと協同組合であろうと，継続的な事業体である以上，事業継続のためには利益（剰余）を追求せざるをえない。そして，その利益（剰余）の追求が目的であるか手段であるかを明確にすることができないのであれば，利益（剰余）追求を目的とするかしないかを区別することはさして意味がないことになる。例えば，協同組合や非営利組織はしばしば無前提に営利を目的としない組織とみなされるが，営利を目的としていないことの根拠を明示することは実際にはそれほど容易ではない。協同組合や非営利組織であっても継続的な事業体として事業活動を遂行するうえでは利益（剰余）を上げざるをえないが，その利益を上げる仕組み（指導原理）が一般的な企業形態（その代表格は株式会社形態）とは異なっているものと理解すべきであろう。民主的な仕組みがくみこまれた指導原理のもとで事業活動が遂行されるところに，協同組合の独自性を見出すことができる。

第9章　企業形態論による非営利組織への接近

　後者の見解については，私的出資であることが利益追求の根拠とされる。私的所有制のもとでは，所有者が私的所有する財産を自由に処分できることが原則となる。一般に，現代社会では企業の代表的な形態は株式会社である。株式会社では，株式を私的所有する株主が存在し，金銭的利得を求める株主の意向に従うために，株式会社企業は利益追求を余儀なくされることになる。だが，株式会社の大規模化に伴い，株式所有の分散化が進み，所有と支配が成立し，経営者支配が成立するなど，所有のあり方の変容によって株式会社がただ単に株主の意向に沿った経営を行うとは限らない存在になることはよく知られている[7]。例えば，「会社それ自体」＝資本家という考え方は，現代企業の所有のあり方の変容を示す議論の典型といえよう。だがもちろん，典型的には米国でみられるように，機関投資家の台頭による株主の「復権」といった現象は看過できるものではない。現代企業における指導原理に内在する営利性と社会性を考察するうえでは，所有と支配のあり方の変容という視点を加味した再検討が求められる。また，歴史的な観点から現代企業のあり方を問い直すことも必要となってくる。

2）企業の営利性と社会性——指導原理の変容

　先にも触れたがドラッカーは，企業の目的を利益追求とせず，「顧客の創造」とする。だが，その議論の前提として，ドラッカーが，マネジメントという概念が必要であることを主張する文脈において「顧客の創造」の必要性を述べていること，また，その背後には産業社会（industrial society）が到来してきたという時代認識がなされていることを見逃してはならないだろう。産業社会が到来したことを前提にして，企業におけるマネジメントの重要性が生じるとドラッカーは述べているが，さらには，その後，ドラッカーは「ポスト資本主義社会」の到来が訪れるなかで非営利組織のマネジメントの重要性を論じるに至る[8]。したがって，ドラッカーの所論は時代の変化に応じてその中心となる論点も変化しており，企業の役割の変化や非営利組織の台頭が述べられるのも，時代に即した独自の社会観に依拠したものであることに注意を払う必要がある。

　さて，ドラッカーによる経営学説について詳細に論じているのが，藻利重隆

である。藻利は企業の目的が利益追求ではなく「顧客の創造」と述べているドラッカーの著作を詳細に検討している。以下，その所論をみていくことにしよう。

　藻利は，ドラッカー経営学説の特質をネオ・フォーディズムと位置づけ，その前提として，まずは，フォーディズムのもとでの企業の指導原理について検討を加える。藻利によると，フォーディズムは「奉仕主義」(service motive)と理解され，「奉仕」とは「公衆」(public)の生活水準の引き上げにほかならず，労働者の生活水準の引き上げこそが奉仕の実質的な内容であると説明する。そのうえで，公衆・労働者の生活水準の引き上げとは，第1に，労働者の購入する商品の価格の引き下げ，第2に，労働者の所得，すなわち賃金の引き上げであるとする（藻利，1972，2）。そのうえで藻利は次のように述べる。「フォードがこのような，『奉仕主義』を積極的に提唱することによって，逆に否定し，抹殺しようとするものは一体なんであろうか。それはいうまでもなく『営利主義』(profit motive)である。営利主義はフォードにおいては『高価格と低賃金の原理』(the principle of high prices and low wages)として理解せられる」（藻利，1972，3）。だが，他方で，藻利は，フォードが「営利主義」や「利潤動機」を否定するものの，利潤そのものを否定しているわけではなく，企業の存立を維持し，発展するために必要不可欠であると認識していることを指摘する。フォードにおいては，「『奉仕』を目的として営まれる企業活動の結果(result)として成立するものこそは利潤にほかならない」とされ，「目的としての利潤を否定するところに営利主義の否定があり，結果としての利潤を肯定するところに奉仕主義における利潤の意義が見出される」という。さらに，奉仕主義に基づく企業運営の成果を測定するものとして，「企業活動の結果としての利潤の大きさ」が用いられることから，「企業目的達成の度合は当然に利潤の大きさに反映するはずであると解するのがフォードにほかならない」というのである（藻利，1972，5）。

　フォーディズムの説明に続いて，藻利はドラッカーの経営学説の特質の検討を進めていくが，まずはドラッカーの企業観について以下のように整理する。すなわち，「ドラッカーは『産業社会』(industrial society)の決定的・代表的・

自主的制度（decisive, representative and constitutive institution）こそが企業をなすのであり，したがって企業はそれが『産業的企業』（industrial enterprise）であることをその本質とするのであると解する」と述べる。そのうえで，ドラッカーが産業的企業の目的を「顧客の創造」（the creation of a customer）に求めることを説明したのち，ドラッカーにおいては企業がその目的を「企業の外に，したがって社会にもとめている」ことから，ドラッカーの所説は「フォードが企業の目的を公衆に対する奉仕に見出したことに類似する」という。そして両者の異同については，「フォードが奉仕によって形成しようとする市場が，特定の企業に対する市場としての特殊市場ないし顧客ではなくて，むしろより一般市場をなすのに対して，ドラッカーが企業目的としてその形成を志向する市場は特定企業に対する特殊市場であり，こうした意味における顧客であると解せられる点は注意せられなければならない。このような意味において，フォードの企業目的はより社会的であり，これに対してドラッカーの企業目的はより企業的であると解しうるであろう」という（藻利，1972, 6-7）。

　続いて，藻利は，ドラッカーによる企業の営利主義否定論の検討に入る。まず，営利主義否定論については以下の3点から説明されるという。すなわち，「第一は営利主義を個人的性格のものと解するとともに，個人的営利は企業の指導原理とは無関係であるとする主張に見出される」というものであり，「第二は利潤の獲得を企業の目的とすることこそが営利主義であると解するとともに，こうした営利主義は，『顧客の創造』を目的とする企業とは無関係であるとする主張において展開せられる」というものであり，「第三は利潤の極大化を志向するところに営利主義の特質を理解するとともに，企業が利潤の極大化を志向するものであることを否定して，利潤に関しては単に『必要最低利潤』（required minimum profit）としての『適正利潤』（adequate profit）の実現を志向するものこそが企業であるとする主張において展開せられている」と述べるのである（藻利，1972, 7-8）。

　このように，ドラッカーが企業の営利主義否定論を提唱する理由について，藻利はドラッカーが「産業社会における企業の『客観的必要』（the objective needs of the business）を理解したことによるもの」に求められるという。そし

て，ドラッカーにおいては，「産業的企業の内面的要請の根源的なものを『企業の存続と反映』(the survival and prosperity of the enterprise)」として，その実現が企業の第一次的課題であると把握したうえで，顧客が企業の基礎をなすことから，企業は必然的に「顧客の創造」を志向することが主張されるという。そして，「企業の外に超越的に理解せられるものであるかのように思われた『顧客の創造』は，いまや企業みずからの必要にもとづくものとして，企業のうちに内在的に理解せられるものであること」になるのである。そのうえで，藻利は「ドラッカーもまた，フォードにおける奉仕主義の提唱と同様に，けっして超越倫理的な主観的な要請としてその顧客創造主義を提唱するものではない」ことに注意を促す（藻利，1972，8-9）。

それでは，ドラッカーにおいて利潤はどのように理解されるのか。藻利は，ドラッカーが営利主義を否定しても，利潤そのものの意義については評価していることを指摘する。すなわち，「第一に『利潤』はフォードの場合と同様に企業の目的をなすものではなくて，企業目的を達成するために営まれる企業活動の結果として成立するものと解せられる」とし，「第二に『利潤』は，フォードの場合と同様に，企業活動の成果の判定者をなすものとして理解せられている」というのである（藻利，1972，9-10）。

以上のドラッカーの所論を藻利はどのように評価するであろうか。端的にいえば，藻利は，企業の目的から利潤の獲得を排除し，利潤を企業活動の成果を判定しうる尺度として位置づけるドラッカーの営利主義否定論について，「理論的に承認することが出来ない」という。その理由は次のとおりである。「企業活動は企業目的を達成するための活動をなすのであり，したがって，その成果の判定は，企業目的がどの程度まで達成せられたかを基準としてのみ行われるべきであり，またこれを基準としてのみ行いうるべきであり，またこれを基準としてのみ行いうるものだと解せざるをえない。そこで企業活動の成果を判定するための尺度は，ついに企業目的と無関係ではありえないのみならず，かえって，まさに企業目的そのものに関してこそ，これをもとめざるをえないこととなる」（藻利，1972，11）。また，ドラッカーにおいては「営利主義が企業者の個人的営利主義」として理解されて，営利主義否定論が展開されているのに

第9章　企業形態論による非営利組織への接近

対して、「営利主義は資本家的営利主義として、ドラッカーのいわゆる産業経済時代においては、まさに企業的営利主義をなすのであって、もはや個人的営利主義をなすものとは解せられえない。そして、そこにわれわれは営利主義の内面的変質を理解しうるわけである」と述べ、ドラッカーの主張は「今日の企業に関して単に『個人的営利主義』の妥当性を否定するとともに、これにかえて制度化せられた営利主義としての『企業的営利主義』を提唱しているにすぎない」と位置づけるのである（藻利, 1972, 15）。

ドラッカーの営利主義否定論を理論的に承認できないと藻利は述べるものの、ドラッカーによって提起された企業の営利主義に関する新たな解釈については肯定的に評価している。藻利は、企業の営利主義の変容を見出した点にドラッカーの所論の特徴を見出す。その際に、ドラッカーが産業経済の到来に即した「個人的営利主義から営利主義否定へ」の変化を指摘するのに対して、藻利は「個人的営利主義から企業的営利主義へ」の変化を指摘し、営利主義のあり方が変化すること、そして、その変化が企業の内部から要請されるものであることを重視するのである。すなわち、藻利は、フォーディズムにおける奉仕主義の提唱や、ネオ・フォーディズムにおける顧客創造主義の提唱を、営利主義の否定とみるのではなく、「営利主義に対する新解釈論」として理解すべきであると述べ、「営利主義の制度化によるその内面的変質、ないし営利的商品生産として規定せられるべき企業目的の制度化によるその内面的変質」として、フォードやドラッカーの所論を解釈するのである。そして、産業社会に至った現代社会においては、営利主義のあり方が変容することについて、「いわゆる産業社会的特質をもつ今日の社会においては、企業はひとり物的にのみならず人的にもまたいちじるしく固定化し、おのずから企業はその内面的必要にもとづいて無限持続化を要請することとなるのであるが、このようにして成立を見る無限持続的存在としての企業における営利主義は、けっして短期的・一時的営利を要請するものではなくて、逆に長期的・持続的営利を要請するものであることを注意しなければならない」と述べるのである（藻利, 1972, 16-17）。

藻利の所論は、企業の営利主義を肯定したうえで、産業社会の到来に伴い、

253

営利主義の変容が企業の内面からの要請によって生じることを説くところにその特徴がある。したがって，藻利が考える経営学においては，企業の営利主義を肯定したうえで，その内面的要請によって営利主義が変容することに着目し，変容した営利主義のもとでの企業の経営管理とはどのようなものかを解き明かすことに力が注がれることになる。その考え方は，例えば，藻利が経営学の意義や企業倫理の意義を以下のように位置づけることにも現れる。

すなわち，藻利は，「われわれが経営学の名において追究する企業の倫理ないしその実践原理は，資本主義経営としての企業の歴史的発展のうちに歴史的に理解されうる企業の論理であり，こうした意味における客観的原理として把握されなければならないものである。それは超越的な倫理ではなくて内在的な倫理ないし科学的倫理をなすものである。しかも資本主義経営としての企業の一般的・形式的な実践原理は資本主義体制によって体制的に規定されている営利原則のほかにはありえない。（中略——引用者）ところがこの営利原則こそはまさに企業倫理の動揺を招来した当のものであり，したがってまた経営学の危機を招来した禍根をなすものにほかならない」(藻利, 1973, 15) と述べるのである。

また，藻利は，企業の営利主義と社会性の関係については，以下のように説明を加える。「企業の指導原理に関して，営利性を否定して公共性ないし社会性を提唱し，あるいは利潤動機を否定して奉仕動機 (service motive) を提唱することは，しばしば行われるところである。（中略——引用者）だが，資本主義経営たる企業の指導原理に関して，営利性，利潤動機ないし営利原則を否定することは，現実的には無意味であることが銘記されるべきであろう。われわれは逆にこれを積極的に肯定するとともに，その歴史的具体化を企てなければならないのである。そして，営利の持続性のうちにこそ，企業がみずからの要求において積極的に追求せざるをえない社会性，公共性，奉仕動機，経済性，ないし生産性を取り上げなければならないのである」(藻利, 1973, 305-306)。

このように，藻利によれば，企業の営利主義を認めたうえで，歴史的な観点から営利主義の変容を説き，産業社会の時代における企業の営利主義と社会性のあり方は企業の内面的な要請に従ったものと強調されることになる。それで

は，以上の藻利の所論はどのように評価できるであろうか。例えば，植村省三は，上記の藻利の見解に対して次のように検討を加えている。植村は，藻利の見解が「資本主義の発展に応じて変質していく営利原則を解明して企業の指導原理，新しい企業倫理を究明していくことをもって経営学の課題とする」ものであり，「経営学の内容も経営管理の問題としてはっきりと示されている」という。そして，「この点で企業経済学の見地とは大きく異なっており，個別資本説のなかでもとくに『意識性』の問題を重視する理論の流れに相通じるものをうかがうことができる」と評価する。ただし，植村は藻利の所論について，「企業が『資本主義経営』としてそもそもの当初より営利原則に導かれてうごくといわれるばあい，その営利原則を『資本主義の体制原理』として規定されてはいるものの，その論拠は必ずしも明らかとはいえない。企業経済学は経済学そのものとして展開しようというものであるから別としても，個別資本説においてもともかくもマルクス経済学の方法にもとづいて企業の営利原則を『資本主義の体制原理』ととらえている。これに対して氏のばあいはこれをむしろ無条件的に前提して理論展開をなしているという感をうける。経済学的な歴史的分析の視点に欠けているということであろうか」と評している。植村は，藻利が，資本の固定化と労働の固定化という状況に加えて，うえにみたように，企業の「社会性と営利性」の問題との関わりから営利原則の変質を説き，新しい企業倫理の究明を経営学の課題として設定したことを評価したうえで，[9]「『営利原則の変質』をもたらす要因をなすものであるが，問題はそうした諸要因をどこまで総合的にとらえることができるのかということである」という課題を提起するのである（植村，1985，13-14）。

企業の営利性と社会性を考えるうえでは，まずは「企業」概念をどのように理解すべきであるかという課題に直面する。以上に確認した所説に従えば，「企業」概念の把握には，企業を超体制的に把握することによって営利主義を重視しない考え方と，資本主義体制を前提として企業の営利性を重視する考え方に大別できる。だが，さらに企業の営利主義に着目しながら，その営利主義の変容に焦点をあてるドラッカーや藻利の所論についてもここではとり扱った。ドラッカーや藻利の所論からは，資本主義体制を前提としながらも，体制

内において，企業の営利主義の変容と社会性のあり方を説く点にその特徴を見出すことができた。

それでは今日の非営利組織研究や現代企業のあり方を分析する観点からは，企業の営利性と社会性をどのように理解すべきか。ドラッカーや藻利が説いた営利原則の変容は，産業社会の時代の到来という歴史的な変化に即したものであり，それに応じて経営学やマネジメントの重要性を説くものであった。それらの所論を踏まえたうえで，産業社会の高度化や脱産業化の到来が説かれるようになって久しい今日において，ドラッカーや藻利の所論を今日的に再考することが必要となる。ドラッカーや藻利は，商業経済から産業経済への移行を前提として，企業の営利性の変化に着目し，それに即して産業社会におけるマネジメントの重要性を指摘した。それに対して，非営利組織研究や社会的企業論においては，産業社会からポスト産業社会への移行に直面するなか，事業組織の新たな指導原理（営利原則）の解明という論点を持つことが必要となるわけである。

3　企業形態論による非営利組織の分析

（1）指導原理の検討

企業の指導原理とはどのように定められるものであろうか。従来，企業形態を規定し，企業の目的を定めるのは所有のあり方によると考えられてきた。だが，ここでは企業の指導原理を，所有（出資）—管理—分配の3局面から理解することにしたい。今日では，企業の所有（出資），管理，分配のあり方が，事業活動を規定する重要な要素と考えられるからである。もちろん，従来の企業形態論で重視されてきた所有のあり方は，管理および分配の仕組みに影響を与えるものであり，所有（出資）—管理—分配の3局面のうち最も重要であることは否めない。だが，管理や分配のあり方が事業活動に重要な影響をもたらしていることを見逃してはならない。とりわけ，非営利組織に関しては，米国の論者が指摘するように，利益非分配であることが非営利組織の存在根拠として重視されている。また，協同組合に関しては，先述の小松の見解にもあるよ

うに，民主主義的な運営の仕組みによってその活動は大きな影響を受ける。したがって，事業活動を規定する要因については，所有（出資）―管理―分配のそれぞれのあり方に注意を払うことが必要となる。もちろん，所有（出資）―管理―分配の3局面はそれぞれ相互に作用しあっており，1つの局面だけに目を向けるだけでは不十分である。それぞれの相互作用を認識し，所有（出資）―管理―分配の3局面のあり方が相まって企業の活動が規定されることに注意しなければならない。

先に提起した「利益非分配である組織は，営利を目的としない組織ということになるのか」という疑問に対しては，分配のあり方のみならず，所有（出資）や管理のあり方に目を向ける必要があることが指摘できる。すなわち，従来の非営利組織の研究でみられるように分配の観点のみに注意を払うのではなく，所有（出資）―管理―分配のそれぞれのあり方に着目して，非営利組織の指導原理を解き明かすことが必要とされる。

（2）非営利組織の指導原理
1）所有（出資）の局面

ここからは，試論的なレベルであるが，非営利組織の所有（出資）―管理―分配の3局面について検討を加える。第1に，所有（出資）の観点を扱う。先述のとおり，所有（出資）の観点は，従来の企業形態論において重視されており，とりわけ，所有のあり方は，事業活動を規定するものとして重視されてきた。そして，既存の研究では，株式会社の所有をめぐる諸問題に関して様々な分析が加えられてきた。なかでも，所有のあり方は支配および経営との関わりにおいて特に重要な意味合いを持つことから，経営学や企業論においては，所有形態が支配や経営にどのような影響を与えるかの検討が続けられている。ここでその詳細を論じないが，その代表例としては，バーリ（Berle, A. A.）とミーンズ（Means, G. C.）による経営者支配論をあげることができる（Berle and Means, 1932）。彼らは株主の分散化現象に注目し，所有に基づかない経営者による支配の現実を明らかにしている。そして，彼らの理論が登場して以降，それをめぐる様々な研究がなされている。それらの諸理論における問題の根幹に

は，現代大企業においては所有に基づく支配が単純に成立しない現実があることを指摘できよう。一方では，20世紀の後半になってから，米国のM&Aの動向や機関投資家の活発な活動が着目されるなか，株主主権を説くコーポレート・ガバナンス論が盛んに論じられるようになり，所有が支配にもたらす影響について再びクローズアップされている。他方では，コーポレート・ガバナンス論の新たな展開において，所有者である株主および株主に委任された経営者以外のステイクホルダー（利害関係者＝従業員，消費者，金融機関，納入業者，地域住民，自治体など）の存在に注意を払ったステイクホルダー重視型のコーポレート・ガバナンス論も展開されるようになった。すなわち，私的所有を前提とする資本主義のもとでありながら，単純に所有による支配が成立しないことが指摘され，さらには，社会の要請により株式会社の経営行動をどのように律するかという課題が重要なトピックスとなっている。このことは，所有とは何かをあらためて問い直すことが必要であることを意味している。

　別の観点からも，所有の持つ意味を問い直すことの必要性は論じられる。20世紀末のソ連や東欧諸国などの「社会主義体制」の崩壊もまた，所有とは何かについて再考を促すものと理解される。例えば，片岡信之は「旧ソ連型マルクス＝レーニン主義における所有制変革万能論思考は，『所有』概念の皮相的理解とも相まって，法的形式的所有関係の変革＝国有化にもっぱら視点を向け，経済的（あるいは実体的，動態的）所有の分析や追求・改善をついに所有問題としてとりあげることはなかった。実際には，法的に生産手段の公有制をとるか否かという形式的な建前の話よりも，人々の日々の経済活動において意思決定への主体的参加や公平な分配が実際になされているかどうかという所有の内実＝経済的所有のほうが，所有問題としては遙かに重要な要因であったにもかかわらずである」（片岡，1998，3）と述べる。[10]

　以上のことから，現代企業においては，所有（出資）―管理―分配の3局面のうち，管理や分配のあり方にこれまでよりも注目すべき状況が生じていると考えることができる。もとより，ここでの議論は，現代大企業の所有と支配の構造を解き明かすことが目指されている。株式会社における出資者と経営者の機能的分離，擬制資本の成立などに着目して，所有に基づく支配が成立せず，

出資者である株主(株式所有)と経営の間に乖離がみられることが述べられている。すなわち,現代大企業(株式会社)に限定して,所有と支配の構造についての分析がなされていることは確認しておかなければならない。[11]

したがって,現代大企業を対象とした議論が,非営利組織研究や社会的企業論にどのような意味合いを持つかの検討が必要となる。さしあたり,社会的企業論においては,営利企業も含めたかたちで企業の社会的責任や社会貢献を問う場合にも,非営利組織に限定した社会的企業論として社会的所有にみられる事業組織の構造を問う場合にも,既存の営利企業におけるコーポレート・ガバナンス論の論点を踏まえることが求められよう。前者の課題については,企業の社会的責任や社会貢献を論ずるうえでは,株主と経営者の間のプリンシパル・エージェント関係のあり方が問われなければならず,さらには他のステイクホルダーを企業経営にどのように位置づけられるかが問われなければならない。他方,後者の課題について,社会的所有の構造が社会的企業の独自性として理解される場合もあるが,現代大企業を論じるうえでも企業の「社会化」という視点が検討されており,企業における営利性の変容の解明,株式会社制度における資本概念の再検討という課題を念頭において,社会的所有のあり方を考察することが必要となる。

株式会社研究においては資本概念の再検討が必要であるのに対し,非営利組織研究では非営利組織関連の法人制度のもとでの出資金や基本金,内部留保の実態について分析することがさしあたり求められよう。とりわけ,協同組合や社会福祉法人,大規模なNPO法人における出資金や基本金,内部留保の実態分析がなされなければならない。また,産業社会からポスト産業社会への転換が指摘される現状のもとでは,事業組織の資本形成のあり方の変容という観点を持つことが必要となる。企業論が前提としている本来的な意味の株式会社とはかけ離れた会社法(資本金1円からの会社設立が可能)が登場するなど,今日では新たな産業経済のあり方に即した事業組織のあり方が模索されていることは考慮されるべきである。その背後には,素材面(どのような財やサービスを供給するか)の変化が,新たな指導原理の登場を促している現状がある。非営利組織研究や社会的企業論は,新たな指導原理の模索という文脈から理解されな

ければならない。

　非営利組織研究の見地では，所有（出資）の局面を考察するうえで，事業組織が「誰に」事業の元手を負っているのかという次元での課題設定ができる。この課題を考察することにより，非営利組織の指導原理を問う手がかりが得られる。一般に非営利組織を論ずるうえでは，さほど，所有形態に注意が払われない傾向がある。非営利組織をめぐっては，非営利組織の活動自体が「素晴らしい」ものであれば，そして，提供される財・サービス（素材面）に何らかの社会性があれば，その所有形態がどのようであるかにこだわる必要はないとみなされがちである。だが，他方では，非営利組織の活動分野において，民営化の必要性が盛んに論じられていることからも，所有形態が事業組織の指導原理を定める要因として重視されていることがうかがえる。非営利組織研究では所有形態に拘泥せずに「活動自体」を重視すべきであるという傾向が強いものの，その所有（出資）のあり方について目を向けることが欠かせない。また，株式会社における株式所有の分散化状況とは異なり，非営利組織の事業の元手は限定される傾向が強い。事業の元手が限定される場合には，なおのこと「カネを出す」者の影響力は大きいものとなろう。非営利組織という用語は，ともすれば「ニュートラル」なイメージを抱かれる傾向があるが，それとは裏腹に現実には「カネを出した」者の「息がかかった」非営利組織も存在するであろうし（非営利組織の「私物化」），大きな資金源の1つである政府との関係も看過できない。

　実際のところ，非営利組織や社会的企業は多様な資源に支えられていることがその特徴としてあげられるが，その資源を考えるうえで最も重要なアクターとなるのが政府である。非営利組織の資金源としては会費・事業収入，公的資金，民間寄付などがあげられるが，そのなかでも活動に影響を与えるという意味で重要なのが公的資金である。例えばジョンズ・ホプキンス大学の研究プロジェクト（JHCNSP）が研究対象とする組織の場合では，その収入源の内訳は会費・事業収入が47％，公的資金が43％，寄付が10％であるという（Salamon and Anheier, 1996, 63）。会費・事業収入への依存は市場での競争に勝ち抜く必要があることを意味するが，他方で，公的資金もかなりのウェイトを占めてお

第 9 章　企業形態論による非営利組織への接近

り，政府との関係を良好に保つことができなければ活動の継続が危ぶまれることにもなる。政府と非営利組織との関係については，JHCNSP による研究の対象外である協同組合に関しても興味深い論点が浮かび上がる。協同組合においては，公的資金が恒常的に投入されることは一般的とはいえない。だが，税制優遇などのかたちで政府からの支援を受けており，政府の政策が協同組合に与える影響は看過できない。ただし，このような政府の影響力は，非営利組織に限らず一般の営利企業にも及ぶことには留意が必要である。税制優遇に限らず，インフラの整備や産業政策なども含んだ諸政策は，営利企業の活動にも大きな影響を与えている[12]。

非営利組織をただ単に「民間」の団体であるとか，「非政府」の組織であるとみなすだけでは不十分である。近年の非営利組織研究では，非営利組織を「民間」，「非政府」の組織とみなしてきた。そしてそのような前提のもと，政府が100％出資している組織でさえ，法的形態が民間であることを理由に，民間非営利組織として分析の対象とされる場合もある。また，非営利組織研究においては，官庁（官僚）の支配下にある「官製」の非営利組織の存在をどのように理解すべきであるかという古くから論じられてきた課題も存在する。ある組織が「民間」，「非政府」の組織であるかどうかは，法的形態のみならず，所有（出資）―管理―分配の3局面から検討されなければならない。政府が出資者として重要な位置を占めている組織においては，政府の意向に沿った活動が行われる可能性が高いといわざるをえない。

非営利組織研究では，非営利組織の活動が「政府の役割とは何か」という問題と密接な関わりを有することを認識しておくべきである[13]。なお，この問題に関しては，中央政府と地方政府の役割分担についての問題や地方分権問題なども重要な論点となる。また，政府と非営利組織の関わりについては，政治学や行政学などの立場からの研究も進められており，その成果を踏まえることが必要となる[14]。だが，いずれにせよ，既存の非営利組織研究のように，非営利組織を単に「民間」，「非政府」の組織であると決めつけて論じるだけでは不十分であり，政府と非営利組織の動態的な関係を解き明かすことが必要となる。その際には，そもそも政府の役割とは何かということを，非営利組織の各事業領域

261

の実情に即して明らかにすることが欠かせない。そのうえで，個々の事業組織における所有（出資）の形態，公的資金のゆくえを明らかにすることが重要となる。

2）管理の局面

　組織の「管理」を論じる際には，効率性の向上がその主要な課題としてとりあげられることが多い。このことは，非営利組織を論じる際にもあてはまる。非営利組織に期待される重要な役割の1つは，非効率な政府による社会サービス供給という問題を乗り越えることにあった。したがって，非営利組織を論じるうえでも，いかに効率よくサービスを供給するかということが重要な課題としてとりあげられる。ところで，効率性という概念に関して，非営利組織は営利企業よりも複雑な問題を抱えている。なぜなら，非営利組織の評価は，営利企業の評価のように貨幣に換算する方法をとるわけにはいかないからである。非営利組織を評価する際には，その活動が生み出す財やサービスの評価はもちろんのこと，その活動を遂行するうえでの人々の交流や活動に関わる人々の心の充足など，容易に貨幣に換算できない側面に注目する必要性が高い。

　このように解きがたい非営利組織の「管理」の問題については，ドラッカーの著作をはじめとして，その具体的な方法（非営利組織のマネジメント）についての研究が進められている。[15] だが，ここでは非営利組織の「管理」の具体的な方法，すなわち非営利組織のマネジメントを問題にするのではなく，非営利組織が他の事業形態と区別されるような独自の「管理」の形態を有しているかどうかに焦点をあてる。

　以上の観点のもと，非営利組織の管理に関してどのような論点が浮かび上がるであろうか。ここでは，非営利組織の管理に関する重要な問題として，「参加」についてとりあげる。福祉国家の危機に際して，非営利組織は，政府の非効率性への対応という観点から期待されるのみならず，福祉国家によるボランタリズムの阻害への対応としても注目を集めている。また，既述のとおり，非営利組織に関しては，その民主性や市民性の側面に大きな関心が払われてきた。これらの点から示唆されることは，事業活動への参加を促す指導原理を備

えていることが，他の事業形態とは異なる非営利組織の独自の特徴と考えられているということである。だが，非営利組織であるからといって，常に参加の実現が保証されるわけではない。場合によっては，非営利組織よりも株式会社形態をとる企業のほうが，参加を実現できる状況にあるかもしれない。したがって，事業諸形態を比較するなかから，どのような特徴が参加の実現を促し，どのような特徴が参加の実現を阻害しているのかを明らかにする必要がある。

では，事業組織における参加とはどのようなものであろうか。例えば，協同組合についていえば，民主性の重視という特徴が想起される。すなわち，民主的な意思決定の仕組みをいかにくみこむかということが問題とされるのである。協同組合に民主主義が導入されていることが協同組合の非営利的性格として理解される場合があるように（小松，2006，5），民主性の側面は協同組合の事業活動を規定する非常に重要な要素である。協同組合のこの特徴は，株式会社における1株1票の原理に対して，1人1票の原理というかたちで明確化されており，資本に対する人間の優位性を示すものとして理解されることもある。だが，例えば株式会社においては，資本を拠出している株主による支配が単純に成立せず，経営者による支配が成立する現状がみられる。同様に，協同組合においては，各組合員が1人1票の議決権を有しているとしても，経営者による支配が成立する可能性を否定できない。むしろ，株式会社よりも，組合員の意思決定の行使が分散化し，経営者支配が容易に成立することも想定される。

ところで，ここでは，株式会社の社員である株主および株主の委任を受けた経営者や，協同組合における組合員が，いかに意思決定を担うかということが問題とされている。だが，事業組織における参加のあり方を考えるうえでは，株主・組合員および経営者のみが考察の対象とされるだけでは不十分である。すなわち，多種多様なステイクホルダーの存在にも注意を払うことが必要となる。例えば，日本の生協は，その運営原則として「出資，利用，参加の三位一体」の原則を掲げているが，その意義は，組合員が出資者として事業活動に関わるのみならず，利用者として事業活動に影響力を行使するとともに，事業活

動の運営にも参加することにある。具体例を用いていえば，生協に求められている重要な役割の1つとして，安全な商品を適切な価格で供給することがあげられるが，このことは既存の企業によって供給される財やサービスの安全性を確かめることができない場合への対応として有効である。すなわち，利用者自らが真に必要とする財やサービスの供給が行われるように，組合員が利用を通じて財・サービスの供給の過程に参加することが重要な意味を持つ。

　利用者が参加することの必要性は，非営利組織の重要な活動分野である社会サービスの供給において特に顕著である。武川正吾は，社会政策における参加についての論稿において，専門家権力と参加という観点から，利用者が参加することの重要性を以下のように述べる。武川によると，「社会政策，とりわけ社会サービスの場合，サービスを提供する専門家はサービス利用者との関係において圧倒的に優位な立場にある」という。すなわち，「素人である社会サービス利用者は，専門家であるサービス提供者の前ではまったく無力であり，彼らの判断や決定には従わざるをえない」というのである。また，このような両者の関係は，知識や技術の落差および習慣に由来することが指摘されている（武川，1996，19）。武川はこのような専門家権力の機能と逆機能について次のようにまとめている。「専門家＝生産者の権力は政治行政権力の対抗権力として利用者＝消費者の政治参加を保障する側面もあるが，社会サービス供給の現場において，しばしばそれは利用者＝消費者の不参加を強いる。彼らの参加を回復するため，参加型社会の下では，最大限可能な自己決定（maximum feasible self-determination）が追求されなければならない。自らの必要を判断しうる場合は社会サービスのすべての領域で利用者の直感的必要が尊重されるべきであり，そうでない場合でも専門家による説明と利用者による同意が実現しなければならないであろう」（武川，1996，36）。

　以上のように，安全な商品の供給や社会サービスの供給などは，利用者にとってみれば生活するうえで必要不可欠なものであり，ひいては生命の存続にも関わる重大な意味を持つ。そこで，自らの生活の根幹にも関わるような事業組織の活動に対しては，利用者が参加できる条件整備が必要と認識されるに至るのである。すなわち，自らの生活に関わる重要な事項については「自己決

第 9 章　企業形態論による非営利組織への接近

定」が必要と理解され，財・サービスの生産への利用者参加の必要性が認識されることになる。

　生産活動への参加の意義は，安全な商品の供給や社会サービスの供給などの場合に限定されない。非営利組織の活動に参加する人々の多くは，その活動に参加することによって「生き甲斐」を見出したり，自己実現を図ろうとしている。すなわち，様々な社会の問題に関心を持ち，その解決のために何らかの活動を行うことによって，自己の存在意義を確かめようとする人々が存在する。従来の社会の枠組み，とりわけ既存の営利企業中心の社会のなかで，自己の存在意義を確認できず，疎外感にさいなまれる者も少なくはない。そのような状況下，非営利組織の活動に関わることによって，自己の存在意義を見出す人々がいることの重要性は無視できない。そして，そのような自己実現が期待される理由の1つとしては，活動への参加の保証が目指されていることがあげられる。

　だが，このような非営利組織の可能性は，そのデメリットと裏腹の関係にある。確かに，非営利組織の活動，とりわけ市民活動団体における多くの活動においては，諸個人が「生き甲斐」を見つけ，自己実現を図るのに大いに役立っている。だが，他方ではその活動が独善的であったり，民主的な仕組みが欠如しているなどの問題を抱えている場合もある。そのような組織であれば，活動への参加は保証されず，疎外感が増幅されることにもなりかねない。もちろん，組織である限り，疎外が生じることは避けられない。したがって，いかに諸個人が事業活動に関わっていくことができるかを模索することが重要である。疎外の存在を認識しつつ，いかにその疎外を克服するかを考えなければならない。限界を持ちつつも，従来の営利企業における疎外の問題を越える可能性を提示しているところに，今日の非営利組織の意義をみることができよう。

　ところで，事業活動に参加することの重要性は，事業組織を論ずるうえで市民性という観点を重視する議論と関わっている。すなわち，社会の諸問題に対して市民がその解決のためのとりくみに参加することが望まれているとみなせる。だが，市民性が発揮される状況はたやすく成立するとはいえない。市民性の発揮という場合に含意されるのは，自立した市民が自らの責任で自己決定を

すること，自らが必要とする財・サービスを選択するということである。また，政府の活動との関連でいえば，自立した市民として自らが政策形成の場に積極的に関わることである。しかし，市民性の発揮が成立することは非常に困難である。その理由の1つとして情報問題の存在をあげることができる。

　従来の非営利組織研究においては，財・サービスの供給者と消費者の間には情報の非対称性が存在することが指摘されてきた。そして，非営利組織は，利益非分配の特徴があることから，その情報問題を克服できるとされてきた。確かに，利益非分配の特徴は消費者の信頼を得ることを可能にする側面がある。しかし，情報問題の克服に必要とされることは，その組織が利益非分配であるということではなく，情報を開示することにある。既存の非営利組織研究では，利益非分配の特徴を有する非営利組織であれば情報問題を克服できるとして，そのような状況下で提供される財・サービスを自由に選択することの意義が謳われる。だが，情報問題の克服において必要なのは情報を開示することにあり，利益非分配であることが情報問題の根本的な解決策とはいえない。たとえ利益が組織の構成員に分配されていたとしても，その分配のあり方が利用者の納得のいくものであれば問題は生じない[16]。つまり，どのように利益が分配されているかの情報が明らかにされることによって，情報問題は克服される。逆に，たとえ利益非分配の制約があったとしても，分配のあり方に関する情報が十分に開示されていなければ，情報問題は克服されない。情報が公開されていなければ，利益非分配を掲げながら実質的には利益が分配されているような不正が存在する可能性を否定できなくなってしまう。

　以上のことは，情報問題の克服を利益非分配のみに求める非営利組織の理論分析が抱える限界とも関係している。利益非分配である非営利組織の存在を前提としたうえで，営利企業・非営利組織・政府が提供するなかから，市民が必要とする財・サービスを自由に選択できるという主張は，現実とはかけ離れている。情報問題の克服を保証する制度的な裏づけがあって，初めて市民性の発揮が可能となる。すなわち，市民性を強調するうえではその前提条件の整備が欠かせない。したがって，情報の格差を放置したままで，市民性や市民社会の重要性を強調することは，まったく別の重要な問題を引き起こしかねない。す

なわち,「市民社会の確立」という錦の御旗のもと,市民の「自発的」な参加が強制されるような問題も起きかねない。市民性について論じる際には,常にこの点に留意しておく必要があろう。また,「参加」という観点については,その内実をどのように高めるかが問われる。例えば,地域福祉の分野では,住民や市民がサービス供給に貢献することが重視されがちな現状があり,いうなれば,動員型の参加が重視される場合もあるため,意思決定過程への参加の実質化を進めることが課題となる。

　所有(出資)の局面を扱う際に着目した政府との関係についても触れておきたい。社会サービスの供給の例でみたように,政治行政権力は,専門家権力の確立によってその影響力が弱められることがあるものの,常に利用者の利益を脅かす可能性を有している。また,財源を政府に依存している非営利組織では,政府の意向に添った活動が行われる傾向が生じる。したがって,利用者が真に必要とする財・サービスが供給されるように,市民が政府の活動に関わることが必要となる。そして,非営利組織は,政府の政策形成に関わる主体の1つとして重要な役割を担うことが期待されている[18]。このことは,政府や専門家によって保有されていた権力が,市民に移行することの必要性を意味する。なお,政府の政策形成に市民が主体的に関わる際にも,やはり情報問題が克服される必要がある。膨大な情報を抱える政府が,その情報を公開しないのであれば,市民が政策形成に関わることはできない。市民性や市民社会の重要性を強調する際には,情報問題を克服するための不断のとりくみが前提条件となる。

3) 分配の局面

　これまで,非営利組織の分配の局面についてはくりかえし述べてきた。したがって,ここでは論点を絞りこんで検討を加える。まず,非営利組織の特徴とされる利益非分配についてである[19]。既述のとおり,利益非分配の特徴は情報問題の克服に役立つとされる。財・サービスの供給者と利用者の間に情報の格差が存在する場合には供給者が機会主義的な行動をとる可能性がある。しかし,利益非分配の制約が課された事業組織では機会主義的な行動をとるインセンティブが働かず,情報問題を克服できるとされる。もちろん,利益非分配であ

ることは，利用者の信頼を得る要素の1つである。だが，これまでくりかえし強調してきたように，利用者の信頼を得る最も重要なポイントは，利益非分配であるかどうかよりも，利用者が確かな情報を得られるかどうかにある。情報問題の克服に最も必要とされることは，情報が的確に公開される仕組みをつくることにある。

　情報が公開される必要性を強調する理由としては，利益非分配を掲げながら実質的に利益が分配されている例がみられるからである。この問題の端的な例として，非営利組織の有給スタッフをめぐる問題があげられる。事業活動を行う非営利組織では有給スタッフが欠かせないのが一般的である。このことは，現実に継続的な事業活動を進めていくうえでは当然のことであろう。しかし，利益非分配を標榜して活動する以上は，どのような活動に対してどの程度の賃金が支払われているのかが明らかにされなければならない。その金額が妥当であるかどうかの判断は難しいが，その判断はもちろん組織の内部だけではなく，社会の信認を得ることが必要となる。利益非分配であることを裏づけるためには，社会による信認が欠かせない。非営利組織の構成員が，平均的な報酬以上の額を受け取ったり，フリンジ・ベネフィットによって実質的な利益の分配を受けている可能性があることは否めない。もちろん，NPO法人のなかには，役員やスタッフが「手弁当」，「持ち出し」で社会貢献すべく事業活動に邁進しているものも少なくなく，そのような状況に対しては各人の役割や責任に見合った報酬や賃金の支払いがなされることの必要性が強調されるべきである。だが，他方では，旧来からの「官製」公益法人や社会福祉法人などの非営利組織のなかには情報公開が不十分な事業組織も少なくなく，役員報酬やスタッフの賃金が社会的にみて妥当かどうかが判断しがたい状況もみられる。また，情報公開との関連では，事業組織が提供する財やサービスの水準が利用料に比して不当に劣悪であることが問題視されることもある。いわゆる「貧困ビジネス」と称されるような事業活動はその端的な例である。非営利組織は，株式会社とは異なる指導原理のもとで，資源を動員し，財やサービスを提供し，事業組織として継続できるだけの収入を確保するわけであるが，そのあり方が社会的にみて不当ではないことを示すためには，情報を的確に公開することに

よって社会から信頼を得ることが欠かせない。

ところで，利益非分配をめぐっては，株式会社を例にとることによっても興味深い論点が浮かび上がる。株式会社は，社員である株主に配当するという意味では，利益非分配に適合しない。しかし，「日本的経営」と称された日本の大企業（株式会社）では，非営利組織の有給スタッフにあたる従業員への分配が（貨幣面のみならずフリンジ・ベネフィットも）手厚くなされてきた。例えば，株主への配当を限りなく少なくして従業員への分配を重視する場合，利益非分配の条件にほぼあてはまるという意味では，株式会社は限りなく非営利組織に近い存在ということになる。以上のことを考慮すると，非営利組織研究においては，「非営利」概念を利益非分配という分配の局面のみからその特徴を見出すだけでは不十分であり，利益非分配の条件が実質的に機能し，社会性の発揮につながっていることを明確にできなければならない。さらには，情報が的確に公開される仕組みについても明示できなければならない。

4　まとめ──非営利組織研究の視角と課題

（1）非営利組織研究の分析視角

本章では，試論的なレベルではあるが，企業形態論の観点から非営利組織に検討を加えてきた。非営利組織の指導原理を所有（出資）─管理─分配という観点から捉えて，非営利組織にまつわる論点を提示することに努めた。非営利組織の本質を理解するためには，所有（出資）─管理─分配の3局面から論点を導き出すことが有効と考えたからである。従来の非営利組織研究においては，非営利組織の「非営利」概念は利益非分配として説明されてきた。確かに，利益非分配の特質は，利益追求に対する「足かせ」の効果を持つ。だが，非営利組織の「非営利」概念を明らかにするためには，分配面だけでなく，所有（出資）─管理─分配の3局面すべてに目を向けることが必要である。

昨今では，非営利組織や社会的企業は「新しい公共」の担い手として位置づけられることもある。「新しい公共」を担う事業組織は公的な存在であるはずだが，今日の議論においては民間非営利組織が中心的な存在となっており，

「所有」面からみると私的な存在が対象とされる。そのようななか，非営利組織研究では利益非分配であることが重視され，公共性の発揮は「分配」のあり方から説明される。さらに，利用者参加は「管理」の局面に関わるため，非営利組織は「管理」面からも公共的な性質を備えているものとみなされる場合がある。だが，私的に「所有」されている民間非営利組織が，公共的な事業組織として存在することは本来たやすいことではない。公的な存在であることを示すためには，「管理」や「分配」の局面において公共性を体現する仕組みとその実質化が求められるからである。

　社会的企業論においては，社会的所有の仕組みや民主的原理（例えば，1人1票の原則）をくみこむことで，事業組織の公共性の発揮が図られていることが指摘される。しかし，社会的所有の仕組みや民主的原理を実質的に機能させることも，実際にはそれほど容易ではない。「新しい公共」の事業主体に関しては，既得権益化した古いタイプの事業組織が問題視され，新しいタイプの事業組織が求められている状況がある。だが，なぜ古いタイプの事業組織では公共性が損なわれたのか，また，新しいタイプの事業組織は古いタイプの事業組織が陥った問題を引き起こさない特徴を備えているのかが検討されなければならない。そのようななか，事業主体レベルの観点からは，「新しい公共」の主体のあり方について政府や行政機関も含めてそれぞれの特徴を再検討することが必要である。さらには，事業主体レベルでの検討にとどまらず，公共の機能を果たす政府の役割を定めることも必要となろう。「新しい公共」論議は，政府の役割の再考を迫るものであると認識すべきである。

　以上にみたように，民主性や市民性，公共性を発揮させることが意図されているところに，非営利組織の特徴を見出せる。民主性や市民性，公共性などの特徴を発揮させるためには，何らかの利益追求に対する「足かせ」の仕組みが必要となり，その指導原理をくみこんだ事業組織形態の模索が，非営利組織研究や社会的企業論における最も重要なとりくみとみなせよう。だが，民主性や市民性，公共性などの特徴は，株式会社に代表される営利企業においても実現可能性があることを無視してはならない。したがって，非営利組織の独自の指導原理が営利企業にも適用可能かどうかを事業諸形態の比較分析のなかから示

していくことが，今後，非営利組織研究を進めていくうえでの重要な課題となる。

（2）非営利組織研究の矛盾と展望

　本書で提示してきた分析枠組みを踏まえて，最後に，非営利組織研究の今後の課題や方向性について3つの観点から示しておく。第1に，制度論的経営学による接近の必要性である。株式会社と非営利組織や協同組合との事業形態比較においては，「制度としての企業」[20]のあり方を分析するという視点が求められる。その際，事業組織のあり方が時代によって変化することに着目する視点（縦糸の視点）と，同時代の事業諸形態を比較分析するという視点（横糸の視点）を，素材的な観点（素材面）と指導原理の観点の両面から考察することが必要となる。制度論的経営学の立場からのアプローチは，その試みに適合的な手法として位置づけられよう。

　制度論的経営学の先行研究では，株式会社の目的（企業目的）が資本主義の発展に伴って変化が生じるとされてきた[21]。また，企業の営利主義の変容に焦点をあてる所論は，藻利のいう制度論的経営学のスタンスが反映されている。藻利は「企業の本質，したがってまた企業活動の実践原理を，その歴史的発展のうちに生成する社会的な型としての制度（institution）において把握しようとするものを，われわれは広く企業の制度論的研究とよぶことができるであろう」（藻利，1972，21）と述べる。

　非営利組織研究や社会的企業論における最も重要な課題の1つは，現代社会における事業諸形態の指導原理の解明にある。その分析にあたっては，企業の営利性と社会性の変容に着目する制度論的研究を適用した分析が有効と考えられる。だが，その分析を進めるうえでは，現代企業の営利性と社会性を問うために今日的な観点を加味することが必要となる。

　「制度としての企業」という視点の重要性は，今日の代表的な企業形態である株式会社制度自体が問題を抱えていることとも関連する。非営利組織や協同組合などの諸組織を分析する際には，株式会社のあり方を意識しなければならない。とりわけ，株式会社が引き起こす様々な問題をどのように克服すべきか

を検討する視点は重要となる。この点に関して，例えば，奥村宏は，株式会社において不祥事が頻発している状況を踏まえて，株式会社制度そのものの矛盾について言及し，株式会社以外の事業形態である非営利組織や協同組合に目を向ける。このことは，裏返せば，非営利組織および協同組合を論じるうえでは，今日の代表的な企業形態である株式会社制度のあり方を問うという視点が必要となることを意味する。もちろん，単純に株式会社と非営利組織を同列に扱えるというわけではない。しかし，株式会社との比較という視点を有することによってこそ，非営利組織の積極的意義の解明に近づくことが可能となる。

　第2に，これまでくりかえし述べてきたが，非営利組織を分析するうえでは，非営利組織の指導原理に着目するのみならず，非営利組織の事業内容（素材面）をみることが重要となる。すなわち，非営利組織がどのような分野の活動に従事しているかに注意を払わなければならない。例えば，昨今，「新しい公共」という概念が唱えられ，非営利組織や社会的企業といった新しい事業形態の登場が待たれる背後には，公共的な領域の広がりや多様化があり，「新しい」ニーズが広がっているという現状がある。すなわち，公共の領域が「新しい」ものへと深化・多様化してきており，それらに対応する主体として，当初は政府や行政機関（公的非営利組織）の役割の拡大が注目を集め，その後，既存の公共の主体だけでは「新しい」ニーズへの対応が不十分であるという認識のもと，民間非営利組織への期待が高まっている。具体的には，高齢社会の進行するなか，社会福祉領域におけるサービス供給の担い手として非営利組織への期待が高まりをみせているのは顕著な例であろう。

　従来，社会福祉のサービスについては，政府の責任によって供給されるべきであることが強調されてきた。なぜなら，事業主体の次元でサービス供給のあり方を提示するだけでは，社会が必要とするサービス供給を満たせるかどうかが定かとならないからである。したがって，まずは素材面から必要とされるサービスが定められ，それに即したサービス供給のあり方が問われるべきである。この考え方は次のような表現で説明される。すなわち，「シビル・ミニマムの中には市場から供給されるものもあるが，社会福祉，社会保健などの多くは公共部門から供給されねばならぬものであり，また貨幣でなく実物で支給さ

第9章　企業形態論による非営利組織への接近

れる施設とサービスが多い。いわば素材面から政策目標を定めねばならず，そうなれば公共的介入は不可避であるということになる」(宮本, 2007, 56)。

　社会福祉分野の財やサービスの供給には公共的介入が欠かせない。供給される財やサービスの質や量を決定し，財政的な裏づけを与え，実際に財・サービスの現物を供給するという過程のなかで，政府（国や自治体）が果たすべき責任は大きい。だが，これらの諸機能を果たすうえで，政府が十分にその責任を果たせていない現状が指摘されるようになる。政府への不信感が広がるなか，民間の事業組織による財やサービスの供給への期待が高まり，そのあり方をめぐって非営利組織研究や社会的企業論が展開されてきたといえよう。なかでも，政府は利用者が真に望む財やサービスを供給できていないのではないか，また，政府は効率的に財やサービスを供給できていないのではないか，という疑念が強まるなか，「参加」や「効率性」の面に長所があるとみなされる非営利組織や社会的企業などの「新しい」事業組織への期待が高まりをみせてきた。とりわけ，実際に財やサービスの現物を供給するうえでは，「参加」「効率性」の両面で民間非営利組織は政府よりも優れた役割を果たしうることが指摘されるようになった。

　だが，非営利組織研究や社会的企業論は「究極の民営化」論ともいうべき性質を備えており，その矛盾や限界性を認識した慎重な議論がなされなければならない。非営利組織や社会的企業などの事業組織に目を向ける場合には，事業組織の指導原理のあり方に焦点があてられて，個々の事業主体レベルのあり方が議論の中心となりがちである。すなわち，事業主体における財・サービスの供給のあり方に目が向けられがちになる。非営利組織研究や社会的企業論では，指導原理のあり方を出発点として議論が展開される傾向が強くなるのである。しかし社会福祉領域の多くでは，素材面から出発して，どのような財やサービスを，どの程度供給するかを社会的に定める（素材面から政策目標を定める）ことを出発点に論をたてなければ，個々の事業主体レベルでは接近が困難な社会的課題が残されることになる。以上の課題を新たな経営学を構想するという見地から捉え直すと，素材面を出発点にして社会的に必要な財やサービスの供給が実現できる新しい指導原理のあり方を問う姿勢が必要となる。意思決

定および執行への参加や利益非分配の制度化などはその試みとして捉えられるべきであろう。

　第3の点は，うえにみた点と関わるが，非営利組織や社会的企業を論ずるうえでは，事業主体の次元の議論にとどまらず，社会全体の次元や地域社会全体の次元の議論が求められることである。先述のとおり，非営利組織や社会的企業の活動領域は本来，素材面から議論を出発すべきである。だが，非営利組織研究や社会的企業論においては，社会的な諸課題を扱うことが念頭におかれてはいるものの，個別の事業主体（その指導原理）に着目する議論が中心となりがちである。事業主体の次元における議論では，事業組織の指導原理に制約されて，素材的な観点を十分にくみこむことができない可能性が高い。事業主体の次元の議論にとどまっていては，事業組織として合理性があっても社会全体からみて不合理な課題に接近することが困難となる。このことは，非営利組織や社会的企業に限らず，事業組織全般にあてはまる問題であり，営利企業がこれまでにも多くの社会的に不合理な問題を生み出してきたことは周知の事実である。個別の企業レベルにおける合理性の追求が，社会全体からみて不合理であることがしばしば起こるが，ここでの課題は，素材的な観点と指導原理の観点の両者をどのように統合するかというすべての事業組織が直面する問題とも関わる。素材的な観点からいえば，社会的な必要は時代とともに変化するので，それに即したかたちで事業組織の指導原理のあり方も変容が迫られる。営利原則の変容に着目して企業の本質について考察がなされてきた制度論的経営学が求められる理由の1つもここに見出せよう。歴史的な変化を踏まえて，素材面と指導原理の観点から事業組織のあり方を問い直す点にこそ，非営利組織研究の意義をみなければならない。

　1）浜川は，企業形態論の特徴について次のように述べている。「そもそも『企業形態論』は，個別企業（会社）組織形態の経済的本質の解明から始まり，公企業や協同組合と会社企業とを比較検討し，さらにはカルテル・トラスト・コンツェルン・『企業集団』など独占の諸形態（時として，『企業集中』論として分化させられることはあったにせよ）を，あるいは企業活動の国際的展開を前に『国際的トラスト』としての多国籍企業をも分析対象としてきた。また，会社形態比較や株式会社の行動原理を解明する意味でも，企業の内

部構造＝経営それ自体の分析にまで手を広げることも必要とされてきたといってよい。このような『企業形態論』の『守備範囲の広さ』は，とりもなおさず『固有の研究領域』を曖昧化する傾向を強めざるを得ない。しかも『学問』の個別専門化が，この傾向をますます加速してきたといってよかろう」（浜川，1994，52）。今日の企業形態論はその「守備範囲の広さ」ゆえに個別専門化の進む学界状況のなかで固有の存在意義を明示できず，「混迷」「低迷」状況にあるといえよう。

2）ここでは，株式会社を現代社会における代表的かつ支配的な企業形態と位置づけているが，その具体的な内実について明らかにすることはたやすくはない。この点について論じたものとして，森（1985，1-17）を参照されたい。

3）協同組合の位置づけについて，経営学ならびに企業形態論の諸学説を詳細に検討したものとして，堀越（1989）を参照されたい。

4）例えば，藤井敦史は，「社会的企業を営利企業との連続線上に捉えることから派生する問題」という項をたて，「営利企業が，常に短期的なリターンの最大化を志向しているわけではないし，営利企業が社会貢献を行う，あるいは，何らかの社会的目的を掲げるといったことも，しばしば見られる現象である。しかし，そうした現象も，基本的には，社会との良好な関係性を形成することにより，企業の安定的な成長という利益を志向した活動として把握することが可能だろう（利益概念の拡張）」と述べる。また，「やはり利益こそが，企業にとっての最も重要なインセンティブなのである」としたうえで，「営利企業による社会貢献を，社会的目的（欧州の社会的企業であれば，社会的排除問題の解決）を第一義的な目標としている社会的企業と同列に捉えることには，そもそも問題がある」と結論づける（藤井，2010c，138-139）。もちろん，非営利組織や社会的企業に独自の指導原理を見出すことは重要であるとしても，他方において，株式会社における指導原理の内実を分析し，その変容のあり方（時には，社会貢献を積極的に行うようなかたちをとり，時には，なりふりかまわぬ短期的利益追求に走って社会的悪影響を顧みない企業行動をとるのはなぜか）を考慮して分析の俎上に載せなければならない。なお，非営利組織や社会的企業に分類される諸組織の指導原理の内実を分析するうえでは，藤井が社会的企業の特徴として強調する「社会的所有」の側面は重要な意味を持つ（藤井，2010c，141-142）。しかし，さらには，諸事業組織が提供する財やサービスの特徴（素材面）について目をやらなければ，事業組織の「社会性」を的確に把握できたことにはならない。例えば，社会的企業のなかには「貧困ビジネス」と揶揄されるような事業組織も存在するが，その「社会性（反社会性）」は素材面から明らかにされるべきであり，社会政策研究に根ざした実証分析が不可欠となる。

5）ただし，大島が他方で次のように述べていることに注意すべきであろう。「経営学の研究対象である企業は，それがそれ自体として存立するためには，まずなによりもそれを可能にする元手（資本）を必要とするが，その元手（資本）の性質ないし本質とその集め方の特質いかんが，企業の本質を根本的に決定し，規定することになる。換言すれば元手（資本）の性質と集め方の特質すなわち所有関係が企業の特定の形態を決定し，企業の形態が企業の具体的な目的を決定することとなり，企業の合目的的活動はすべてこの目的によって基本的に規定されるのである。したがって企業がどのような形態をとっているかが，企業の目的を具体的に規定し，その企業目的がさらに企業の経営活動の内容を規定し

ている」（大島，1976，5-6）。すなわち，大島は企業の所有のあり方が企業の目的や企業の活動を規定すると述べており，その主張に沿えば，私的所有のもとではそれに即した指導原理に企業は従うことになると述べていることになろう。その意味では，企業は体制関連的な存在として位置づけられているとみなせよう。

6) その例としては，片山（1992）を参照されたい。そこでは「個体資本」という独自の言葉が用いられているが，いわゆる「個別資本説」の系統に位置づけられよう。
7) 例えば，片岡信之は，株式所有構造にこだわりすぎる法物神的企業支配論の系譜の見解からの脱却を説く。片岡（1992）を参照されたい。
8) ポスト資本主義社会については Drucker（1993），非営利組織の経営については Drucker（1990）を参照されたい。
9) 藻利が新しい企業倫理の究明を経営学の課題と設定したことに対して，植村は「その観点は，それ自体非常に示唆に富んだ重要なものと考えられる。とくに昭和31年という年に，改訂版でも高度成長がようやく緒についたばかりの昭和37年という年にこの見解を展開した氏の観点は，先見性に富んだものとして非常に注目される」という（植村，1985，14)。
10) なお，片岡による現代企業の所有と支配に関する議論については，片岡（1992）を参照されたい。
11) 例えば，中小企業（中小株式会社）の場合には本来的な意味での株式会社とみなされず，大株主である社長によって経営がなされることから，法律的形態が株式会社であっても，実質的には個人企業とみなすのが妥当とみなされる。片岡（1992，70）を参照されたい。なお，事業化した NPO 法人の多くは，規模の面からみて中小企業と類似するものが多く，NPO 法人と中小企業を比較分析する視点は，今後の非営利組織研究や社会的企業論において重要なものとなろう。
12) 政府による企業活動の支援が，株式会社大企業を中心としたものに偏る傾向にあることには注意しておかなければならない。
13) この課題と関連して，例えば，NPO 法人が自治体から委託を受けるのは望ましいかどうかは，近年の非営利組織研究におけるホット・トピックスとなっている。その現状や論点については，原田（2010）を参照されたい。
14) 行政学や政治学の立場からも，政府と非営利組織の関係を解き明かそうとする試みが進められてきた。例えば，非営利組織研究が勃興した1990年代後半の段階において，すでに，水谷（1995），武智（1996），藤田（1998），田中（1999a；1999b）などの論稿がみられる。これらの諸文献では，3章でとりあげたギドロン（Gidron, B.）らの研究やサラモン（Salamon, L. M.）の「第三者政府」論についてもとりあげられている。
15) 例えば，Drucker（1990）は最も代表的な文献の1つである。
16) 情報公開された分配のあり方が納得のいかないものであるのに，その異議申し立ての術がないという状況が生じる場合も予想される。したがって，そのような場合に対処できるような意思決定の仕組みづくりが必要とされる。
17) この点に関しては，中野敏男が，国家システムへの動員という観点からボランティアについて論じている。中野（1999）を参照されたい。
18) 新しい市民＝行政関係の創造の必要性を唱える荒木昭次郎は以下のように述べている。

第 9 章　企業形態論による非営利組織への接近

荒木は，「地域社会の形成と発展のために活動している行為者をそれぞれ生活者市民と生産者市民と自治体政府とし，この三つの主体が互いに話し合い，考え合い，調整行動し合う『場』（媒介構造＝Mediating Structure）を設けることによって，協働体制は確立される」としたうえで，「これらの三つの主体には地域社会の発展のために，それぞれがそれぞれの立場で役割を果たしつつ，相互の間の協力協調作用を行なっていくという協働の精神が求められる。と同時に，その精神が実践に結びつくための仕組みの具体化とその保障としての制度化も求められよう」と述べる。そして，その具体化の例として，米国の非営利組織を提示する一方で，日本の状況に対して次のように批判を加えている。すなわち，日本では米国の非営利組織に類したものとして「公社，公団，事業団，さらには第3セクターが，単一目的を達成していく主体として認められているが，それは自治体政府と生産者市民からなる主体であって，生活者市民を包摂したものではない。自治行政レベルでは地域社会の基盤を支える生活者市民を中心にした協働体制を確立していくことこそもっとも重要であり，それを抜きにした協働体制は考えられないのである」と述べるのである（荒木，1990，13-14）。

19）協同組合の利益分配については，5章で述べたとおり，堀越芳昭が「不分割社会的資本」という概念を用いてその特質を説明している。また，堀越は，協同組合のほかに，株式会社や公益法人も例にとって比較分析を試みている。以上については，堀越（1995a；1995b）を参照されたい。

20）「制度としての企業」という観点を追究するためには，ヴェブレン（Veblen, T.）の諸著作にまでさかのぼる必要があろう（Veblen, 1904）。ヴェブレンによる「制度としての企業」についての言及は，占部（1977，13-33）および森（1985，17-27）を参照されたい。また，制度論的経営学について包括的に論じたものとしては，岩尾（1972）を参照されたい。

21）資本主義の発展に伴う企業目的の変化に関する諸学説については，斎藤（1979）を参照されたい。

22）株式会社制度が抱える問題を解き明かすことが必要となる。いいかえれば，「営利」とは何かを問うことが重要であることを意味する。この点については，占部（1977，28-33）を参照されたい。

23）奥村（1997，244-286）および奥村（1998，208-214）を参照されたい。

24）浜川は協同組合を論ずる際に「現行の株式会社など会社組織の『改編』という問題」をくみこむ必要性があることを指摘する（浜川，1994，64）。この観点は，非営利組織を論ずるうえでも同様に必要となろう。

参 考 文 献

安立清史（2008）『福祉 NPO の社会学』東京大学出版会。
跡田直澄（1993）「非営利セクターの活動と制度」本間正明編『フィランソロピーの社会経済学』東洋経済新報社，29-55。
跡田直澄・山内直人・雨森孝悦・太田美緒・山田武（1994）「非営利セクターの経済分析」『季刊社会保障研究』29(4)，322-333。
雨森孝悦（2012）『テキストブック NPO（第 2 版）』東洋経済新報社。
雨宮孝子（1998）「わが国の法人制度と NPO 法」堀田力・雨宮孝子編『NPO 法コンメンタール―特定非営利活動促進法の逐条解説』日本評論社，3-25。
雨宮孝子（2002）「NPO と法」山本啓・雨宮孝子・新川達郎編『NPO と法・行政』ミネルヴァ書房，28-55。
荒木昭次郎（1990）『参加と協働―新しい市民＝行政関係の創造』ぎょうせい。
石川両一（2004）「コミュニティ・ビジネスの現状と課題」『市政研究』(145)，58-68。
石塚秀雄（1997）「EU 統合と社会的経済」富沢賢治・川口清史編『非営利・協同セクターの理論と現実―参加型社会システムを求めて』日本経済評論社，104-115。
石原武政（2006）「TMO への期待と現実」矢作弘・瀬田史彦編『中心市街地活性化三法改正とまちづくり』学芸出版社，54-65。
石村耕治（1992）『日米の公益法人課税法の構造』成文堂。
石村耕治（2000）「公益（慈善）寄付金税制の概要」雨宮孝子・石村耕治・中村昌美・藤田祥子『全訳カリフォルニア非営利公益法人法』信山社出版，37-50。
今瀬政司（1998）「次世代を担う社会サービス―コミュニティ・ビジネスによる新潮流」関西産業活性化センター『CIRK』(128)，11-14。
今村都南雄（1993）「第三セクターの概念と国会審議」（財）行政管理研究センター監修，今村都南雄編『「第三セクター」の研究』中央法規，15-40。
岩尾裕純編（1972）『講座経営理論／1 制度学派の経営学』中央経済社。
上野千鶴子（2011）『ケアの社会学―当事者主権の福祉社会へ』太田出版。
植村省三（1985）『現代の経営学』中央経済社。
埋橋孝文編（2007）『ワークフェア―排除から包摂へ？』法律文化社。
渦原実男（2004）「商店街の再生とコミュニティ・ビジネス」『西南学院大学商学論集』51(1)，105-135。
右田紀久恵（2005）『自治型地域福祉の理論』ミネルヴァ書房。
占部都美（1977）『改訂 企業形態論』白桃書房。
遠藤久夫（1996）「民間非営利組織（NPO）の経済理論―非効率な存在から『政府の失敗』『契約の失敗』の補完的存在へ」『東海大学政治経済学部紀要』(28)，347-363。

大沢真理（2007a）『現代日本の生活保障システム─座標とゆくえ』岩波書店．
大沢真理（2007b）「いま，なぜ『生活の協同』なのか─排除を超えてともに生きる社会へ」大沢真理編『生活の協同─排除を超えてともに生きる社会へ』日本評論社，3-28．
大沢真理（2011）「危機の時代と社会的経済」大沢真理編『社会的経済が拓く道─危機の時代に「包摂する社会」を求めて』ミネルヴァ書房，1-10．
大島国雄（1976）『企業形態論─動態的比較論的展開』同文舘出版．
岡部明子（2003）『サステイナブルシティ』学芸出版社．
岡本仁宏（1997）「市民社会，ボランティア，政府」関西学院 H. S. C.・立木茂雄編『ボランティアと市民社会─公共性は市民が紡ぎ出す』晃洋書房，91-118．
沖藤典子（2010）『介護保険は老いを守るか』岩波書店．
奥林康司・貫隆夫・稲葉元吉編（2002）『NPO と経営学』中央経済社．
奥村宏（1997）『21世紀の企業像』岩波書店．
奥村宏（1998）『株主総会』岩波書店．
小野秀誠・良永和隆・山田創一・中川敏宏・中村肇（2007）『ハイブリッド民法Ⅰ 民法総則』法律文化社．
海道清信（2001）『コンパクトシティ─持続可能な社会の都市像を求めて』学芸出版社．
角瀬保雄（1993）「協同組合の企業経済理論序説─基本的価値・市場経済・経済民主主義」『経営志林』（法政大学）30(2)，1-24．
角瀬保雄（1996）「非営利・協同組織の経営論序説」『経営志林』（法政大学）33(3)，1-15．
角瀬保雄（1997）「非営利・協同組織と民主的管理─社会的経済企業，NPO と『民主経営』」『経営志林』（法政大学）34(2)，1-11．
角瀬保雄（1999）「非営利・協同組織とその経営─発展と現状」角瀬保雄・川口清史編『非営利・協同組織の経営』ミネルヴァ書房，1-14．
角瀬保雄・川口清史編（1999）『非営利・協同組織の経営』ミネルヴァ書房．
影山喜一（1980）「非営利組織と多段階的戦略─贈与の組織理論のための覚え書」『組織科学』14(2)，38-51．
柏木克之（2009）『教えます，仕事おこし─障害のある人が主人公の商品開発』きょうされん．
柏木克之（2013）『地域でめざせ社会的企業 障害者支援施設「麦の郷」の挑戦 6次産業化と計数管理の推進』生活福祉研究機構．
片岡信之（1992）『現代企業の所有と支配』白桃書房．
片岡信之（1998）「新しい時代と経営学のパラダイム転換」片岡信之・篠崎恒夫・高橋俊夫編『新しい時代と経営学』ミネルヴァ書房，1-24．
片山伍一（1992）「支配と管理の基礎理論」片山伍一編『現代企業の支配と管理』ミネルヴァ書房，1-22．

加藤恵正（1999）「コミュニティ・ビジネスの展開とその評価—英国の経験とわが国市街地活性化における役割」『都市問題研究』51(5), 58-75。
加藤恵正（2004a）「都市生活とコミュニティ・ビジネス」植田和弘・西村幸夫・間宮陽介・神野直彦編『都市の再生を考える第4巻—都市経済と産業再生』岩波書店, 69-99。
加藤恵正（2004b）「震災復興におけるコミュニティ・ビジネスの役割と課題（特集 震災10年の神戸経済）」『地域開発』(483), 50-55。
兼子厚之（1992）「日本の生協の現状とその発展要因」大内力監修, 生協総合研究所編『協同組合の新世紀—生協運動の新たな発展をもとめて』コープ出版, 96-117。
金子郁容（2002）『新版 コミュニティ・ソリューション—ボランタリーな問題解決に向けて』岩波書店。
金子郁容（2003）「それはコミュニティからはじまった」本間正明・金子郁容・山内直人・大沢真知子・玄田有史『コミュニティビジネスの時代—NPOが変える産業, 社会, そして個人』岩波書店, 1-43。
加茂利男（2005）『世界都市—「都市再生」の時代の中で』有斐閣。
川口清史（1994）『非営利セクターと協同組合』日本経済評論社。
川口清史（1997）「アメリカの非営利セクター論」富沢賢治・川口清史編『非営利・協同セクターの理論と現実—参加型社会システムを求めて』日本経済評論社, 42-54。
川口清史（1999a）「福祉社会システムと非営利・協同セクター」川口清史・富沢賢治編『福祉社会と非営利・協同セクター—ヨーロッパの挑戦と日本の課題』日本経済評論社, 1-13。
川口清史（1999b）「非営利・協同組織の日本の文脈からの定義と概念化」川口清史・富沢賢治編『福祉社会と非営利・協同セクター—ヨーロッパの挑戦と日本の課題』日本経済評論社, 29-43。
川口清史・富沢賢治編（1999）『福祉社会と非営利・協同セクター—ヨーロッパの挑戦と日本の課題』日本経済評論社。
川口清史・角瀬保雄・浜岡政好・鈴木彰（1999）「座談会—『非営利・協同』の探求」『経済』新日本出版社, 40, 98-128。
川名和美（2005）「地域商業の活性化とコミュニティ・ビジネスの役割—TMOのまちづくり活動支援を考える」神原理編『コミュニティ・ビジネス—新しい市民社会に向けた多角的分析』白桃書房, 48-65。
北島健一（1997）「社会的経済の思想と理論」富沢賢治・川口清史編『非営利・協同セクターの理論と現実—参加型社会システムを求めて』日本経済評論社, 22-41。
北島健一・藤井敦史・清水洋行（2005）「解説」『生協総研レポートNo. 48 社会的企業とは何か—イギリスにおけるサード・セクター組織の新潮流』生協総合研究所, 61-66。
協同総合研究所（1995）『非営利・協同の時代—研究年報Ⅰ』シーアンドシー出版。

国弘員人（1987）『三訂　企業形態論』泉文堂。
栗原彬（1994）『人生のドラマトゥルギー』岩波書店。
栗本裕見（2006）「コミュニティビジネス―地域に根ざした仕事づくりと社会への参加」中山徹・橋本理編『新しい仕事づくりと地域再生』文理閣，151-174。
栗本裕見・橋本理（2012）『福祉 NPO と地域自治組織の連携システムに関する調査研究』全国勤労者福祉・共済振興協会。
経済産業省環境政策課環境調和産業推進室編（2004）『はじめよう環境コミュニティ・ビジネス』ケイブン出版。
経済産業省商務情報政策局サービス産業課（2003）『平成14年度「コミュニティ・ビジネスにおける自治体等とコミュニティ活動事業者の連携による地域経済活性化事業実態等調査研究」報告書』。
公益法人・公益信託税制研究会（1990）『フィランソロピー税制の基本的課題』公益法人協会。
厚生省社会・援護局（2000）『「社会的な援護を要する人々に対する社会福祉のあり方に関する検討会」報告書』。
厚生省社会局生活課監修・生協福祉研究会編（1989）『協同による地域福祉のニューパワー―生協と福祉活動』ぎょうせい。
厚生労働省編（2010）『平成22年版 厚生労働白書』日経印刷。
神戸都市問題研究所（2002）『地域を支え活性化するコミュニティ・ビジネスの課題と新たな方向性』。
国立社会保障・人口問題研究所編（2004）「特集：ワークフェアの概念と実践」『海外社会保障研究』（147），2-67。
小島廣光（1998）『非営利組織の経営―日本のボランティア』北海道大学出版会。
小林伸生（2006）「コミュニティ・ビジネス支援政策の現状と課題」福井幸男編『新時代のコミュニティ・ビジネス』御茶の水書房，3-50。
小松章（2006）『企業形態論 第3版』新世社。
これからの地域福祉のあり方に関する研究会（2008）『地域における「新たな支え合い」を求めて―住民と行政の協働による新しい福祉』。
雇用創出企画会議（2003）『雇用創出企画会議第一次報告書』（http://www.mhlw.go.jp/houdou/2003/05/dl/s0521-4d.pdf）。
雇用創出企画会議（2004）『雇用創出企画会議第二次報告書―コミュニティ・ビジネスの多様な展開を通じた地域社会の再生に向けて』（http://www.mhlw.go.jp/houdou/2004/06/h0618-4.html）。
斎藤高志（1979）『企業理論』泉文堂。
斎藤槙（2004）『社会起業家―社会責任ビジネスの新しい潮流』岩波書店。
坂井宏介（2006）「分析概念としての民間非営利組織―『構造―機能』定義の批判的考察を中心に」『九州法学』（92），57-96。

佐藤慶幸（1991）『生活世界と対話の理論』文眞堂。
佐藤慶幸（1996）『女性と協同組合の社会学——生活クラブからのメッセージ』文眞堂。
佐藤慶幸（2002）『NPOと市民社会』有斐閣。
産業構造審議会NPO部会（2002）『「新しい公益」の実現に向けて』（http://www.eti.go.jp/report/committee/data/g_commi01_18.html）。
重本直利（2012）『もしマルクスがドラッカーを読んだら資本主義をどうマネジメントするだろう』かもがわ出版。
渋川智明（2001）『福祉NPO——地域を支える市民起業』岩波書店。
島田恒（2003）『非営利組織研究——その本質と管理』文眞堂。
社会政策学会編（2006）『社会政策における福祉と就労』法律文化社。
社会保障審議会福祉部会（2002）『市町村地域福祉計画および都道府県地域福祉支援計画策定指針の在り方について（一人ひとりの地域住民への訴え）』。
神野直彦（2012）「ガバナンスと社会起業」神野直彦・牧里毎治編『社会起業入門——社会を変える仕事』ミネルヴァ書房, 35-51。
神野直彦・澤井安勇編（2004）『ソーシャル・ガバナンス』東洋経済新報社。
鈴木彰（1999）「経済民主主義の運動と協同組合運動」『経済』新日本出版社, 40, 111-114。
炭谷茂・大山博・細内信孝（2004）『ソーシャルインクルージョンと社会起業の役割——地域福祉計画推進のために』ぎょうせい。
生協総合研究所編（1996）『生協総研レポート No. 13 福祉を中心とした協同組合の新たな役割——第1回, 全国コミュニティ・コープ研究会の記録』生協総合研究所。
生協総合研究所編（1999）『生協総研レポート No. 23 顕在化した生協運動の危機と要因——生協運営改革研究会中間報告』生協総合研究所。
総合研究開発機構編（1994）『市民公益活動基盤整備に関する調査研究』総合研究開発機構。
総合研究開発機構編（1996）『市民公益活動の促進に関する法と制度のあり方——市民公益活動基盤整備に関する調査研究（第2期）』総合研究開発機構。
総務庁行政監察局編（1985）『公益法人の現状と問題点——総務庁の行政観察結果からみて』大蔵省印刷局。
総務庁行政監察局編（1992）『公益法人の現状と課題』大蔵省印刷局。
田尾雅夫（1999）『ボランタリー組織の経営管理』有斐閣。
田尾雅夫・吉田忠彦（2009）『非営利組織論』有斐閣。
髙田昭彦（1998）「現代市民社会における市民運動の変容——ネットワーキングの導入から『市民活動』・NPOへ」青井和夫・高橋徹・庄司興吉編『現代市民社会とアイデンティティ——21世紀の市民社会と共同性：理論と展望』梓出版社, 160-185。
田口富久治（1989）「序論——ケインズ主義的福祉国家の危機と再編」田口富久治編『ケインズ主義的福祉国家』青木書店, 11-50。

武川正吾（1989）「『福祉国家の危機』その後」社会保障研究所編『社会政策の社会学』東京大学出版会，191-251．

武川正吾（1990）「社会政策における〈Privatisation〉―上」『季刊社会保障研究』26（2），151-160．

武川正吾（1991）「社会政策における〈Privatisation〉―中」『季刊社会保障研究』27（1），83-93．

武川正吾（1996）「社会政策における参加」社会保障研究所編『社会福祉における市民参加』東京大学出版会，7-40．

武川正吾（2001）『福祉社会―社会政策とその考え方』有斐閣．

武智秀之（1996）「政府と非営利団体」社会保障研究所編『社会福祉における市民参加』東京大学出版会，179-207．

田中建二（1999a）「行政―NPO関係論の展開（一）―パートナーシップ・パラダイムの成立と展開」『法政論集』（名古屋大学）178，143-176．

田中建二（1999b）「行政―NPO関係論の展開（二・完）―パートナーシップ・パラダイムの成立と展開」『法政論集』（名古屋大学）179，343-385．

田中尚輝・浅川澄一・安立清史（2003）『介護系NPOの最前線―全国トップ16の実像』ミネルヴァ書房．

田中實（1980）『公益法人と公益信託』勁草書房．

谷本寛治（2002）「企業とNPOのフォア・フロント―『NPOと経営学』その新しい課題」奥林康司・貫隆夫・稲葉元吉編『NPOと経営学』中央経済社，31-57．

谷本寛治（2006）「ソーシャル・エンタープライズ（社会的企業）の台頭」谷本寛治編『ソーシャル・エンタープライズ―社会的企業の台頭』中央経済社，1-45．

谷本寛治・田尾雅夫編（2002）『NPOと事業』ミネルヴァ書房．

田端博邦（1988）「福祉国家論の現在」東京大学社会科学研究所編『転換期の福祉国家（上）』東京大学出版会，3-75．

多辺田政弘（1990）『コモンズの経済学』学陽書房．

玉井金五（2012）『共助の稜線―近現代日本政策論研究』法律文化社．

中央社会福祉審議会社会福祉構造改革分科会（1998）「社会福祉基礎構造改革について（中間まとめ）」．

塚本一郎・山岸秀雄編（2008）『ソーシャル・エンタープライズ―社会貢献をビジネスにする』丸善．

辻中豊・伊藤秀一郎編（2010）『ローカル・ガバナンス―地方政府と市民社会』木鐸社．

出口正之（1999）「ジョンズ・ホプキンス大学国際比較研究プロジェクトの概要」NPO研究フォーラム編『NPOが拓く新世紀』清文社，11-31．

電通総研編（1996）『NPOとは何か』日本経済新聞社．

ドーア・ロナルド（2011）『金融が乗っ取る世界経済―21世紀の憂鬱』中央公論新社．

富沢賢治（1992）「社会的経済―協同組合運動がめざすもの」大内力監修，生協総合研

究所編『協同組合の新世紀――生協運動の新たな発展をもとめて』コープ出版, 49-74。
富沢賢治 (1995)「EUのエコノミ・ソシアル理解」『経済研究』(一橋大学) 46(2), 136-146。
富沢賢治 (1999a)『社会的経済セクターの分析〔一橋大学経済研究叢書 別冊〕』岩波書店。
富沢賢治 (1999b)「非営利・協同セクターとは何か」川口清史・富沢賢治編『福祉社会と非営利・協同セクター――ヨーロッパの挑戦と日本の課題』日本経済評論社, 17-28。
富沢賢治・川口清史編 (1997)『非営利・協同セクターの理論と現実――参加型社会システムを求めて』日本経済評論社。
中川雄一郎 (1996)「イギリスにおける労働者協同組合運動の展開と課題」富沢賢治・中川雄一郎・柳沢敏勝編『労働者協同組合の新地平――社会的経済の現代的再生』日本経済評論社, 39-71。
中川雄一郎 (2007)『社会的企業とコミュニティの再生 第2版――イギリスでの試みに学ぶ』大月書店。
中田実 (1993)『地域共同管理の社会学』東信堂。
中野敏男 (1999)「ボランティア動員型市民社会論の陥穽」『現代思想』青土社, 27(5), 72-93。
中村健吾 (1996)「現代ドイツの『市民社会』論争――ハーバーマス, グラムシ, ヒルシュ」『経済学雑誌』(大阪市立大学) 97(1), 13-34。
中村太和 (1996)『民営化の政治経済学――日英の理念と現実』日本経済評論社。
西尾勝 (1975)『権力と参加』東京大学出版会。
似田貝香門 (1989)「都市政策と『公共性』をめぐる住民諸活動」矢澤修次郎・岩崎信彦/自治体問題研究所編『地域と自治体 第17集 特集 都市社会運動の可能性』自治体研究社, 67-98。
日本生活協同組合連合会編 (1996)『21世紀を拓く新しい協同組合原則』コープ出版。
野原敏雄 (1996)『現代協同組合論』名古屋大学出版会。
橋本理 (1999)「兵庫県域における市民活動の素描――活動支援・財政基盤のあり方を中心に」『経営研究』(大阪市立大学) 50 (1-2), 285-304。
橋本理 (2000)「公的介護保険制度下における市民活動団体の動向」大阪自治体問題研究所編『介護保険(研究年報第3号)』文理閣, 95-113。
橋本理 (2004)「企業システム研究のための緒論――公共部門および公私混合部門をめぐる動向を中心に」『関西大学社会学部紀要』35(3), 1-26。
橋本理 (2006)「NPO・社会的企業と地域再生」中山徹・橋本理編『新しい仕事づくりと地域再生』文理閣, 117-150。
橋本理 (2007)「ワーカーズコープの今日的意義――『社会的排除』『福祉から就労へ』と

の関わりから」『協同の發見』(179), 41-44。
橋本理 (2009)「EU における労働統合を目的とした社会的企業(ワーク・インテグレーション・ソーシャル・エンタープライズ)の動向―社会的企業論の批判的検討から」『関西大学社会学部紀要』41(1), 37-62。
橋本理 (2010)「ホームレス問題と社会的企業―社会的な事業と貧困ビジネスの境界をめぐる基本的視座」『ホームレスと社会』明石書店, 2, 56-63。
橋本理 (2011)「『労働統合型社会的企業』論の展開―韓国の事例から」『関西大学社会学部紀要』42(3), 83-102。
橋本理 (2012a)「福島県『がんばろう福島！"絆"づくり応援事業』と地域におけるNPOの役割」『協同の發見』(236), 68-81。
橋本理 (2012b)「兵庫県下の特定非営利活動法人の活動動向―収支状況および介護保険・障害者自立支援に関する事業の取り組み状況」『関西大学社会学部紀要』43(2), 115-134。
橋本理 (2013)「韓国における自活事業と社会的企業」大友信勝編『韓国における新たな自立支援戦略』高菅出版, 近刊予定。
橋本理・栗本裕見・栄沢直子 (2005)「地域の社会システム形成に関する調査記録1(阪南地域・大阪篇)」『関西大学社会学部紀要』37(1), 139-162。
橋本理・栗本裕見・栄沢直子 (2006)「地域の社会システム形成に関する調査記録2(大阪と九州のコミュニティビジネス)」『関西大学社会学部紀要』38(1), 223-281。
橋本吉広 (2010)「介護保険制度下での生活協同組合福祉の10年と今後の展開」『金城学院大学論集：社会科学編』7(1), 120-132。
初谷勇 (2001)『NPO政策の理論と展開』大阪大学出版会。
濱川一憲 (1991)「発展途上国と『民営化』問題」『経営研究』(大阪市立大学)42(3), 1-17。
浜川一憲 (1994)「『現代企業形態論』試論(1)」『経営研究』(大阪市立大学)45(2), 51-66。
原田晃樹 (2010)「日本におけるNPOへの資金提供―自治体の委託を中心に」原田晃樹・藤井敦史・松井真理子『NPO再構築への道―パートナーシップを支える仕組み』勁草書房, 54-82。
藤井敦史 (1997)「今日のNPO議論と協同組合―非営利セクター形成の視点から」『研究月報』(協同組合経営研究所)(529), 3-11。
藤井敦史 (2007)「ボランタリー・セクターの再編成過程と『社会的企業』―イギリスの社会的企業調査をふまえて」『社会政策研究』東信堂, (7), 85-107。
藤井敦史 (2010a)「NPOとは何か」原田晃樹・藤井敦史・松井真理子『NPO再構築への道―パートナーシップを支える仕組み』勁草書房, 1-25。
藤井敦史 (2010b)「『社会的企業』とは何か」原田晃樹・藤井敦史・松井真理子『NPO再構築への道―パートナーシップを支える仕組み』勁草書房, 103-123。

藤井敦史（2010c）「日本における社会的企業概念の受容と研究の課題」原田晃樹・藤井敦史・松井真理子『NPO再構築への道——パートナーシップを支える仕組み』勁草書房，124-158。

藤田暁男（1999）「福祉社会システムと非営利・協同組織の課題——ヨーロッパと日本の諸問題」川口清史・富沢賢治編『福祉社会と非営利・協同セクター——ヨーロッパの挑戦と日本の課題』日本経済評論社，253-270。

藤田正一（1984）『現代日本の企業形態』白桃書房。

藤田由紀子（1998）「NPO」森田朗編『行政学の基礎』岩波書店，233-247。

藤森克彦（2002）『構造改革ブレア流』ティビーエス・ブリタニカ。

藤原隆信（2009）「NPO・社会的企業と経営学」馬頭忠治・藤原隆信編『NPOと社会的企業の経営学——新たな公共デザインと社会創造』ミネルヴァ書房，27-44。

古沢広祐（1991）「現代の危機と協同組合運動——産直運動からみた『共』的セクターの可能性」『生活協同組合研究』（185），6-17。

古沢広祐（1997）「新しい地球市民社会をどうつくるか——『共』的セクター・NGO・NPOのはたす役割」『国学院経済学』45(1)，47-65。

星野信也（1988）「米英のプライベタイゼーション——福祉国家の中流階層化」『季刊社会保障研究』24(3)，272-284。

細内信孝（1999）『コミュニティ・ビジネス』中央大学出版部。

堀田和宏（2012）『非営利組織の理論と今日的課題』公益情報サービス。

堀田力・雨宮孝子編（1998）『NPO法コンメンタール——特定非営利活動促進法の逐条解説』日本評論社。

保母武彦（1996）『内発的発展論と日本の農山村』岩波書店。

堀越芳昭（1989）『協同組合資本学説の研究』日本経済評論社。

堀越芳昭（1995a）「協同組合における『不分割社会的資本』の概念——株式会社と公益組織との比較から」『経営情報学論集』（山梨学院大学）(1)，39-56。

堀越芳昭（1995b）「各種法人における残余財産の処分と分配——不分割・類似目的処分と出資・株式基準分配」『社会科学研究』（山梨学院大学）(15)，125-158。

本郷秀和・荒木剛・松岡佐智・袖井智子（2011）「介護系NPOの現状と制度外サービス展開に向けた課題」『福岡県立大学人間社会学部紀要』19(2)，1-18。

本間正明編（1993）『フィランソロピーの社会経済学』東洋経済新報社。

本間正明・金子郁容・山内直人・大沢真知子・玄田有史（2003）『コミュニティビジネスの時代——NPOが変える産業，社会，そして個人』岩波書店。

前田成東（1993）「第三セクターと『サード・セクター』」（財）行政管理研究センター監修，今村都南雄編『「第三セクター」の研究』中央法規，41-58。

松井敏浩（1991）「企業の社会的貢献（フィランソロピー）の方向と課題」日本開発銀行調査部『調査』153，1-156。

松岡紀雄（1992）『企業市民の時代——社会の荒廃に立ち向かうアメリカ企業』日本経済

新聞社。
松原明（1998）「NPO法の逐条解説［コンメンタール］第2条（定義）」堀田力・雨宮孝子編『NPO法コンメンタール―特定非営利活動促進法の逐条解説』日本評論社，77-95。
松本典子・西村万里子・橋本理・吉中季子（2010）「ワーク・インテグレーション・ソーシャル・エンタープライズをめぐる現状と課題―障害者およびホームレスを対象とした事例を中心に」『駒澤大学経済学論集』41(3), 45-80。
間宮陽介（1995）「自由と公共性」『世界』岩波書店（607）, 54-66。
丸尾多重子監修・上村悦子（2011）『まじくる介護つどい場さくらちゃん』雲母書房。
丸尾直美・斎藤勝彦（1995）「非営利組織の経済分析」『季刊社会保障研究』30(4), 342-354。
水口憲人（1995）「市民運動と行政」西尾勝・村松岐夫編『〈講座 行政学〉第6巻 市民と行政』有斐閣, 225-266。
水谷利亮（1995）「福祉多元主義と『第三者政府』―社会福祉サービス供給システムにおける民間非営利セクターの機能をめぐって」『法学雑誌』（大阪市立大学）42(2), 361-386。
宮城孝（2000）『イギリスの社会福祉とボランタリーセクター』中央法規。
宮本憲一（1981）『現代資本主義と国家』岩波書店。
宮本憲一（2007）『環境経済学〔新版〕』岩波書店。
宮本太郎（2005）「ソーシャル・ガヴァナンス―その構造と展開」山口二郎・宮本太郎・坪郷實編『ポスト福祉国家とソーシャル・ガヴァナンス』ミネルヴァ書房, 1-23。
藻利重隆（1972）『ドラッカー経営学説の研究〔第三増補版〕』森山書店。
藻利重隆（1973）『経営学の基礎〔新訂版〕』森山書店。
森詩恵（2008）『現代日本の介護保険改革』法律文化社。
森杲（1985）『株式会社制度』北海道大学図書刊行会。
森泉章（1982）『公益法人の現状と理論』勁草書房。
柳沢敏勝（2007）「コミュニティ利益会社（CIC）規制の影響― VCO（NPO）と社会的企業の反応」塚本一郎・柳澤敏勝・山岸秀雄編『イギリス非営利セクターの挑戦― NPO・政府の戦略的パートナーシップ』ミネルヴァ書房, 117-136。
山内直人（1997）『ノンプロフィット・エコノミー― NPOとフィランソロピーの経済学』日本評論社。
山内直人（1999）『NPO入門』日本経済新聞社。
山岡義典（2011）「日本における市民社会組織の現状と課題―制度的基盤を中心に」坪郷實・中村圭介編『新しい公共と市民活動・労働運動』明石書店, 52-72。
山口浩平（2007）「社会的企業―イギリスにおける政策パートナーとしての位置づけ」塚本一郎・柳澤敏勝・山岸秀雄編『イギリス非営利セクターの挑戦― NPO・政府

の戦略的パートナーシップ』ミネルヴァ書房,92-116。
山城章編(1980)『ノン・ビジネス経営の構築』ビジネス教育出版社。
山本隆(2009)『ローカル・ガバナンス―福祉政策と協治の戦略』ミネルヴァ書房。
吉田忠彦(1986)「非営利組織の概念」『公営評論』31(4),27-42。
吉田忠彦(1990a)「非営利組織への契約論的アプローチの展開」吉田昇三先生傘寿記念論文集編纂委員会編『経済発展過程の研究』不二出版,131-145。
吉田忠彦(1990b)「非営利組織と公益法人」『公益事業研究』42(1),89-105。
吉田忠彦(1992)「非営利セクターの役割と形成―契約の失敗論から政府調整論へ」『公益事業研究』44(1),43-58。
米澤旦(2011)『労働統合型社会的企業の可能性―障害者就労における社会的包摂へのアプローチ』ミネルヴァ書房。
Alcock, P. (2011) "Voluntary action, New Labour and the 'third sector'", in Hillton M. and J. McKay. (eds.) *The ages of voluntarism : How we got to the Big Society*. The British Academy, 158-179.
Amenomori, T. (1997) "Defining the nonprofit sector in developed societies: Japan", in Salamon, L. M. and H. K. Anheier. *Defining the nonprofit sector : A cross-national analysis*. Manchester University Press, 188-214.
Ansoff, H. I. (1979) *Strategic management*. The Macmillan Press.(中村元一訳[2007]『戦略経営論〔新訳〕』中央経済社)
Ascher, K. (1987) *The politics of privatisation : Contracting out public services*. Macmillan Education.
Badelt, C. (1990) "Institutional choice and the nonprofit sector", in Anheier, H. K. and W. Seibel. (eds.) *The third sector : Comparative studies of nonprofit organizations*. Walter de Gruyter, 53-63.
Barnard, C. I. (1938) *The function of the executive*. Harvard University Press.(山本安次郎・田杉競・飯野春樹訳[1981]『経営者の役割』ダイヤモンド社)
Bell, D. (1973) *The coming of post-industrial society : A venture in social forecasting*. Basic Books.(内田忠夫訳[1975]『脱工業社会の到来―社会予測の一つの試み』[上]・[下]ダイヤモンド社)
Ben-Ner, A. (1986) "Nonprofit organizations: Why do they exist in market economies?", in Rose-Ackerman, S. (ed.) *The economics of nonprofit institutions : Studies in structure and policy*. Oxford University Press, 94-113.
Ben-Ner, A. (1987) "Producer cooperatives: Why do they exist in capitalist economies?", in Powell, W. (ed.) *The nonprofit sector : A research handbook*. Yale University Press, 434-449.
Ben-Ner, A. and B. Gui. (eds.) (1993) *The nonprofit sector in the mixed economy*. The University of Michigan Press.

Ben-Ner, A. and T. Van Hoomissen. (1993) "Nonprofit organizations in the mixed economy", in Ben-Ner, A. and B. Gui. (eds.) *The nonprofit sector in the mixed economy*. The University of Michigan Press, 27-58.

Berle, A. A. and G. C. Means. (1932) *The modern corporation and private property*. Harcourt, Brace & World. (北島忠男訳 [1958]『近代株式会社と私有財産』文雅堂銀行研究社)

Böök, S. A. (1992) *Co-operative values in a changing world : Report to the ICA congress, Tokyo*. International Co-operative Alliance. (日本生活協同組合連合会・生協総合研究所訳 [1993]『変化する世界における協同組合の価値』日本生活協同組合連合会)

Borzaga, C. and J. Defourny. (eds.) (2001) *The emergence of social enterprise*. Routledge. (内山哲朗・石塚秀雄・柳沢敏勝訳 [2004]『社会的企業―雇用・福祉のEUサードセクター』日本経済評論社)

Coase, R. H. (1937) "The nature of the firm", *Economica*, 4, 386-405. (宮沢健一・後藤晃・藤垣芳文訳 [1992]『企業・市場・法』東洋経済新報社, 39-64)

Dees, G. J. (2001) "The meaning of "Social Entrepreneurship"", Draft Report, Kauffman Center for Entrepreneurial Leadership. Original Draft: October 31, 1998. Reformatted and revised: May 30, 2001 (http://www.caseatduke.org/documents/dees_sedef.pdf)

Dees, G. J. and B. B. Anderson. (2006) "Framing a theory of social entrepreneurship: Building on two schools of practice and thought", in *Research on social entrepreneurship. ARNOVA Occasional Paper Series*, 1 (3), 39-66.

Defourny, J. (1992) "Le secteur de l' économie sociale en Belgique", in Defourny, J. and J. L. Monzón Campos. (eds.) (1992) *Économie sociale : Entre économie capitaliste et économie publique ― The third sector : Cooperative, mutual and nonprofit organizations*. De Boeck-Wesmael, 225-256. ([1995]「ベルギーの社会的経済セクター」富沢賢治・内山哲朗・佐藤誠・石塚秀雄・中川雄一郎・長岡顕・菅野正純・柳沢敏勝・桐生尚武訳『社会的経済―近未来の社会経済システム』日本経済評論社, 197-224)

Defourny, J. (2001) "Introduciton: from third sector to social enterprise", in Borzaga, C. and J. Defourny. (eds.) *The emergence of social enterprise*. Routledge, 1-28. ([2004]「緒論―サードセクターから社会的企業へ」内山哲朗・石塚秀雄・柳沢敏勝訳『社会的企業―雇用・福祉のEUサードセクター』日本経済評論社, 1-40)

Defourny, J. and M. Nyssens. (2006) "Defining social enterprise", in Nyssens, M. (ed.) *Social enterprise*. Routledge, 3-26.

Department of Trade and Industry (DTI) (2002) *Social enterprise : a strategy for success*. Department of Trade and Industry.

DiMaggio, P. J. and H. K. Anheier. (1990) "The sociology of nonprofit organizations and sectors", *Annual review of sociology*, 16, 137-159.

Drucker, P. F. (1954) *The practice of management*. Harper & Brothers Publishers. (上田惇生訳 [2006] 『現代の経営』 [上]・[下] ダイヤモンド社)

Drucker, P. F. (1969) *The age of discontinuity : Guidelines to our changing society*. Harper & Row. (林雄二郎訳 [1969] 『断絶の時代―来たるべき知識社会の構想』 ダイヤモンド社)

Drucker, P. F. (1974) *Management : tasks, responsibilities, practices*. Harper & Row. (野田一夫・村上恒夫監訳, 風間禎三・久野桂・佐々木実智男・上田惇生訳 [1974] 『マネジメント―課題・責任・実践』 [上]・[下] ダイヤモンド社)

Drucker, P. F. (1989) *The new realities : In government and politics/In economics and business/In society and world view*. HarperCollins Publisher. (上田惇生・佐々木実智男訳 [1989] 『新しい現実―政府と政治, 経済とビジネス, 社会および世界観にいま何がおこっているか』 ダイヤモンド社)

Drucker, P. F. (1990) *Managing the non-profit organization*. HarperCollins Publisher. (上田惇生・田代正美訳 [1991] 『非営利組織の経営』 ダイヤモンド社)

Drucker, P. F. (1992) *Managing for the future : The 1990s and beyond*. Butterworth-Heinemann. (上田惇生・佐々木実智男・田代正美訳 [1992] 『未来企業―生き残る組織の条件』 ダイヤモンド社)

Drucker, P. F. (1993) *Post-capitalist society*. Harper Business. (上田惇生・佐々木実智男・田代正美訳 [1994] 『ポスト資本主義社会―21世紀の組織と人間はどう変わるか』 ダイヤモンド社)

Evers, A. and J. Laville. (eds.) (2004) *The third sector in Europe*. Edward Elgar Publishing. (内山哲朗・柳沢敏勝訳 [2007] 『欧州サードセクター―歴史・理論・政策』 日本経済評論社)

Gidron, B., R. M. Kramer and L. M. Salamon. (1992) "Government and the third sector in comparative perspective: Allies or adversaries ?", in Gidron, B., R. M. Kramer and L. M. Salamon. (eds.) *Government and the third sector : Emerging relationships in welfare states*. Jossey-Bass, 1-30.

Hansmann, H. (1980) "The role of nonprofit enterprise", *Yale law journal*, (89), 835-898.

Hansmann, H. (1987) "Economic theories of nonprofit organization", in Powell, W. (ed.) *The nonprofit sector : A research handbook*. Yale University Press, 27-42.

Hansmann, H. (1996) *The ownership of enterprise*. The Belknap Press of Harvard University Press.

Hodgson, G. M. (1988) *Economics and institutions : A manifesto for a modern insti-*

tutional economics. Polity Press.(八木紀一郎・橋本昭一・家本博一・中矢俊博訳［1997］『現代制度派経済学宣言』名古屋大学出版会）

IFF (2005) *A survey of social enterprises across the UK: Research Report for The Small Business Services (SBS)*. IFF Research Ltd.

James, E. (1987) "The nonprofit sector in comparative perspective", in Powell, W, (ed.) *The nonprofit sector: A research handbook*. Yale University Press, 397-415.

James, E. and S. Rose-Ackerman. (1986) *The nonprofit enterprise in market economics*. Harwood Academic Publishers.（田中敬文訳［1993］『非営利団体の経済分析：学校，病院，美術館，フィランソロピー』多賀出版）

Johnson, N. (1987) *The welfare state in transition : The theory and practice of welfare pluralism*. Wheatsheaf Books.（青木郁夫・山本隆訳［1993］『福祉国家のゆくえ―福祉多元主義の諸問題―』法律文化社）

Kerlin, J. (2006) "Social enterprise in the United States and Europe: Understanding and learning from the differences", *Voluntas*, 17 (3), 247-263.

Kotler, P. (1982) *Marketing for nonprofit organizations: Second Edition*. Prentice-Hall.（井関利明監訳［1991］『非営利組織のマーケティング戦略―自治体・大学・病院・公共機関のための新しい変化対応パラダイム』第一法規出版）

Kotler, P. and S. J. Levy. (1969) "Broadening the concept of marketing", *Journal of Marketing*, 33 (1), 10-15.

Kramer, R. M., H. Lorentzen, W. B. Melief and S. Pasquinelli. (1993) *Privatization in four european countries : Comparative studies in government-third sector relationships*. M. E. Sharpe.

Krashinsky, M. (1986) "Transaction costs and a theory of the nonprofit organization", in Rose-Ackerman, S, (ed.) *The economics of nonprofit institutions : Studies in structure and policy*. Oxford University Press, 114-132.

Laidlaw, A. F. (1980) *Co-operatives in the year 2000*. International Co-operative Alliance.（日本協同組合学会訳編［1989］『西暦2000年における協同組合―レイドロー報告』日本経済評論社）

Lyon, F. and L. Sepulveda. (2008) "Mapping social enterprises: past approaches, challenges and future directions", Paper presented to Social Enterprise Research Conference, London South Bank University, UK, 26-27 June 2008.

Nyssens, M. (ed.) (2006) *Social enterprise*. Routledge.

O'Neill, M. (1994) "Philanthropic dimensions of mutual benefit organizations", *Nonprofit and voluntary sector quarterly*, 23 (1), 3-20.

Pekkanen, R. (2006) *Japan's dual civil society : Members without advocates*. Stanford University Press.（佐々田博教訳［2006］『日本における市民社会の二重構造』

木鐸社)

Salamon, L. M. (1992) *America's nonprofit sector : A primer*. The Foundation Center. (入山映訳 [1994]『米国の「非営利セクター」入門』ダイヤモンド社)

Salamon, L. M. (1995) *Partners in public service : Government-nonprofit relations in the modern welfare state*. The Johns Hopkins University Press. (江上哲監訳, 大野哲明・森康博・上田健作・吉村純一訳 [2007]『NPO と公共サービス―政府と民間のパートナーシップ』ミネルヴァ書房)

Salamon, L. M. (1999) *America's nonprofit sector : A primer : Second edition*. The Foundation Center.

Salamon, L. M. and H. K. Anheier. (1992a) "In search of the nonprofit sector: The question of definitions", *Voluntas*, 3 (2), 125-151.

Salamon, L. M. and H. K. Anheier. (1992b) "In search of the nonprofit sector. Ⅱ: The problem of classification", *Voluntas*, 3 (3), 267-309.

Salamon, L. M. and H. K. Anheier. (1996) *The emerging nonprofit sector : An overview*. Manchester University Press.

Salamon, L. M. and H. K. Anheier. (1997) *Defining the nonprofit sector : A cross-national analysis*. Manchester University Press.

Simon, J. G. (1987) "The tax treatment of nonprofit organizations: A review of federal and state policies", in Powell, W. (ed.) *The nonprofit sector : A research handbook*. Yale University Press, 67-98.

Simon, J., H. Dale and L. Chisolm. (2006) "The federal tax treatment of charitable organizations", in Powell, W. (ed.) *The nonprofit sector : A research handbook : Second edition*. Yale University Press, 267-306.

Smith, D. H. (1993) "Public benefit and member benefit nonprofit, voluntary groups", *Nonprofit and voluntary sector quarterly*, 22 (1), 53-68.

Smith, S. R. and M. Lipsky. (1993) *Nonprofits for hire : The welfare state in the age of contracting*. Harvard University Press.

Social Enterprise London (SEL). (ed.) (2001) *Introducing social enterprise*, Social Enterprise London. (生協総合研究所編 [2005]『生協総研レポート No. 48 社会的企業とは何か―イギリスにおけるサードセクター組織の新潮流』生協総合研究所)

Spear, R. and E. Bidet. (2005) "Social enterprise for work integration in 12 European countries: A descriptive analysis", *Annals of public and cooperative economics*, 76 (2), 195-231.

Spear, R., J. Defourny, L. Favreau and J. Laville. (eds.) (2001) *Tackling social exclusion in Europe : The contribution of the social economy*. Ashgate Publishing.

Steinberg, R. and B. H. Gray. (1993) ""The role of nonprofit enterprise" in 1993: Hansmann revisited", *Nonprofit and voluntary sector quarterly*. 22 (4), 297-316.

Thiemeyer, T. (1986) "Economic theory of privatization", *Annals of public and co-operative economy*, 57 (2), 141-152. (尾上久雄・廣岡治哉・新田俊三編訳 [1987]『民営化の世界的潮流』御茶の水書房, 17-31)

Veblen, T. (1904) *The theory of business enterprise*. Charles Scribner's Sons. (小原敬士訳 [1996]『企業の理論』勁草書房)

Weisbrod, B. A. (1989) *The nonprofit economy*. Harvard University Press.

Williamson, O. E. (1975) *Market and hierarchies : Analysis and antitrust implications*. The Free Press. (浅沼萬里・岩崎晃訳 [1980]『市場と企業組織』日本評論社)

Williamson, O. E. (1979) "Transactions-costs economics: The governance of contractual relations", *Journal of law and economics*, 22 (2), 233-261.

あとがき

　本書はこれまで筆者が発表してきた論文をベースに大幅に加筆・修正を加えて完成させたものである。原形をほとんどとどめていないものもあるが、参考までに本書のもととなった論文を発表順に以下に並べておく。

「非営利組織理論の検討」『経営研究』（大阪市立大学）48巻4号，1998年，
　　135-157頁（3章，4章で使用）
「非営利組織論からみた協同組合」『大阪市大論集』90号，1998年，87-118頁
　　（5章で使用）
「企業論による非営利組織研究の課題」『経営研究』（大阪市立大学）49巻3
　　号，1998年，77-93頁（9章で使用）
「非営利組織研究の射程──先行研究の整理と分析対象の明確化」『経営研究』
　　（大阪市立大学）55巻2号，2004年，71-93頁（2章，3章で使用）
「コミュニティビジネス論の展開とその問題」『関西大学社会学部紀要』38巻
　　2号，2007年，5-42頁（6章で使用）
「社会的企業論の現状と課題」『市政研究』162号，2009年，130-159頁（7章
　　で使用）
「福祉における経営学の応用可能性とその矛盾──社会的企業論をてがかりに」
　　『人間福祉学研究』（関西学院大学）4巻1号，2011年，7-19頁（8章で使
　　用）
「企業の営利主義と社会性に関する一試論」科学研究費補助金最終成果報告
　　書『循環統合型生産システムの構築に向けた理論的・実践的課題』（基
　　盤研究(B)課題番号：22330119，代表：中瀬哲史）2013年，203-212頁（9章で
　　使用）
「日本における非営利組織論の諸相」『社会政策』（ミネルヴァ書房）5巻1
　　号，2013年，近刊予定（2章で使用）

なお，上記の拙稿以外にも筆者が発表した論文を活用した箇所があるが，それらについては基本的に参考文献にあげてある。また，上記の論文のいくつかをもとに学位論文「非営利組織研究の批判と展望―『非営利』概念の検討を中心に―」（2000年3月）としてまとめており，同論文は本書の土台をなしている。学位論文を執筆してから10年以上の月日が流れ，非営利組織をめぐる状況も大きく変化し，多くの研究者が非営利組織について扱うようになった。本書はそれらの研究成果も踏まえて大幅に手を加えて再構成して執筆したものである。

　本書の刊行にあたっては，筆者がこれまで受けてきた研究助成が役立てられている。記して謝意を表する。本書との関連で筆者が代表者として受けた研究助成は以下のとおりである。

・科学研究費・若手研究(B)「社会的企業・コミュニティビジネスの存立条件と基盤整備に関する研究」（2006年度～2007年度，研究課題番号：18730266）
・関西大学学術研究助成基金「福祉系NPO法人の経営実態に関する研究」（2010年度）
・科学研究費・若手研究(B)「福祉NPO・社会的企業の経営実態と支援システムに関する研究」（2012年度～2014年度［予定］，研究課題番号：24730354）

　そのほか，筆者が研究分担者として受けた各種の助成金や受託研究等についても，本書刊行に役立てられている。関係各位に感謝申し上げる。

　本書を執筆するにあたっては，様々な方に大変お世話になった。ここに記して謝意を表したい。まず，何よりも，非営利組織の現場で働いている方々，非営利組織が提供するサービスを利用している方々，非営利組織を支援している方々など，現場で非営利組織に携わっている方々に，様々なかたちでご協力をいただいたことに御礼申し上げる。研究を進める過程で，現場の多くの方々にお忙しい時間を割いていただき，たくさんのお話を伺うことができた。本書自体は，事例研究をほとんど行っておらず，また現場の最前線で実践的に活用できる書とはなっていないが，日々の活動のなかで「非営利組織とは何か」という根本的な課題につきあたったときに，本書が非営利組織の本質を考察するうえでの一助となることがあれば幸いである。現場の方々からお聞きしたことは

あとがき

本書を執筆するうえで大変役立ったが、事例分析を深めるには至らなかった。今後の課題としたい。

　当然のことながら、学術研究の世界ではいつも多くのことを学ばせてもらっている。筆者が本格的に研究をスタートさせた大阪市立大学大学院経営学研究科の先生方や大学院の先輩・同期・後輩、また勤務している関西大学社会学部の先生方・学生、学会や研究会等、大学の場においてお会いした方々との交流は、筆者の研究をとても豊かなものにしてくれている。あまりにも多くの方々にお世話になったため、ここでお一人お一人のお名前をあげて謝意を表さないことをお許しいただきたい。ただお一人名前を挙げさせていただくとすれば、学部・大学院時代を通じての恩師である故浜川一憲先生（元大阪市立大学大学院経営学研究科助教授）には格別の感謝の意を表したい。先生はこのようなかたちで私が謝意を表することを好まれないと思うが、私の拙い研究の歩みをいつも暖かく見守ってくださり、学者として、また、人間として大事なこととは何かを粘り強く教えてくださった。先生に対しては感謝してもし尽くせない思いである。先生から受けた教えに対して、あまりにも不十分な研究成果しか残せていないことに忸怩たる思いはあるが、筆者の研究に少しでも見るべきところがあるとすれば、その多くが先生の教えによるものであることは間違いない。ここに、浜川先生に対して強く感謝申し上げる。今後の学者生活において少しでも学恩に報いられるように努めていきたい。

　最後に、昨今の出版事情に疎い筆者に懇切丁寧に対応してくださり、本書出版の労をとってくださった法律文化社、田靡純子さんに感謝申し上げる。

　　2013年5月

橋　本　理

事 項 索 引

あ 行

アウトソーシング ················ 48, 58, 158
アウトリーチ ··························· 233
アソシエーション ····················· 196, 197
新しい公益 ····························· 175
新しい公共 ··· 54, 55, 58, 94, 158, 166, 270, 272
新しい公共経営（ニュー・パブリック・マネジメント） ···························· 60
新しい社会運動 ·························· 59
新しい社会リスク ······················ 60, 69
アドボカシー ························ 57, 97
アマチュアリズム ··················· 110, 111
アモールトーワ ························· 189
新たな公 ··························· 57, 58
EMES（ヨーロッパ社会的企業研究ネットワーク） ····· 193, 195-197, 201-204, 211, 218, 219, 222, 236
生きがいしごとサポートセンター ········· 171
一麦会（「麦の郷」） ················· 19, 37
医療法人 ························ 98, 126, 207
インナーシティ問題 ·············· 161, 167, 168
うつくしまNPOネットワーク ······· 8, 9, 11, 36
営利原則 ······ 23-25, 39, 63, 95, 122, 130, 147, 154, 217, 234, 244, 254-256
NGO ·························· 34, 35, 39, 126
エンパワメント ······················ 45, 46
大阪府 ···················· 172, 174, 184, 189
小川の庄 ··························· 165, 189

か 行

介護者家族 ························ 14, 15, 17
介護保険 ······ 12-17, 36, 37, 51-53, 55-57, 67, 68, 87, 100, 158, 166, 198, 207
会社法 ································ 259
改正障害者雇用促進法 ···················· 180
改正特定非営利活動促進法 ········· 53, 68, 85
学校法人 ······················ 84, 89, 98, 126
ガバナンス ················ 197, 202, 236, 237
官 益 ····················· 51, 83, 90, 114
環境コミュニティ・ビジネス ··· 164, 165, 199
官僚制 ···· 69, 100, 127, 128, 158, 207, 209, 231
管理論 ····························· 23, 38
機会主義的行動 ············ 104, 105, 144, 267
企業学 ····························· 22, 38
企業国家 ································ 65
企業市民 ···················· 129, 149, 200, 211, 213
企業組織の経済学 ··············· 29, 67, 101, 243
企業の社会貢献 ··· 51, 192, 200-202, 216, 221, 225, 259
企業の社会的責任（CSR） ······ 192, 194, 199, 200, 202, 210, 211, 213-216, 221, 224, 225, 259
企業倫理 ······················ 254, 255, 276
企業論 ········ 22-26, 38, 64, 101, 210, 212, 213, 215, 217, 221, 257, 259
擬制資本 ······························· 258
寄 付 ······ 75, 76, 82, 104, 105, 111, 174, 187, 194, 238, 260
寄付金控除 ······················ 73, 85, 96, 98
旧民法34条 ······················ 51, 83-85, 99
共 益 ················· 74, 75, 82, 97-99, 196
共益非営利組織 ·········· 75, 77, 81, 82, 93, 98
「共」的セクター ······· 126, 140, 141, 144, 145
協同組合原則 ······················ 121-123
協同組合主義 ··························· 36
共同体 ···························· 141-143
許可主義 ··························· 84, 99
居宅介護支援 ····················· 14, 53, 87
緊急雇用対策 ························ 53, 173
くらしの助け合い活動 ···················· 55
グリーンツーリズム ····················· 165
くるみ会 ························· 18, 37, 241
グローバリゼーション（グローバル化）··· 7, 42, 61, 68, 96, 161
経営者支配 ························ 249, 263

299

——論 ……………………… 200, 257
経済産業省 …………… 100, 177, 189, 190, 201
契約の失敗 (contract failure) …… 104, 105, 109
公　益 …… 74, 77, 82-84, 97, 98, 100, 176, 196
公益信託 ……………………………… 98
公益増進団体 (public charities) ………… 74
公益非営利組織 …………… 75, 81, 93, 98, 114
公益法人 …… 34, 50, 51, 67, 83-85, 88-90, 94, 98-100, 126, 155
——制度改革関連3法 ………… 51, 67, 88
公企業 ……………… 27, 235, 242, 246, 274
公共財 ……………… 102-105, 108, 229
公共性 ………… 52, 55, 56, 68, 82, 142-144
更生保護法人 ……………………………… 84
厚生労働省 ………………………… 177, 190
構造および運営による定義 (the structural/operational definition) …… 76, 78, 79, 81, 97, 98
公的非営利組織 …… 29, 32, 42, 43, 45, 50, 61, 62, 64, 94, 95, 272
神戸市 …………………………………… 161
神戸都市問題研究所 …………………… 169
コーポレート・ガバナンス論 …… 200, 234, 258, 259
顧客の創造 ……………… 148, 246, 249-252
国際協同組合同盟 (ICA) …… 120, 123, 147
個別資本説 …………… 248, 255, 276
コミュニタリアニズム（共同体主義）…… 142
コミュニティ利益会社 (CIC) …………… 193
コモンズ ………………………………… 141
雇用創出企画会議 ………… 171, 177-181, 190

さ 行

サード・セクター …… 35, 44, 65, 69, 192, 196-200, 202-204, 210-213, 219, 221, 222, 224, 225, 231, 232, 235
サービス産業 …………………… 42, 43, 60, 61
財団法人 …………………………… 83, 84, 126
作業所 ……………………… 19, 37, 87, 165
産業共同所有運動 (ICOM) …………… 188

産業構造（転換）……… 11, 61, 155, 158, 161
産業構造審議会 NPO 部会 ………… 175, 190
産業社会 …… 24, 25, 42, 44, 60, 249, 250, 253, 254, 256, 259
産業節約組合 (IPS) ……………………… 218
シーズ＝市民活動を支える制度をつくる会 ……………………………………… 99
事業委託 …………………… 47, 48, 66, 87
市場の失敗 …………… 102, 106, 107, 110
慈善活動 ……………………………… 65
慈善財 ……………………………… 108
自治会 ………………… 10-12, 17, 36, 58
市町村合併 ………………………… 12, 13, 58
指定管理者制度 …… 12, 53, 87, 100, 158
私的所有制 ……………………………… 7, 249
指導原理 …… 24-27, 30, 38, 63, 79, 80, 83, 90, 92, 95, 114-116, 122, 124, 125, 130, 134, 135, 143, 146, 147, 154, 155, 170, 203, 217, 220, 234, 244, 245, 247-249, 254-256, 260, 262, 269-275
市民運動 ………………………………… 59, 135
市民活動 …… 8, 10, 11, 37, 67, 84-86, 126, 154
——団体 …… 7-10, 15, 16, 33, 34, 36, 39, 56, 83-87, 94, 99, 126, 154, 166, 173, 265
市民公益活動 ………………… 20, 51, 83, 85, 92
市民参加 …… 44, 45, 51, 55, 56, 59, 65, 91, 100, 209
市民社会 ……………… 44, 60, 127-130, 267
市民性 …… 16, 37, 39, 56, 91, 92, 100, 112, 114, 125, 127-130, 132, 134, 135, 146, 147, 169, 186, 262, 265-267, 270
社会運動 ………………… 37, 46, 47, 135
社会起業 ………………………………… 60, 172
社会起業家 ……………… 3, 52, 61, 172, 184
社会主義 ………………………………… 6, 7, 258
社会政策 …… 20-22, 24, 31, 37, 66, 195, 202, 206-210, 213, 231, 233, 264, 275
社会的協同組合 (social co-operative) … 193
社会的経済 (économie sociale) …… 39, 69, 90, 98, 122-125, 128, 138, 145, 148, 195, 204, 211, 218
社会的所有 …………………… 219, 259, 275

社会的責任投資 ……………………… 214
社会的排除（social exclusion）…60, 69, 157,
　　159, 166, 168, 185, 197, 199, 202, 211, 212,
　　214, 215, 221-224, 231, 232
社会福祉基礎構造改革 … 15, 51, 87, 181, 182,
　　207
社会福祉協議会 ……………… 55, 58, 182
社会福祉法 ………………… 51, 84, 181, 182
社会福祉法人 …… 15, 19, 21, 51, 53, 84, 87, 89,
　　98, 126, 207, 259, 268
社会保障審議会福祉部会 …………… 183
社団法人 ……………………… 83, 84, 126
宗教法人 …………………… 84, 98, 126
集合財 ………………… 102, 103, 106, 110
住民参加 ………… 45, 46, 51, 55, 56, 59, 65, 91
住民参加型在宅福祉活動 ……… 47, 55, 87
住民参加型福祉サービス ……………… 15
就労移行支援 ………………………… 87, 181
　——事業 ………………………… 19, 37
就労継続支援 ………………………… 87, 181
　—— A 型事業（所）………………… 19, 37
　—— B 型事業（所）……………… 18, 19, 37
就労支援 …… 165, 180, 184, 199, 216, 222, 223
準則主義 ……………………… 84, 88, 99
障害者雇用 ……………… 116, 214, 223, 225
障害者自立支援法 …19, 37, 53, 68, 87, 180,
　　183
障害者総合支援法 …………………… 37
障害福祉サービス …………………… 37
　——事業 ………………… 19, 67, 87, 100
使用価値 ……………………………… 26
商店街活性化（振興）…163, 164, 168, 177,
　　189, 199
消費者コントロール ………………… 108
情報の非対称性 … 102-104, 113, 116, 144, 266
所有（出資）—管理—分配 …… 235, 237, 256-
　　258, 261, 269
ジョンズ・ホプキンス大学研究プロジェクト
　（JHCNSP）…… 39, 50, 70, 75, 78-82, 88-
　　91, 93, 97, 98, 109, 114, 118, 119, 123, 124,
　　127, 136, 148, 204, 260
私立財団（private foundations）………… 74

事業型——（operating foundations）… 74
助成型——（nonoperating foundations）
　………………………………………… 74
人格なき社団 ……………………… 84, 98
新自由主義 ……………………………… 6, 47
ステイクホルダー（利害関係者）… 108, 137,
　　196, 197, 202, 236-238, 240, 258, 259, 263
スワンベーカリー …………………… 240
生活クラブ生協 ……………………… 140
税制優遇 …………………… 83, 85, 261
制度論的経営学 …………… 271, 274, 277
政府の失敗 ……………… 103, 107, 110, 150
専門家権力 …………………… 66, 264, 267
戦略経営 ……………………………… 42
戦略論 ……………………………… 23, 38
総務庁行政監察局 …………………… 50, 99
ソーシャル・アントレプレナー ……3-5, 35,
　　52, 61, 191, 192, 194, 195, 200-202, 205,
　　218
ソーシャル・イノベーション …… 174, 203,
　　204, 214, 237
ソーシャル・インクルージョン（social
　inclusion）…………… 172, 173, 181-183
ソーシャル・エンタープライズ・ロンドン
　（SEL）……………… 194, 199, 201, 219
ソーシャル・ガバナンス ……………… 46
ソーシャル・ビジネス ……… 52, 191, 194, 201
ソーシャル・ファーム ……………… 18, 194
ソーシャル・マーケティング ……… 237
疎　外 ……………………………… 265
素材面 …26, 27, 62, 63, 80, 82, 83, 92, 95, 114,
　　115, 121, 122, 154, 155, 170, 188, 203, 208,
　　210, 222, 224, 226, 228, 233, 234, 237, 240,
　　245, 248, 260, 271-275
組織論 ……………………………… 23, 38

　　　　　　　　た　行

第三者政府 ……………………… 109, 276
第 3 セクター ……………… 65, 89, 219, 277
第 3 の道 ……………………… 6, 157, 242
脱産業（化）……………… 29, 61, 62, 156, 256
　——時代 ……………………………… 42, 64

──社会 ………… 24, 38, 41-44, 60, 61, 69
地域活動支援センター ……………… 87
地域協議会 ………………………… 12
地域コミュニティ ……………… 9-13, 185
地域再生 ……………… 53, 156-159, 175
地域自治区 …………………… 12, 36
地域自治組織 ………………… 12, 58
地域福祉 ……13, 34, 55, 57, 165, 172-174, 183,
　　184
　　──計画 ………………… 46, 172, 182
　　──支援計画 ……………… 172, 183
地縁組織 …………………… 10-12, 17
チャリティ ………………… 59, 65, 68
　　──組織 ……………………… 47
中位投票者 ………………… 102, 105
中央社会福祉審議会社会福祉構造改革分科会
　　………………………………… 182
中間支援 ………… 8-10, 77, 86, 172, 186
中間法人 ……………………………… 88
　　──法 ………………………… 85
中小企業 ……………………… 177, 276
中心市街地活性化 ……… 164, 165, 168, 199
町内会 ………………… 10-12, 17, 36, 58
通所介護 ……………………… 12, 14
つどい場さくらちゃん ………… 14-16, 36
TMO（Town Management Organaization）
　　……………………… 164, 177, 189
テーマ・コミュニティ ………10, 168, 185
特殊法人 …………………… 94, 96, 98
特定非営利活動促進法 …… 16, 20, 40, 51, 52,
　　67, 85, 86, 88-93, 99, 154, 160, 176
独立採算 …………… 213, 232, 233, 238
都市再生 ………………… 53, 158, 168
取引費用 ………… 49, 106, 107, 110, 117

　　　　　　　　な　行

内国歳入法 ……71-74, 78, 79, 81, 96-98, 101,
　　114, 195
日本的経営 ………………………… 269
任意団体 ………………… 84, 98, 155
認証主義 …………………………… 99
認定NPO法人制度 ……………… 85, 99

ネオ・フォーディズム ……………… 250, 253
ノンビジネス …………… 43, 48, 63, 64

　　　　　　　　は　行

パートナーシップ … 45, 46, 111-113, 158, 200
阪神・淡路大震災 …7, 8, 10, 36, 40, 160, 161,
　　171
非営利・協同（組織）……… 93, 120, 135-140,
　　147, 149, 198
東日本大震災 ………………7-9, 68, 173
ビッグイシュー ……………… 240, 241
1人1票 ……………… 121, 219, 263, 270
兵庫県 ……… 14, 37, 100, 160, 171, 173, 189
貧困ビジネス ……………… 17, 268, 275
フィランソロピー …49, 51, 75, 77, 192, 194,
　　200
　　──の不足 ……………………… 110
フェリスモンテ ……… 13, 14, 16, 36, 189
フォーディズム ……………… 44, 250, 253
福祉NPO ……………………… 21, 37, 52
福祉から就労へ …… 19, 159, 173, 184, 188
福祉国家 …… 6, 22, 29, 35, 41, 44, 45, 47, 59-61,
　　64-66, 94, 109, 111, 155, 207, 209, 217,
　　231, 262
福祉多元主義 ………………… 35, 46, 47
福島県 …………………………… 8, 9, 11
福祉ミックス ………………… 35, 46
父権主義（パターナリズム）…………… 110
不分割社会的資本 …… 127, 129, 133, 146, 150,
　　277
ブレア政権 ……………… 157, 159, 190, 193
プロシューマー ……………………… 162
平成の大合併 ……………………… 12
法人形態 ……………… 12, 155, 199, 202
訪問介護 ……………………… 14, 37
ポスト産業社会 ……………… 42, 256, 259
ボランタリー・セクター ……… 35, 39, 47, 66,
　　111, 161, 197
ボランタリー組織 …………… 33, 44, 111
ボランタリーの失敗 ………… 110, 111, 150
ボランタリズム ……………………… 44, 45
ボランティア ……10, 11, 14, 15, 55, 77, 82,

事項索引

　　　91, 94, 111, 160, 161, 179, 180, 182, 187,
　　　236, 238
　　──活動 … 8, 20, 75, 100, 160, 173, 187, 214
　　──元年 ………………………… 10, 40, 160
　　──団体 …… 7, 9, 10, 33, 34, 56, 93, 94, 126,
　　　166

ま 行

マーケティング ………… 42, 64, 148, 174, 246
まちづくり山岡 ………………… 11, 12, 36
ミクロ経済学 ……………………… 49, 101
民営化 …… 22, 27, 47, 62, 66, 87, 95, 100, 158,
　　206-208, 213, 242, 243, 260, 273
　　機能的── …………………………… 47, 66
民間公益非営利組織 ……… 77, 89-91, 93, 114
民間非営利セクター ……………… 57, 61, 111
民間非営利組織 …… 29, 42, 45, 47, 48-50, 59,
　　61, 69, 94, 95, 109, 110, 272, 273
メセナ ……………………………………… 200
免税団体 ……………………… 71-73, 96, 97

や 行

有限責任保証会社（CLG） ……………… 218

ら 行

利益非分配 … 50, 76, 78-80, 82, 89, 90, 95, 98,
　　119, 124, 125, 127, 136-138, 146, 235, 245,
　　257, 266-269, 274
　　──制約（nondistribution constraint）
　　　………………… 78-80, 98, 104, 105, 109
利用者参加 ……………… 46, 47, 59, 66, 270
労働者協同組合 ………………………… 188, 198
労働統合（work integration） …… 17, 19, 37,
　　54, 222-224, 233
労働統合を目的とした社会的企業（WISE）
　　………… 197, 202, 216, 217, 219, 223, 238
労働の人間化 ……………………………… 239
ローカル・ガバナンス …………………… 46
ローカル・コミュニティ ……………… 168

わ 行

ワーカーズ・コープ …………………… 127
ワーカーズ・コレクティブ ………… 127, 150
ワークフェア ……………… 6, 19, 188, 216

303

人名索引

あ 行

安立清史 ································ 68, 89, 90, 100
雨森孝悦 ··· 39
荒木昭次郎 ································ 276, 277
アンゾフ（Ansoff, H. I.）········ 42, 43, 61, 64
アンダーソン（Anderson, B. B.）········ 218
アンハイアー（Anheier, H. K.）···· 75-77, 79
　-81, 97, 98, 117
石川両一 ·· 188
今瀬政司 ·· 162
今村都南雄 ······································· 65
ヴァンホーミセン（Van Hoomissen, T.）
　·· 107, 117
ウィリアムソン（Williamson, O. E.）····· 117
上野千鶴子 ····································· 150
ヴェブレン（Veblen, T.）····················· 277
植村省三 ································· 255, 276
遠藤久夫 ··· 67
大沢真理 ··· 69
大島国雄 ································· 246, 275
岡本利宏 ·· 142
奥村宏 ····································· 149, 272
オニール（O'Neill, M.）······················· 81

か 行

カーリン（Kerlin, J.）························· 195
角瀬保雄 ····················· 130-135, 140, 149
片岡信之 ································· 258, 276
加藤恵正 ····························· 157, 161, 162, 168
兼子厚之 ·· 148
金子郁容 ································ 168, 169, 189
川口清史 ············ 49, 98, 123, 124, 136, 137, 148
川名和美 ·· 164
北島健一 ·· 156
ギドロン（Gidron, B.）················· 111, 276
ギィー（Gui, B.）··························· 78, 99
国弘員人 ·· 247

さ 行

クラシンスキー（Krashinsky, M.）······ 106,
　107, 117
栗原彬 ·· 118
クレイマー（Kramer, R. M.）···· 44, 48, 101,
　111
グレイ（Gray, B. H.）··························· 98
コース（Coase, R. H.）························ 117
コトラー（Kotler, P.）··························· 42
小林伸生 ·· 167
小松章 ································· 247, 248, 256

さ 行

佐藤憲幸 ··················· 126, 127, 129, 140, 148
サラモン（Salamon, L. M.）···· 50, 75-77, 79-
　81, 89, 90, 97, 98, 109-111, 276
シュンペーター（Schumpeter, J.）······· 217
ジョンソン（Johnson, N.）···················· 47
神野直彦 ··· 60
鈴木彰 ·· 149
ステインバーグ（Steinberg, R.）············ 98
スミス（Smith, D. H.）·························· 98
スミス（Smith, S. R.）························ 112
セイ（Say, B.）································ 217

た 行

武川正吾 ····························· 65, 66, 230, 264
谷本寛治 ········· 68, 211, 218, 219, 224, 225, 241
多辺田政弘 ······························· 141, 150
ディーズ（Dees, J. G.）············ 194, 217-219
ティーマイヤー（Thiemeyer, T.）········· 66
ディマジオ（DiMaggio, P. J.）·············· 117
ドゥフルニ（Defourny, J.）····· 122, 148, 192,
　194-196, 218, 219
富沢賢治 ···························· 39, 122, 135, 139
ドラッカー（Drucker, P. F.）······ 42, 43, 48,
　63, 64, 66, 114, 125, 148, 217, 246, 249-
　253, 255, 256, 262

な 行

中野敏男 …………………………… 276
西尾勝 ……………………………… 66
似田貝香門 ………………………… 150
ニッセンズ（Nyssens, M.）…… 192, 194-196, 218, 219
野原敏雄 …………………………… 147

は 行

バーナード（Barnard, C. I.）…………… 64
ハーバーマス（Habermas, J.）…… 127-130, 148
バーリ（Berle, A. A.）……………… 257
バデルト（Badelt, C.）……………… 106, 113
浜川一憲 ……………………… 242, 274, 277
ハンズマン（Hansmann, H.）…… 78-80, 98, 103-106, 108, 109, 116-118
ピアス（Pearce, J.）………………… 157
藤井敦史 …… 126, 127, 129, 146, 210-212, 219, 236, 275
藤田暁男 …………………………… 137
藤田正一 …………………………… 246
藤原隆信 …………………………… 241
古沢広祐 …………………………… 140, 141
ベル（Bell, D.）………………… 41, 42, 61
ベンナー（Ben-Ner, A.）…… 78, 99, 107, 108, 113, 117
細内信孝 ………………… 159-162, 189
保母武彦 …………………………… 189
堀越芳昭 ……………………… 133, 134, 277
本郷秀和 …………………………… 68

ま 行

松原明 ……………………………… 98
間宮陽介 ……………………… 142, 143
ミーンズ（Means, G. C.）………… 257
宮本太郎 …………………………… 68
藻利重隆 ……… 22, 38, 249-256, 271, 276

や 行

山内直人 …………………………… 63
山岡義典 …………………………… 99
吉田忠彦 …………………………… 67

ら 行

リプスキー（Lipsky, M.）…………… 112

わ 行

ワイスブロード（Weisbrod, B. A.）…… 102-106, 117

著者紹介

橋本　理（はしもと　さとる）

関西大学社会学部教授　博士（経営学）
大阪市立大学大学院経営学研究科後期博士課程を修了後，関西大学社会学部専任講師，准教授を経て，現職。
主な著書：『新しい仕事づくりと地域再生』（共編著，文理閣，2006年），
　　　　　Mental health care in Japan（共著，Routledge，2012年）など。

Horitsu Bunka Sha

非営利組織研究の基本視角

2013年11月10日　初版第1刷発行

著　者　橋　本　　　理
発行者　田　靡　純　子
発行所　株式会社　法律文化社

〒603-8053
京都市北区上賀茂岩ヶ垣内町71
電話 075(791)7131　FAX 075(721)8400
http://www.hou-bun.com/

＊乱丁など不良本がありましたら，ご連絡ください。
　お取り替えいたします。

印刷：共同印刷工業㈱／製本：㈱藤沢製本
装幀：前田俊平
ISBN 978-4-589-03548-6

©2013 Satoru Hashimoto Printed in Japan

JCOPY　＜(社)出版者著作権管理機構　委託出版物＞

本書の無断複写は著作権法上での例外を除き禁じられています。複写される場合は，そのつど事前に，(社)出版者著作権管理機構（電話 03-3513-6969，FAX 03-3513-6979，e-mail: info@jcopy.or.jp）の許諾を得てください。

| 十名直喜著 **ひと・まち・ものづくりの経済学** ―現代産業論の新地平― A5判・338頁・2800円 | 「ものづくり」の本質に立ち返り，より広い視野から捉え直すことで，社会・技術・文化にまたがる「ものづくり」を考える。三位一体の視点からのアプローチにより，日本型システムのイノベーションを図る。 |

| ジュリアン・ルグラン著／後 房雄訳 **準市場 もう一つの見えざる手** ―選択と競争による公共サービス― A5判・194頁・2500円 | 医療，教育，社会サービスをいかに公平かつ効率よく提供するか。新自由主義と社会民主主義の相克を超えて，日本における社会政策改革の「第三の道」を示唆する。幅広い読者層に向けられた「準市場」理論のわかりやすい解説書。 |

| 後 房雄著 **NPOは公共サービスを担えるか** ―次の10年への課題と戦略― A5判・216頁・2500円 | 「官から民へ」「中央から地方へ」という公的諸制度の大改革のなか，NPO法執行後10年を経たNPOセクターの到達点をふまえ，今後NPOは公共サービス提供の担い手になるべきであるとする著者の問題提起の書。 |

| 田尾雅夫著 **市民参加の行政学** A5判・212頁・2700円 | 地方自治体（公共セクター）における市民参加のための組織化論を提示する。市民運動が組織化され市民参加に至る過程を整理するなかから，従来の組織論に対置する組織生成過程を理論化した組織化論の整備を試みる。 |

| 小田切康彦著 **行政―市民間協働の効用** ―実証的接近― A5判・232頁・予価4600円 | 協働によって公共サービスの質・水準は変化するのか？ NPOとの協働が行政へ及ぼす影響と，協働がNPOへ及ぼす影響を客観的に評価して効用を論証。制度設計や運営方法，評価方法等の確立にむけて指針と根拠を提示する。 |

法律文化社

表示価格には消費税は含まれておりません